GARTEN GESTALTUNG

Bezaubernde Ideen für schöne Gärten

Herta Simon

GARTEN GESTALTUNG

Bezaubernde Ideen für schöne Gärten

Über 300 Gestaltungs-
Beispiele für kleine Gärten,
Gestaltungsregeln,
Pflanzpläne

Farbfotos von
Jürgen Becker, Ursel Borstell,
Marion Nickig, Friedrich Strauß
und anderen Gartenfotografen

Illustrationen von
Marlene Gemke

1. TEIL
PLANUNG UND GESTALTUNG

2. TEIL
GESTALTEN MIT FESTEN GARTENELEMENTEN

3. TEIL
GESTALTEN MIT PFLANZEN

INHALT

4. TEIL
SITZPLÄTZE

5. TEIL
WASSER IM GARTEN

6. TEIL
BESONDERE GESTALTUNGSIDEEN

PLANUNG UND GESTALTUNG

Bei der Gestaltung eines Gartens geht es nicht allein um Pflanzen, sondern auch um Linien, Räume, Farben und Formen.

Die weiße Rundbank am Seerosenbecken erhält durch mittelhohe Sträucher und Stauden eine hübsche Rückendeckung.

Gartenwünsche – Wunschgärten

Die Vielfalt an Gartenstilen und Gartenthemen ist groß, die Vielfalt an Pflanzen und Materialien zur Gestaltung eines Gartens noch größer. In der Beschränkung erweist sich der Meister – das gilt vor allem für kleine Gärten. Nicht jeder Wunschgarten läßt sich auch tatsächlich verwirklichen, sei es, daß der Platz zu klein, die Lage zu ungünstig, die Kosten zu hoch seien. Bei guter Planung und einigen Kenntnissen über Gartengestaltung können Sie jedoch aus einer Brachfläche mit der Zeit einen schönen Garten machen oder einen vorhandenen „Urwald" in ein Pflanzenparadies verwandeln.

Jeder der einen Garten anlegt oder verändert, hat individuelle Vorstellungen, die er gerne verwirklichen möchte. Diese Wünsche mit den Gegebenheiten in Einklang zu bringen, sind die wesentlichen Faktoren der Gartengestaltung.

- Legen Sie eine Liste mit Ihren Wunschvorstellungen an und ordnen Sie diese dann nach Prioritäten.
- Klären Sie, ob die Voraussetzungen für Ihre Wünsche überhaupt vorhanden sind. Wenn der Bezug zur Realität fehlt, dann ist das Gartenkonzept in jeder Beziehung – arbeits- wie kostenmäßig – nur mit sehr hohem Aufwand umzusetzen.
- Nehmen Sie sich vor allen Dingen genügend Zeit für all Ihre Überlegungen – auch ein Garten benötigt einige Zeit, um einzuwachsen und seine gewünschte Gestalt zu bekommen.
- Beobachten Sie Ihr Grundstück möglichst zu jeder Tages- und Jahreszeit, bevor Sie größere Maßnahmen angehen. Nur so erkennen Sie, welche Standorte wann Sonne bekommen. Wo es die meiste Zeit im Jahr schattig ist. Wo es im Sommer am windigsten ist und welche Plätze eventuell beschattet werden müssen.
- Zu den wesentlichsten Aspekten bei der Planung Ihres Wunschgartens gehört die Standortfrage. Klima und Bodenverhältnisse sind entscheidend am zukünftigen Gartenbild beteiligt, denn längst nicht alles gedeiht überall gleichermaßen gut. Anstatt leuchtenden Vorbildern ständig frustriert nachzuhinken, sollten Sie sich mit Ihren Gegebenheiten vertraut machen und nur Pflanzen verwenden, die in Ihrem Garten auch den richtigen Standort haben.
- Die Pflanzung wird am Anfang meistens zum großen Experimentierfeld, bis sich mit der Zeit dann herauskristallisiert, was wo am besten gedeiht.

Tip

Lassen Sie sich von Vorhandenem inspirieren. Nehmen Sie einen alten Baum, eine Mauer oder Hecke, Pflastersteine oder die Neigung des Geländes in Ihre Planungen mit auf und prüfen Sie genau, welche Aufgaben diese Dinge oder Situationen in Ihrem zukünftigen Garten übernehmen könnten.

- Ziehen Sie bei Neuanlagen oder größeren Umgestaltungen einen Landschaftsarchitekten zu Rate. Er kann Sie je nach Wunsch nur beraten, Entwürfe machen und Kosten kalkulieren oder Anlage beziehungsweise Änderung bis zur Fertigstellung betreuen.

Schön eingewachsener Garten im Frühling. Blickfang ist die Blütenkirsche mit ihren malerischen Zweigen.

VORÜBERLEGUNGEN

Klima, Boden und Umfeld sind die bestimmenden Faktoren bei der Anlage eines Gartens. Daneben beeinflussen Größe, Lage und Lichtverhältnisse des Grundstücks das Bild des Gartens. Je stärker Sie diese Gegebenheiten berücksichtigen, umso harmonischer wird sich Ihr Garten in die Umgebung einbinden lassen, umso besser wird sich die Vegetation entwickeln. Umgekehrt werden Sie auf äußere Einflüsse reagieren und beispielsweise einen Wind-, Lärm- oder Sichtschutz anlegen.
Im städtischen Bereich ist das äußere Erscheinungsbild anders geprägt als in einer Siedlung oder auf dem Lande. Offene Gärten verlangen eine stärkere Einbeziehung des Umfeldes als von Mauern oder hohen Hecken eingeschlossene Grundstücke. Für kleine Gärten kann die optische Erweiterung in die Nachbarschaft sehr bedeutend sein. Stark von Gebäuden geprägte Gärten und Innenhöfe erlauben dagegen individuellere und ausgefallenere Gestaltungsformen. Eine Anpassung ist hier eher an das spezielle Kleinklima nötig.

Langfristig planen

Denken Sie bei der Planung auch gleich über spätere Alternativen nach, wenn sich mit den Jahren die Bedürfnisse wandeln.

Pflanzenwachstum

Denken Sie daran: Aus kleinen Sträuchern und Bäumen werden bereits nach 10 Jahren stattliche Exemplare, und nach 20-30 Jahren kann ein Garten sein Bild völlig verändern, wenn Schatten und Wurzeldruck den Unterwuchs verdrängt haben. Zu viele und zu dichtstehende Gehölze können dann zum Problem werden. Halten Sie also die im Pflanzenkatalog oder vom Gartenfachbetrieb angegebenen Pflanzabstände ein, auch wenn Ihnen die Hecke, Strauchgruppe oder das Staudenbeet am Anfang viel zu licht erscheinen. Füllen Sie die Lücken einfach mit Sommerblumen, Zwiebel- und Knollenpflanzen aus.

Pflegebedarf

Ein nicht zu unterschätzender Faktor bei jeder Gartenanlage ist der zukünftige Pflegebedarf. Je mehr pflanzliche Themen, je größer die Artenvielfalt, die Sie auf Ihrem kleinen Grundstück unterbringen wollen und je weniger die Pflanzen den natürlichen Gegebenheiten entsprechen, umso mehr Pflegeaufwand müssen Sie betreiben.
- Pflegeärmer sind naturnahe Gärten, in denen Kultur- und Wildpflanzen eine Gemeinschaft bilden und in denen den Pflanzen erlaubt ist, sich bis zu einem gewissen Grad auszubreiten.

Dieser Garten wird gerade umgestaltet. In diesem Zug wurde ein Naturteich angelegt, der vom Sitzplatz aus gut beobachtet werden kann.

Gesetzliche Vorschriften

- Informieren Sie sich vor größeren Gestaltungsmaßnahmen und Anpflanzungen von Bäumen oder Hecken unbedingt über das Gartenrecht.
- Gartenrecht ist in erster Linie Nachbarschaftsrecht. Doch nur einige Fragen werden hier bundeseinheitlich im Bürgerlichen Gesetzbuch (BGB) gelöst.
- Auskunft über Grenzabstände, Höhenvorschriften, Baumschutzverordnungen, Boden- und Wasserrecht erteilen in den deutschsprachigen Ländern Stadt- und Gemeindeverwaltungen (Bauaufsichtsbehörde).
- Probleme, die sich mit den angrenzenden Nachbarn ergeben, werden am einfachsten durch gegenseitige Absprache und Rücksichtnahme gelöst.

Der Boden unter großen alten Laubbäumen muß nicht kahl sein, sondern kann mit schattenliebenden, immergrünen Bodendeckern bepflanzt werden.

► Pflegearm ist ein Kiesgarten (→ Seite 218), der sich allerdings nur für ein sonniges und trockenes Gelände eignet.

► Als pflegeleicht erweisen sich bodendeckende Pflanzenteppiche, die aufkeimenden Wildkräutern wenig Chance lassen.

► Pflegeleicht sind auch Hecken, die nicht regelmäßig geschnitten werden müssen – in kleinen Gärten jedoch nicht immer machbar.

► Wenig Pflege benötigen selbstklimmende Kletterpflanzen (→ Seite 222), die mit leichten Rankhilfen zurechtkommen oder die auch wunderbar als Bodendecker eingesetzt werden können.

► Pflegeintensiver sind alle Liebhabergärten (→ Seite 26), weil Raritäten, Exoten und spezielle Pflanzenkombinationen sich nur mit großem Aufwand erhalten lassen.

► Auch ein Nutzgarten (→ Seite 140) braucht viel Pflege, vor allem Gemüsekulturen, bei denen sich in einer Vegetationsperiode der gesamte Lebenszyklus vollzieht. Das gleiche gilt für alle einjährigen Blumen und Kräuter.

Hausbaum: →Seite 100, 102
Hecken: →Seite 110

NEUANLAGE ODER UMGESTALTUNG?

Ob Neuanlage eines Gartens auf völlig freiem Grund oder Umgestaltung eines alteingewachsenen Gartens – beide Aufgaben sind eine Herausforderung und beide haben Vor- und Nachteile zu bieten.

Neuanlage

Einen Garten von Grund auf neu anzulegen und nach eigenen Vorstellungen zu gestalten, hat großen Reiz, erfordert aber eine ganze Portion Geduld, denn bis endlich der Zustand erreicht ist, den wir uns wünschen, vergehen viele Jahre. Sie können die Zeitspanne, bis endlich die richtigen Proportionen im Garten erreicht sind, jedoch auf verschiedene Weisen etwas verkürzen oder die Übergangszeit attraktiver gestalten:

- Wenn Sie Ihren Garten nicht mit einer Schnitthecke, sondern mit unterschiedlichen Gehölzen rahmen wollen, dann verwenden Sie einige raschwachsende Decksträucher und Kleinbäume, damit gleich von Anfang an einige schnell größer werdende Gewächse dem Garten Form geben.
- Pflanzen Sie von preiswerten Sträuchern gleich zwei Stück etwas dichter als gewöhnlich und nehmen Sie nach ein paar Jahren einen davon wieder heraus.
- Einen ähnlichen Raumeindruck können Sie auch innerhalb von 2-3 Jahren erreichen, wenn Sie Klettergerüste und Pergolen aus Stahl oder Holz errichten und mit Hilfe von raschwachsenden oder einjährigen Kletterpflanzen wie Glockenrebe *(Cobaea)* oder Feuerbohne *(Phasaeolus)* Höhe und Raum schaffen.

TIP

Überstellen Sie mittelhohe Decksträucher an einigen wenigen Stellen mit kleinkronigen Hochstämmen wie Rotdorn-Arten (Crataegus laevigata), einer Kugelrobinie (Robinia pseudoacacia 'Umbraculifera') oder Blutpflaume (Prunus cerasifera 'Nigra'), um einige vertikale Strukturen zu erhalten und die Raumwirkung zu verstärken.

Flächengestaltung und Pflanzung

Oftmals wird bei der Neuanlage eines Grundstücks das Geld knapp. Beschränken Sie sich dann zunächst auf alle rahmen- und gerüstbildenden Elemente, die mehrere Jahre zum Einwachsen benötigen und daher so rasch wie möglich gepflanzt werden sollten.

Es bringt manchmal Vorteile mit sich, wenn Sie sich Zeit lassen und nicht gleich mit der kompletten Bepflanzung festlegen wollen. Viele schöne Details im Garten entstehen erst mit der Zeit. Sie sollten jedoch den endgültigen Gesamtplan von Anfang an im Kopf und auf dem Papier haben, um die Pflanzungen sukzessive an den richtigen Stellen zu ergänzen.

Beginnen Sie am besten im ersten Jahr mit einer Gründüngung und säen dann im folgenden Jahr großflächig eine Rasen- oder Wiesenmischung ein. Nach und nach entstehen dann die Pflanzflächen für Stauden, Rosen und vieles mehr. Falls Bauarbeiten wie gepflasterte Wege, Einfassungen mit Steinmaterial, Treppen, Trogbeete und Zierbecken eingeplant sind, dann sollten diese Maßnahmen in jedem Fall vorgezogen werden, damit spätere Bodenverdichtungen vermieden werden.

So kann eine neuangelegte Siedlung auch aussehen: Begrünte Dächer, Kletterpflanzen, Sträucher und Stauden, die nach außen abschirmen.

Umgestaltung

Wenn Sie einen alteingewachsenen Garten übernehmen, dann besitzt er bereits die gewünschte gewisse Atmosphäre. Doch häufig gibt es auch eine Menge von Nachteilen zu beklagen:

- Große Bäume spenden nicht nur angenehmen Schatten, sie nehmen auch viel Sonne weg – vor allen Dingen Nadelbäume. Sie sind zwar

im Winterhalbjahr ein guter Sichtschutz, lassen in der dunklen Jahreszeit aber auch kein Licht durch. Überdies besitzen große Gehölze ein weitverzweigtes Wurzelwerk und besonders die Flachwurzler Fichte und Birke lassen einen Unterwuchs kaum aufkommen.

► Oftmals gefällt auch der Grundriß eines alten Gartens nicht mehr oder die Flächen sind von Wurzelunkräutern vollkommen durchsetzt, deren man nicht Herr wird. Dann hilft nur eine komplette Neugestaltung, mit anderer Flächenaufteilung und Bodenaustausch.

► Erhaltenswerte Bestände sollten jedoch gerettet und integriert werden.

► Bei guten Bodenverhältnissen genügt eine sommerlange Kur mit Tagetes, um den Boden zu regenerieren. Vor Neuanpflanzungen müssen Wurzelunkräuter allerdings sorgfältig entfernt werden.

► Ältere Gehölze werden am besten mit Bodendeckern (→ Seite 136) soweit möglich unterpflanzt. Der Pflanzenteppich schützt den Boden vor Austrocknung, braucht aber bei großer Trockenheit zusätzliche Feuchtigkeit.

Oben: Die Baumscheibe dieser alten Trauerbirke wurde etwas befestigt, um hier dann einen schattigen Sitzplatz zu erhalten.

Unten: So kann ein frei gestalteter Teich nach 3-4 Jahren aussehen: Die Ränder gehen sanft ins Umfeld über oder sind von Pflanzen verdeckt.

Bodendecker: → *Seite 136*
Kletterpflanzen: → *Seite 222*

DER MODERNE GARTEN

Zeitgenössische Gartengestaltung schwankt zwischen Extremen.

- Zum einen werden heute sehr künstlich wirkende postmoderne Gärten, aber auch kunstvoll und schlicht formal gestaltete Gärten geschaffen.
- Zum anderen ist der Trend zum Naturgarten immer stärker zu spüren, gefördert durch ein ökologisches Bewußtsein.
- Das Thema Bauerngarten wurde in den letzten Jahren zu neuem Leben erweckt, weil es sich gezeigt hat, daß damit sowohl ästhetische als auch nützliche Ziele zu verbinden sind.

Mächtige Eibenkegel flankieren den Durchgang zum vertieft angelegten Sitzplatz, der in Augenhöhe von dichten Hecken eingerahmt ist, die schützen, ohne einzuengen.

Formaler Stil hat Vorrang

In modernen Gärten wird der formalen Gestaltung häufig der Vorzug gegeben, weil sie sich mit den heute stark beschränkten Grundstücksverhältnissen am besten vereinbaren läßt. Es kostet zum Beispiel mehr Platz, Grenzen hinter einem lockeren Gehölzgürtel zu verbergen, als mit einer streng geschnittenen Hecke (→ Seite 110).

Stilkombinationen

Formale und freie Gestaltungselemente lassen sich gut kombinieren. Naheliegend ist es, im Umfeld des Hauses, das auf geometrische Formen aufgebaut ist, eine ähnliche gestalterische Ausdrucksform zu finden. Dazu bieten sich vor allem Eingangs- und Terrassenbereiche an. Im weiteren Umfeld können die strengen Linien dann in geschwungene übergehen. Der Wechsel kann sich, dort wo Pflanzen Übergänge und Verbindungen schaffen, sanft und fast unmerklich vollziehen. Er kann natürlich auch bewußt abrupt und kontrastreich gestaltet werden. Dies überzeugt besonders dann, wenn ein Geländesprung vorhanden ist oder sich ein anderer Nutzungsbereich anschließt.

Das Ziel, den Garten in mehrere funktionsgerechte Räume zu gliedern, begünstigt auch die Kombination unterschiedlicher Stile.

Ein moderner Garten im Sinne einfacher, schlichter Gestaltungsform kann in jedem Stil angelegt sein. Wichtig ist die Klarheit des Konzepts, das sich in deutlicher Linienführung der baulichen Elemente und durch die grafischen Strukturen interessanter Pflanzen ausdrückt.

Dach und Klinkereinfassung des Wasserbeckens korrespondieren gekonnt miteinander, Kletterpflanzen und Holzterrasse verbinden Gartenraum und Haus in schlichter Weise zu harmonischer Einheit.

Formschnitt: →Seite 112
Wasser im Garten: →Seite 174

GARTENSTILE

Der Stil des Gartens läßt sich nicht von vornherein frei bestimmen. Er sollte auf die Architektur des Hauses, die Lage des Grundstücks, die unmittelbare Umgebung abgestimmt werden. Nur so wird eine harmonische Gartengestaltung ermöglicht.

Zwei grundlegende Stile werden unterschieden:

- die formale, architektonische Gestaltung, die auf geraden Linien, Symmetrie oder geometrischen Formen basiert und
- der freie, landschaftliche Stil, der sich an die Formen der Natur anlehnt.

In der reinen Form sind beide Stilrichtungen selten, Mischformen dagegen sind häufig zu sehen. In der Kombination beider Elemente können Sie den Kontrast von Künstlichem und Natürlichem spannungsvoll herausarbeiten.

Formal oder freigestaltet?

Für bestimmte Gartentypen eignet sich die eine oder andere Gestaltungsform jedoch besser.

- Einen ländlich geprägten Bauerngarten können Sie zum Beispiel hervorragend auf formal angelegten Beeten realisieren, von Mauern und Hecken eingegrenzt, wie es das Vorbild Klostergarten zeigt. Genausogut läßt sich solch ein Gartenthema aber auch in echt ländlicher Umgebung weniger streng ausrichten. Die formale Grundstruktur bietet sich jedoch immer an.
- Ein Wassergarten kann völlig natürlich im landschaftlichen Stil angelegt werden, wenn das weitere Umfeld großzügig bemessen ist und ebenfalls natürlichen Charakter aufweist. In einem engen Stadtgarten dagegen ist eine rein architektonische Gestaltung angesagt.
- Für Spiel- und Freizeitaktivitäten bietet ein streng formaler Garten nur dann den richtigen Rahmen, wenn dafür ein eigenes größeres Areal zur Verfügung steht und keine Konflikte entstehen.

FORMALE GESTALTUNG

Formale Gestaltungselemente bieten sich auch für kleinste Gärten als gute Lösung an. Der formale Garten braucht möglichst ebene Flächen. Wo sie nicht vorhanden sind, können auch Terrassierungen vorgenommen werden, was sich als reizvolle Variante erweisen kann.

- Für die Flächengestaltung eines architektonisch geprägten Gartens kommen Rechteck, Quadrat, Halbkreis und Kreisform, aber auch Ellipse und Dreieck in Frage. In modernen Gärten überwiegen die klaren strengen Linien.
- Das gleiche gilt für die vertikale Gestaltung des Gartenraumes. Pyramiden, Kegel und Kugeln aus immergrünen Pflanzen wie Taxus und Buchsbaum (→ Seite 112), aber auch Liguster oder Stechpalme bilden neben Figuren aus Holz und Stein wichtige Körper für die Raumgestaltung. Die regelmäßige Verteilung dieser Elemente an Eckpunkten, Kreuzungen, linear oder rasterartig aufgereiht, erzeugt die gewünschte Ruhe.
- Weitere wichtige lineare Elemente in formalen Gärten sind Hecken als Raumabschluß, Wege Blickachsen und niedrige Einfassungen. Hecken sind überdies ideale Raumgliederungselemente. Die Einfassung der Beete bzw. Wege kann sowohl mit Pflanzen als auch mit unbelebten Materialien erfolgen (→ Seite 96).
- Formale Gestaltung und geometrische Gliederung muß nicht Symmetrie bedeuten. Die spiegelbild-

TIP

Im formalen Garten bilden die bandförmigen und säuligen immergrünen Strukturen auch im Winter einen attraktiven Blickfang.

Für formale Gärten eignen sich kleinblättrige Formschnittgehölze wie Buchsbaum oder Eibe als Einfassungen und Abgrenzungen besonders gut.

Symmetrie bestimmt deutlich erkennbar diesen Garten, trotzdem wirkt er nicht streng, denn harte Begrenzungslinien werden von Pflanzen überspielt.

liche Anlage eines Gartens setzt eine vollkommen regelmäßige Architektur voraus, auf die die Achsen des Gartens Bezug nehmen. Eine formale, aber asymmetrische Anordnung läßt sich dagegen in vielen Gärten verwirklichen. Aber auch dann bestimmen Fixpunkte des Gebäudes (Türen, Fenster) die Linienführung im Garten.

Bepflanzung

Der Reiz streng formaler Gärten liegt in ihrer Ruhe und Ausgewogenheit. Kurzer Rasen, Platten- oder Kiesflächen bestimmen die Horizontale. Eingebettet darin oder seitlich angeordnet sind einzelne Beete von geometrischer Form. Die Bepflanzung beschränkt sich meist auf wenige, oft aber farbintensive Arten. Vertikale Strukturen werden durch die oben beschriebenen geschnittenen Hecken und Gehölze eingebracht. Auch Rosen-Hochstämmchen oder andere kronenbildende Pflanzen in Kübeln wie Geranien *(Pelargonium),* Wandelröschen *(Lantana)* und Bleiwurz *(Plumbago)* können die Wege säumen oder im Container über Sommer in Beete eingesenkt werden. Eine einheitliche Unterpflanzung beispielsweise mit dem einjährigen, weißen Duftsteinrich *(Lobularia)* oder bei Rosen mit Lavendel unterstreicht ihre Wirkung und trägt dazu bei, daß sich der Pflegeaufwand in Grenzen hält.

Wer allerdings Strenge, Lebhaftigkeit und Vielfalt verbinden möchte, der bepflanzt die rasterförmigen Beete mit gemischten Stauden und/oder Sommerblumen und genießt den reizvollen Kontrast, der sich überlagernden Linien. Harte Kanten eines Mäuerchens, eines Wasserbeckens oder einer Einfassung können Sie mit Pflanzen sehr leicht brechen und damit einen lockeren Eindruck erwecken.

Bauliche Elemente

- Abgesenkte Bereiche ermöglichen den Blick von oben und erhöhen die Wirkung.
- Laube oder Pavillon, manchmal auch nur eine einzelne Bank, erhalten ihren Platz am Ende einer Blickachse.

TIP

Reizvolle und zugleich spannungsreiche Stilkombinationen ergeben sich, wenn gebaute geometrische Grundmuster von fließenden Linien der Pflanzen überlagert werden.

- Häufig werden in einer architektonischen Anlage Wege zur wichtigen Achse. Durch einen Laubengang, etwa vom Eingangstor zum Haus oder als seitliche Verbindung vom Haus zum entfernt liegenden Sitzplatz, erhalten sie eine noch stärkere Bedeutung.
- In einem symmetrisch gestalteten Garten ist oftmals die Mitte besonders betont, durch ein Rondell, Oval oder Quadrat. Diese Fläche kann als Wasserbecken oder Beet ausgebildet sein.
- Zu den klassischen Elementen, die einem formalen Garten ganz besonders anstehen, zählen auch die leichten Gitterspaliere am Haus oder den Gartenmauern, die von Obstgehölzen oder Kletterpflanzen begrünt werden.

FREIE GESTALTUNG

Dieser Gartenstil orientiert sich an den Formen der Natur und nimmt den landschaftlichen Charakter zum Vorbild. Im Gegensatz zur strengen formalen Gestaltung wird hier mit weichen fließenden Linien gearbeitet. Ein typisches Beispiel ist der Naturteich (→ Seite 180), der im Bau noch als unschöne Amöbenform erscheint, nach 1-2 Jahren aber durch die naturhafte Bepflanzung bereits den Eindruck des natürlich gewachsenen Wassergartens erweckt.
Ebenso verhält es sich mit den Gehölzrändern. Die Konturen des Pflanzbettes bei der Neuanlage verschwinden nach wenigen Jahren. Die Zweige dehnen sich über die Ränder hinweg aus, ebenso die Stauden im Unterwuchs, und es entsteht eine neue natürliche Linie.

Wie wird Natürlichkeit erreicht?

Schmuckobjekte wie Solitärpflanzen, Skulpturen, Steine werden bei freier Gestaltung im Gegensatz zum formalen Garten – wo sie ganz bewußt als Kontrast eingesetzt werden –, eher behutsam in das Gartenkonzept eingefügt. Auch Sitzplätze, Teich und Findlingsgruppen werden harmonisch in die umgebende Bepflanzung integriert.
Natürlichkeit in Form, Farbe und Material hat Vorrang. Dies drückt sich auch in der Oberflächengestaltung des Gartens aus. Eine vorhandene ebene Fläche wird häufig leicht modelliert, einmal um einen natürlicheren Charakter zu erzeugen, zum andern, um den Garten optisch zu vergrößern. Dies sollte jedoch auf die Umgebung des Gartens abgestimmt und ein harmonischer Übergang in die Landschaft geschaffen werden.

Asymmetrische Anordnung und freies Linienspiel bestimmen den Stil dieses Gartens. Als Blickfang und Ruhepunkt dienen Rasenfläche und Sitzbank.

Dort, wo der Garten dicht umschlossen ist, greift dieses Argument nicht. In solchen Fällen hat die freie Gestaltung allerdings auch zum Ziel, den geometrisch eng umgrenzten Raum nicht wie in architektonischen Gärten deutlich spürbar zu machen, sondern ihn hinter frei-

wachsenden Gehölzen und Kletterpflanzen zu verbergen.

Kleine schmale Reihenhausgärten lassen eine solche raumgreifende Planung aber kaum zu. Zumindest an den seitlichen Fronten im hinteren Teil des Gartens könnte aber eine gemeinsame Lösung mit den Nachbarn gefunden werden. Wenn auch nicht auf einen Zaun verzichtet werden kann, sollte zumindest optische Transparenz an bestimmten Stellen erreicht werden. Auch niedrige Sträucher und eine Blumenrabatte können den Garten einrahmen.

Ein kleiner Gartenraum ist im wesentlichen mit einem Blick völlig überschaubar, wenn er nicht durch Hecken gegliedert und abgegrenzt wird. Die gleiche Fläche als frei gestaltete Form kann wesentlich geheimnisvoller und auch größer erscheinen.

Natürlichkeit wird erreicht durch freischwingende oder von Pflanzen überwachsene Beet- und Rabattenkonturen, Hecken aus Ziersträuchern, Natursteine als Baumaterial für Wege, Mauern und Sitzplätze, versteckt liegende Winkel und lauschige Eckchen.

Oben: Der geradlinige Verlauf von Weg, Platzfläche und Begrenzungsmauer wird durch geschickte Anpflanzung wirkungsvoll überspielt.

Unten: Von der Kreisform des Wasserbeckens ist nicht mehr viel zu sehen – sie wurde von der freien Pflanzung am Ufer erobert.

Stilkombinationen: →*Seite 14*
Sitzplätze: →*Seite 152*
Wasser im Garten: →*Seite 176*

NATURNAHE GÄRTEN

Es gibt große Unterschiede, wenn von naturnahen Gärten die Rede ist. Um einen echten Naturgarten handelt es sich jedoch erst, wenn alle gärtnerischen Maßnahmen den Belangen von Flora und Fauna untergeordnet werden.

Naturnähe bedeutet, sich am Vorbild der Natur zu orientieren, ohne je deren Komplexität zu erreichen, denn

- die Kleinräumigkeit eines Gartens erlaubt nur eine begrenzte Artenwahl, – viele werden zu groß,
- klimatische Voraussetzungen, Lage und Bodenverhältnisse lassen das Spektrum weiterhin schmelzen,
- nur in weitläufigen Gärten kann auch eine Rahmenpflanzung mit heimischen Decksträuchern durchgeführt werden. In den kleinen, schmalen Stadtgärten müssen diese Funktion geschnittene Hecken und begrünte Zäune übernehmen. Der ökologische Nutzen ist dabei jedoch geringer.

Wichtige Vertreter der heimischen Wiesenflora

Botanischer Name	Deutscher Name	Blütenfarbe
Achillea millefolium	Schafgarbe	weiß
Anthriscus sylvestris	Wiesenkerbel	weiß
Campanula rotundifolia	Rundblättrige Glockenblume	blau
Centaurea jacea	Wiesenflockenblume	lila
Daucus carota	Wilde Möhre	weiß
Hypericum perforatum	Tüpfeljohanniskraut	gelb
Leucanthemum vulgare	Wiesenmargerite	weiß
Salvia pratense	Wiesensalbei	blau
Tanacetum vulgare	Rainfarn	gelb
Trifolium pratense	Roter Wiesenklee	rot

Heimische Wildpflanzen

Es gibt viele schöne Wildpflanzen, die sich auch für die Gartengestaltung eignen. Am bekanntesten sind wohl die heimischen Sträucher, zum Beispiel Schwarzer und Roter Holunder *(Sambucus nigra, S. racemosus)*, Weißdorn *(Crataegus monogyna)*, Kornelkirsche *(Cornus mas)*, Heckenkirsche *(Lonicera xylosteum)*, Traubenkirsche *(Prunus padus)*, Eberesche *(Sorbus aucuparia)* und Mehlbeere *(Sorbus aria)*.

Häufig stehen die heimischen Pflanzen den Zierpflanzen an Schönheit kaum nach, man denke nur an das Pfaffenhütchen *(Euonymus europaeus)* oder den Gemeinen Schneeball *(Viburnum opulus)*, die es mit ihren exotischen Verwandten durchaus aufnehmen können.

Pflanzung und Pflege

Die Standortansprüche von Wildpflanzen sind im Gegensatz zu den üblichen Beetstauden, die alle einen guten nährstoffreichen Boden bevorzugen, sehr individuell. Alle Extreme sind vertreten, von warm und trocken bis kühl und feucht. Die richtige Lage sowie besondere Bodenvorbereitung – zum Beispiel ein Vermagern mit Sand und Kies – sind entscheidend für das Gedeihen der Pflanzen. Entsprechend gestaltet sich ihr Ausbreitungsdrang. Naturnahe Pflege beschränkt sich mit Ausnahme der Entwicklungsphase auf die Kontrolle der Bestände, damit nicht einige auf Kosten anderer überhand nehmen, und aufs Auslichten der Gehölze hie und da, damit sie lebensfähig bleiben. Doch an manchen Stellen ist ein undurchdringliches Dickicht, ähnlich den Gebüschen und Waldsäumen in der freien Natur, erwünscht, um kleinen Tieren Schutz zu bieten.

Nur wenn sich die Nachbarn einig sind, läßt sich solch eine großzügige Gartenanlage mit Naturteich und lockerer Bepflanzung verwirklichen.

Mauern, Stein- und Reisighaufen, abgestorbenes Holz und Laub als natürliches Mulchmaterial stellen Unterschlupf und Nahrungsreserven für viele Lebewesen dar. Auch ein kleiner Teich oder ein Sumpfbeet (→ Seite 179) sollten nicht fehlen, um die Vielfalt zu erhöhen.

Ein absolutes Muß in natürlich bewirtschafteten Gärten ist der Ver-

Auch kleine Reihenhausgärten können naturnah gestaltet werden, wenn die übliche Rasenfläche durch Stauden- und Gehölzpflanzungen ersetzt wird.

zicht auf den Einsatz von Pflanzenschutzmitteln, Insektiziden und anorganischen Düngemitteln.

Planung eines naturnahen Gartens

► Ob Neu- oder Umgestaltung, ein naturnaher Garten muß nicht unbedingt ein völlig frei gestalteter Garten sein. Gerade Linien beim Bau stören die Pflanzenentwicklung nicht. Die Vegetation wird in kürzester Zeit eigene Wege gehen und das Grundmuster des Gartens überdecken. Sie sollten daher so wenig wie möglich eingreifen.

► Vorhandene Geländesprünge und Unebenheiten sollten beibehalten werden, denn solche natürlichen Gegebenheiten unterstützen die vielfältigen Lebensgemeinschaften innerhalb des Grundstücks.

► Einem naturnahen Garten stehen auch natürliche Materialien am besten zu Gesicht. Naturstein, Holz und Ziegel sind die Stoffe, die in der naturhaften Gartengestaltung zum Einsatz kommen. Im Stadtbild müssen Sie bei der äußeren Begrenzung allerdings die vorhandenen Vorschriften und das Gartenrecht (→ Seite 10) beachten.

Wiesen: →Seite 94
Hecken: →Seite 110
Wilde Ecken: →Seite 138

DER WOHN- UND FAMILIENGARTEN

Hinter dem Begriff Wohn- und Familiengarten verstecken sich eine ganze Reihe von unterschiedlichen Funktionen:

Eine Familie kann aus drei verschiedenen Generationen bestehen, die alle den Wunsch haben, den Garten nach ihren Vorstellungen zu nutzen. Für die Älteren ist Ruhe und Beschaulichkeit ein wichtiges Moment. Sie wollen sich auf der Terrasse und im Garten erholen und die Natur beobachten. Die mittlere Generation möchte sich gerne körperlich betätigen und im Garten werkeln, die ganz Jungen möchten spielen und toben.

- Neben dem Wohn- und Repräsentationsbereich, der auch Rahmen für Familienfeste und ähnliche Geselligkeiten ist, können im Garten zusätzlich ein Grillplatz für gemütliche Gartenfeste oder weitere Sitzplätze (→ Seite 168) zum Kaffeetrinken im Grünen oder für ein kleines Plauderstündchen eingerichtet werden. So bietet sich für jede Generation Gelegenheit, den Garten zu nutzen und sich da- oder dorthin zurückziehen zu können.
- Für größere Familien bietet sich ein Nutzgartenbereich (→ Seite 140) besonders an. Salat und Gemüse kommen nicht nur frisch auf den Tisch, durch eigenen Anbau lassen sich auch etwas Kosten sparen.
- Falls das Gärtnern zur Liebhaberei gehört, ist ein Kleingewächshaus (→ Seite 82, 86) zu empfehlen, in dem Nutz- und Zierpflanzen angezogen und vorgetrieben werden können oder mediterrane Kübelpflanzen ihren Überwinterungsplatz finden.
- Vergessen Sie auch nicht, einen Platz zum Wäscheaufhängen bereitzuhalten.

In diesem Wohngarten dominiert die intensiv gepflegte Rasenfläche, die klar von der Rahmenpflanzung abgegrenzt ist und für vielerlei Vergnügungen zur Verfügung steht.

Was Sie unbedingt beachten sollten

- Berücksichtigen Sie bei der Gartenanlage unterschiedliche Bedürfnisse und altersbedingte Veränderungen in der Entwicklung vom Kleinkind zum Jugendlichen sowie gemeinsame familiäre Aktivitäten.
- Schaffen Sie sowohl Orte der Bewegung als auch der Ruhe und Zurückgezogenheit. Das sind Bereiche, die gemeinsam genutzt werden, und solche, an denen sich Einzelgänger auch einmal absondern dürfen.
- Schaffen Sie befestigte ebene Flächen, die sich für Bewegungs- und Gruppenspiele eignen.
- Bäume, Hecken und Strauchgruppen bilden gute Versteckmöglichkeiten.
- Große alte Bäume sind ideale Kletterobjekte, Behausungen und Hochsitze.
- Rasenflächen eignen sich zum Spielen, Lagern und Feiern und müssen daher strapazierfähig sein (→ Seite 94).
- Sandplatz und Wasserstelle sind ideale Spielplätze für kleinere Kinder. Sie sollten in Hausnähe und im Blickfeld der Erwachsenen liegen. Das Wasser sollte max. 15 cm tief sein bzw. tiefe Stellen müssen mit stabilen Gittern gesichert sein (→ Seite 181). Schattenspender im Sommer nicht vergessen.
- Provisorien sind bei Kindern sehr beliebt. Zelte zum Beispiel lassen sich leicht über Klettergerüste oder Wäschestangen installieren. Tipis aus Weidengeflecht oder Bohnenstangen sind ebenfalls leicht zu bauen.
- Verzichten Sie möglichst auf giftige Pflanzen, solange Kleinkinder im Haus sind.

Oben: Ein kleines Kräutergärtchen innerhalb des Wohngartens schmückt und ist nützlich zugleich. Buchseinfassung und Pastellfarben zählen zu seinen typischen Elementen.

Unten: Unkonventioneller Garten. Ein Sitzplatz unter Bäumen, Hof und Rasenfläche zum Spielen, Pflanzenvielfalt, Kunst- und Ziergegenstände sind gekonnt miteinander vereint.

Gartenleben mit Kindern

Solange Kinder und Jugendliche im Haus sind, sollte der Garten vor allen Dingen ihr Reich sein.

► Eine der schönsten Sommerbeschäftigungen bei schönem Wetter ist das Baden. Wenn die Kinder größer sind und schwimmen können, der entsprechende Platz im Garten vorhanden ist, Sie nicht unbedingt einen Swimmingpool bauen oder aufstellen wollen, dann entscheiden Sie sich doch für einen Natur- und Badeteich. Dazu müssen Sie Ihren Naturteich (→ Seite 180) in zwei Bereiche trennen, einen bis ins Wasser hinein bewachsenen und einen im Wasser unbewachsenen, die durch einen Überlauf miteinander verbunden sind.

Für Kleinkinder kommen nur flache Planschbecken (→ Seite 183) in Frage. Tiefere Bademöglichkeiten müssen Sie unbedingt gut schützen, damit sie für Kleinkinder nicht zur Lebensgefahr werden.

► Tiere und Kinder – das gehört meist zusammen. Neben den bekannten Haustieren wie Hund, Katze, Hamster, Meerschweinchen und Kanarienvogel kommen auch im Freien lebende Tiere wie Kaninchen, Hühner, Enten, Schafe, Ziegen oder Esel als Spielgefährten in Frage – wenn der Platz und die entsprechende Nachbarschaft sich dafür eignen.

► Einfacher läßt sich der Wunsch der Kinder nach einer eigenen Anbaufläche erfüllen (→ Zeichnung Seite 149). In sonniger Lage oder in den Nutzgarten integriert, können die Kinder hier nach Anleitung oder eigenem Gutdünken gärtnern, Zier- und Nutzpflanzen aussäen oder pflanzen, das Wachstum beobachten und dann natürlich ernten. Pflanzen, die problemlos gedeihen, sind Kartoffeln, Zwiebeln, Kresse, Radieschen, Bohnen, Tomaten, Monatserdbeeren, Kräuter und Sonnenblumen.

Ein Platz zum Spielen

Gärten sind nicht nur Pflanzenparadiese, sie sind auch wichtige Refugien für Kinder. Wenn Kinder bei der Planung und Gestaltung eines Gartens ein Mitspracherecht hätten, sähe ein Garten oft ganz anders aus. Statt gepflegter Schmuckbeete gäbe es mehr Wildwuchs, Obst und Beeren zum Naschen, viel freien Raum für gesellige Spiele, viele Versteck- und Klettermöglichkeiten in Hecken, Bäumen und Sträuchern sowie Wasser und Steine zum Spielen. Wichtig ist die Gliederung des Gartens in bestimmte Bereiche. Kleinkinder, Halbwüchsige und Jugendliche haben ganz verschiedene Ansprüche. Ein alteingewachsener Garten bietet da die besten Möglichkeiten, ein großer mehr als ein kleiner. Aber auch in einem kleinen Garten sollte genügend Platz für vielseitige Spielmöglichkeiten bereitgehalten werden, aber auch Raum sein, in dem Eltern und Kinder gemeinsam den Garten nutzen können.

Dieses Spielhaus mit integrierter Rutsche, Schaukeln und überdachter, regensicherer Sandkiste bietet eine Menge Abwechslung.

Wenn Kinder im Haus sind, sollten Sie auf jeden Fall einen Tummelplatz im Garten einplanen. Hier entstand zwischen Blumen- und Nutzbeeten eine schöne Spiellandschaft, die durch Holzpalisaden gut abgegrenzt ist.

Diese Kippschaukel wirkt wie ein modernes Kunstwerk, benötigt allerdings etwas Platz und läßt sich deswegen nicht in jeden Gartentyp eingliedern.

Was sich größere Kinder wünschen

Abenteuerlust ist eine hervorstechende kindliche Eigenschaft. Sie wird nur befriedigt, wenn das Spielen nicht reglementiert ist, und es genügend Freiräume zum Austoben und Experimentieren gibt – im etwas abgelegenen Winkel des Gartens, wenig einsehbar und mit selbstgebauten Objekten ausgestattet. Wichtig ist, daß alles improvisiert bleibt – seien es die kleine Hütte oder das Baumhaus, ein Zelt oder ein kleiner Lagerplatz mit Feuerstelle – und immer wieder Neues entstehen kann, ohne daß es die ältere Generation stört oder sie „ordnend" eingreift.

Klettereien gehören ebenfalls zum beliebten Repertoire von Kindern – gleich welchen Alters. Sind größere Bäume vorhanden, ergeben sich ideale Verhältnisse. Falls die Gehölze jedoch noch zu klein sind, können Sie zusammen mit den Kindern einen freistehenden Hochsitz bauen, der mit raschwachsenden Pflanzen eingegrünt werden kann, so daß die Baumaßnahme einerseits nicht so stark ins Gewicht fällt, andererseits den Kindern mehr Deckung gibt.

Bäume und Sträucher: →Seite 100
Nutzgarten: →Seite 140
Sitzplätze: →Seite 168
Wasser im Garten: →Seite 176

LIEBHABERGÄRTEN

Für den passionierten Gartenliebhaber, dem es in erster Linie um ein reiches und gärtnerisch interessantes Pflanzenspektrum geht, stellt die Gartenanlage oft nur die Hülle oder den Rahmen dar, um seine Pflanzenschätze ins rechte Licht zu setzen. Dies gelingt jedoch nur, wenn die speziellen Pflanzengruppen auch das richtige Umfeld erhalten.

TIP

Ausgefallene und vom Wuchs her interessante Pflanzen eignen sich als Solitärs in einem Teppich aus Gras oder anderen niedrigen Bodendeckern. Es wäre jedoch falsch, eine Vielzahl solcher Pflanzen – etwa Strauchrosen – über eine Rasenfläche zu verteilen. Der Garten soll ja kein Museum werden, sondern eine gut gestaltete Komposition mit verschiedenen Pflanzen.

Der Waldgarten

Haben Sie einen eingewachsenen Garten mit altem Baumbestand und vielen schattigen Bereichen, dann bietet sich die Anlage eines Waldgartens mit Blattschmuckstauden wie Funkien *(Hosta)*, Farnen aller Art und speziellen Gräsern sowie eine Vielzahl schöner Astilben-Sorten an. Bilden Sie eine Farnschlucht, ein Astilbentälchen und einen primelgesäumten Bachlauf.

Der Steingarten

Nach Süden orientierte Gärten ohne großen Baumbestand eignen sich sehr gut für Steinanlagen, am besten noch in Verbindung mit Wasser. Steingärten erforden im Gegensatz zum Schattenbereich wesentlich mehr Arbeitsaufwand. Die Ansprüche der einzelnen Gewächse sind wesentlich differenzierter, da Gebirgspflanzen an unser Klima weniger gut angepaßt sind als zum Beispiel Waldpflanzen.

Besondere Staudenrabatten

Neben den alpinen Pflanzen gehören vorzugsweise Blütenstauden wie Schwertlilien, Taglilien und Lilien zu den bevorzugten Sammelobjekten. Hunderte von Sorten mit speziellen Merkmalen warten auf ihre Liebhaber. Die oft ausgefallenen Raritäten passen häufig gar nicht in eines der üblichen Staudenbeete. Sie würden dort sowohl in ihrer Wirkung als auch wegen ihrer geringen Lebenskraft untergehen. Darum sollten Sie in solchen Fällen für Ihre Sammlung besondere Beete anlegen – am besten geschützt und gut sichtbar in Hausnähe.

Rosengärten

Rosenliebhaber gibt es in großer Zahl. Je nachdem welche Gruppe von Rosen (→ Seite 116) man bevorzugt, wird sich das Gestaltungskonzept des Gartens verändern.
Beet- und Hochstammrosen lassen sich zum Beispiel in einem formal angelegten mit klassischen Beetformen ausgestatteten Garten sehr gut verwenden. Nach Farbtönen und Größen geordnet und von Buchsbaum oder Lavendel gefaßt, kommen sie in der strengen Beetanordnung bestens zur Geltung. Hochstämmchen können aber auch Eckpunkte und Linien betonen. Kletterrosen überspannen bogenförmig den Weg, ranken an Zäunen empor oder hängen malerisch über Mauern.
Strauchrosen bilden als Hecke den Rahmen des Gartens und wirken in einem frei gestalteten Garten zu Gruppen geordnet viel natürlicher als in Reih und Glied in Beeten gepflanzt.
Für den Rosenliebhaber bietet sich daher eine Mischform aus formalem und frei gestaltetem Garten an, in dem er all seine Lieblinge – ob klein oder groß – auch gekonnt unterbringen kann.

Steingarten ganz anderer Art: An einem flachen Hang sitzen Steinstelen zwischen Gesteinsbrocken, niedrigen Gehölzen und Polsterpflanzen.

Oben: Sommerlicher Garten ganz in Weiß und Grau: Steinkraut und Fleißiges Lieschen bilden einen Teppich vor Wertmut und Spinnenblume.

Unten: Bäuerlicher Garten ohne strenge Gliederung. Beetrosen, Lavendel und Glockenblumen werden ergänzt durch violetten Rittersporn.

Rhododendren

Rhododendron-Liebhaber sollten sich ihrem Hobby nur widmen, wenn ihr Garten auch die Grundvoraussetzungen zum Anpflanzen dieser Gehölze bietet, nämlich sauren Boden, luftfeuchtes Klima, nicht zu viel Sonne.

TIP

Wenn Sie einen Pflanzenliebhabergarten anlegen, dann verschreiben Sie sich am besten mehreren Themen gleichzeitig, das macht den Garten zu allen Jahreszeiten interessanter und bietet Möglichkeiten für sonnige und schattige Standorte.

Der Gehölzgarten

Auch Gehölze können zur Sammelleidenschaft führen. Ordnen Sie Blütensträucher nach Farbgruppen und Blütezeiten. Legen Sie damit lockere Hecken an und rücken Sie Pflanzen mit malerischem Wuchs wie Kolkwitzia oder den Flügelspindelstrauch *(Euonymus alatus)*, der durch seine feuerrote Herbstfärbung und seine Rindenstruktur im Winter auffällt, aus der Reihe heraus.

Rosen: →Seite 114
Wasser im Garten: →Seite 176
Steingarten: →Seite 214
Kiesgarten: →Seite 218

Japanische und chinesische Gärten basieren in ihrer Gestaltungsphilosophie auf den Wurzeln von Religion und Kunst und der Einordnung des Menschen in die Natur. Die Gärten sind in der Regel immer in die umgebende Landschaft integriert, in erster Linie als Meditationsgärten angelegt und selbst auf kleinstem Raum zu verwirklichen – allerdings nur schwer auf unsere Verhältnisse übertragbar. Typische Stilelemente sind Teichlandschaften, Wasserfälle, Brücken, Trittsteine, Steinlaternen und Pagoden, Pavillons und asiatische Skulpturen. Die Verwendung von Pflanzen reduziert sich hauptsächlich auf immergrüne, teils bonsaiähnlich formierte Arten und einige wenige Blütenpflanzen (Azaleen und Rhododendren).

Steine im Garten – ein Thema mit vielen Variationen. Am schönsten wirken sie dort, wo das entsprechende Material auch in der umgebenden Natur vorkommt. Mit einheitlichem Gesteinsmaterial aber unterschiedlichen und unregelmäßigen Größen und Formen entsteht ein lockerer Charakter und das Ganze wirkt großzügig. Materialkombinationen sorgen ebenfalls für interessante und aufgelockerte Strukturen, wenn sie großflächig verwendet werden und aus nicht mehr als zwei oder maximal drei verschiedenen Materialien bestehen.

Streng formaler Garten mit scharfen Konturen. Der Plattenweg bildet die Symmetrieachse, streng geschnittener Buchs seine Umrandung. Der Weg erweitert sich in der Mitte zu einem kleinen Platz mit zentralem, quadratischem Wasserbecken. Die vier Ecken des Platzes werden zusätzlich von Buchskegeln in Töpfen betont. Die Rosen-Hochstämmchen in der Pflanzung nehmen die klaren Linien auf und sorgen im Sommer dafür, daß sich das grün-weiße Farbkonzept fortsetzt.

Bei der Gestaltung dieses Gartens wurde auf große Vielfalt Wert gelegt, Wasser spielt jedoch die größte Rolle. Neben den Wasserflächen, die als verschiedene formale Wasserbecken angelegt wurden, inzwischen jedoch fast zugewachsen sind, wurde auch der Sitzplatz mit einem Mühlstein als Brunnen ausgestattet. Kübelpflanzen, Hecken, Laub- und Nadelgehölze in unterschiedlichen Farbtönen bilden eine abwechslungsreiche Bepflanzung.

Zu einem Bauerngarten gehören in erster Linie Blütenstauden wie der blaue Rittersporn und Lilien, dazu Rosen und viele Sommerblumen. Hinzukommen die verschiedensten Kräuter und Gemüsearten sowie Obstbäumchen – als Hochstämmchen oder Spalierobst gezogen – und Beerensträucher. Die Beete sind in der Regel mit Buchs eingefaßt.

So lustig kann Gartenkunst auch aussehen. Die bunten, märchenhaften Phantasiegestalten im Vorgarten ziehen alle Blicke auf sich.

Grundlagen der Gestaltung

In der Gartengestaltung kommen pflanzliches, künstlerisches, technisches und praktisches Knowhow in einmaliger Weise zum Ausdruck. Die Grundlagen der Gartengestaltung können nicht rezeptartig vermittelt werden, sie werden auch nicht von strengen Regeln diktiert, und es bleibt sehr viel Spielraum für Individualität. Es gibt jedoch einige allgemeine Prinzipien, wie Raumbildung, Umgang mit Formen und Farben, an denen Sie sich bei der Gestaltung Ihres Gartens orientieren können. Diese Prinzipien gelten nicht nur für die gesamte Gartenanlage, sondern auch für einzelne Bereiche bis hin zum Pflanzplan für ein einzelnes Beet.

Der Pegel, an dem sich gute Gartenarchitektur messen läßt, schwankt zwischen Einfachheit und Vielseitigkeit, Ruhe und Bewegung. Gartenkunst stellt die Harmonie und Ausgewogenheit zwischen solchen Extremen her. Trotz aller Vielfalt von natürlichen und unbelebten Materialien wirkt ein gut gestalteter Garten immer als Einheit und steht im Einklang mit seiner Umgebung.

Harmonie und Ausgewogenheit

Harmonie ist ein häufig zitiertes Zauberwort. Es will immer wieder darauf hindeuten, alle Einzelelemente in Beziehung zum Ganzen zu sehen, aufeinander abzustimmen – seien es die Größenverhältnisse von Gebäude und Grundstück, Architektur und Umfeld, die auf den Charakter des Gartens einwirken, oder seien es die verschiedenen Materialien, die alle im Garten Verwendung finden können – sie sollen sowohl einen Bezug zum Haus und zum Umfeld, als auch zur Thematik des Gartens haben. Das harmonische Miteinander ist häufig in der Natur und aus den natürlichen Gegebenheiten ablesbar.

- Finden Sie die Balance zwischen freien, offenen und dicht bepflanzten Flächen.
- Achten Sie auf eine ausgewogene Gewichtung.
- Bemühen Sie sich um einen Ausgleich zwischen linker und rechter Gartenhälfte, zwischen Vorder- und Hintergrund.

TIP

Beginnen Sie bei all Ihren Überlegungen immer erst im Großen und Groben, um nach und nach zu den Details vorzudringen. Vor allem die feinen pflanzlichen Kombinationen brauchen Zeit und Erfahrung.

- Verteilen Sie Akzente nicht willkürlich im Garten, sondern setzen Sie Schwerpunkte.

Proportionen

Proportion ist die harmonische Beziehung zwischen den Dimensionen Länge, Breite und Höhe. Ein ausgewogener, harmonischer Gesamteindruck entsteht, wenn die Größenverhältnisse stimmen. Eine ganz besondere Bedeutung kommt dieser Aussage zu, wenn es sich um die Gartenbäume handelt. Erst in ausgewachsenem Zustand (nach 10-20 Jahren) läßt sich letztlich beurteilen, ob die Proportionen richtig gewählt waren. Dieser Umstand erfordert spezielle Auswahl schon zum Zeitpunkt der Pflanzung.

Gitterspaliere, die durch falsche Perspektive räumliche Tiefe vortäuschen, sind seit jeher beliebte Zierelemente eines Gartens.

Einfachheit und Schlichtheit

Die alte Weisheit „Weniger ist mehr!“ findet auch bei der Gartengestaltung ihre Bestätigung, und das Postulat der Designer „Form folgt der Funktion“ bringt zusätzlich den Begriff der Zweckmäßigkeit ins Spiel. In der Beschränkung der Mittel, der Reduktion auf das Wesentliche, liegt oft die Meisterschaft. Als Vorbilder dafür dienen uns vor allem die japanischen Gärten (→ Seite 28).

TIP

Einheitlichkeit von Materialien, Formen oder Farben tragen wesentlich zur Gesamtkomposition der vielen Einzelelemente eines Gartens und ihrer harmonischen Verbindung bei.

Das offensichtlich andere Extrem, die Fülle, Vielfalt, Üppigkeit, die zum Beispiel ein Bauerngarten (→ Seite 29, 144) repräsentiert, erweist sich jedoch nur als scheinbarer Widerspruch, denn auch bei diesem Thema sind die gärtnerischen Mittel auf ganz bestimmte Komponenten beschränkt – auf Nutz- und Zierpflanzen sowie einfache Materialien.

Rhythmus

Durch die regelmäßige Wiederholung bestimmter Elemente (Pflanzenarten, Objekte, Formen und Farben) entsteht ein lebendiger Eindruck. Auch die höhenmäßige Staffelung einer Pflanzung läßt schwingende Bewegungen entstehen – seien es eine Staudenrabatte, eine Strauchpflanzung oder eine ruhig wirkende geschnittene Hecke.

Freie Linien sollen schwungvoll, aber ohne zu große Schnörkel und Kurven ruhig dahinfließen, gerade Linien sollen keine unnötigen Richtungsänderungen aufweisen – zuviel Bewegung verursacht Unruhe.

Einheit und Einheitlichkeit

Die einzelnen Komponenten eines Gartens, zum Beispiel die verschiedenen Nutzungsaspekte, die Belags- und Pflanzflächen, der Rasen sowie bauliche Elemente sollen zu einem harmonischen, in sich geschlossenen Ganzen verbunden werden. Trotz aller Verschiedenartigkeit der Inhalte kann durch gestalterische Mittel ein Zusammenhang erreicht werden – sei es durch verbindende Heckenstrukturen, durch Pergolen oder durch die Einheitlichkeit der Materialien.

TIP

Unterschiede in Form, Farbe und Struktur erzeugen Spannung und machen den Garten interessant. Durch Kontraste werden die einzelnen Objekte in ihrer Wirkung gesteigert.

Spannung und Kontrast

Das Herausarbeiten von Gegensätzen erzeugt Spannung. Kontrastpaare, denen Sie bei der Gartengestaltung begegnen sind zum Beispiel hell/dunkel, nah/fern, rund/eckig, senkrecht/waagerecht, klein/groß. Je stärker der Grad der Unterschiedlichkeit und je mehr Kontraste Sie gleichzeitig verwenden, desto größer das Spannungsfeld und umso mehr heben sich die Elemente voneinander ab.

RAUMBILDUNG

Ein gut geplanter Garten läßt eine klare Gliederung und Raumbildung spüren. Vor der pflanzlichen Ausschmückung muß ein Rahmen und ein Gerüst entstehen, vor dessen ruhigem Hintergrund Formen, Farben und Texturen der Gartenpflanzen zur Wirkung kommen.

Mit einem Rahmen werden die Flächen- und Raumgrenzen abge-

Der Blick durch die Öffnung einer Wand, Hecke oder Mauer, läßt den dahinterliegenden Raum wie ein gerahmtes Bild erscheinen. Es vermittelt Weite und Tiefe.

Der Bogen aus Gold-Ulmen vor dunklem Hintergrund macht diesen Sitzplatz erst zum deutlichen Blickfang und trägt zur Raumbildung bei.

steckt. Jegliche Art von Einfriedung, ob durch bauliche, natürliche oder pflanzliche Mittel, betont die Höhe und definiert somit den Raum. Bäume und größere Sträucher, aber auch dekorative Kleinarchitekturen (→ Seiten 82) stellen weitere Komponenten der 3. Dimension – das Gerüst – dar und tragen zur Raumwirkung bei.

► Bedenken Sie beim Umgang mit den lebendigen Materialien, daß sie im Laufe der Zeit und der Jahreszeiten ständigen Veränderungen unterliegen. Strukturen und Farben wechseln immer wieder, doch das zunehmende Volumen der Großgehölze beeinflußt den Raumeindruck am stärksten. Die gewünschte Ausgewogenheit innerhalb des Gartenraumes stellt sich erst nach vielen Jahren ein.

► Beachten Sie die unterschiedliche Entwicklungszeit der Pflanzen und geben Sie den dauerhaften Gehölzen genügend Raum zur Entwicklung.

Der Rahmen

Rahmen bedeutet meistens gleichzeitig Sichtschutz, darum hat die Einfassung des Grundstücks in engen Siedlungsbereichen große Bedeutung. Durch eine einheitliche Begrenzung (Hecke, Zaun, Wand, Mauer)

TIP

Vertikale Elemente beeinflussen die Wirkung einer Fläche sehr stark. Je höher die Abgrenzungen oder der Bewuchs, desto kleiner erscheint der Garten.

schaffen Sie den gewünschten Zusammenhang und verleihen Ihrem Grundstück Geschlossenheit und Intimität. Eine Reihe gleichartiger Gehölze, wie es bei geschnittenen Hecken der Fall ist, wirkt streng, bei Immergrünen auch dunkel. Überlegen Sie deshalb, ob es nicht genügt, eine Holzwand zu beranken oder lockere Gehölzgruppen aus Blütensträuchern, durchsetzt mit einigen Immergrünen, zu pflanzen. Denn mit klaren strengen Formen betonen Sie eher die engen Grenzen, während die unregelmäßigen Formen den Blick ablenken und die Grenzen weniger spürbar wahrnehmen lassen.

Gerüst

Eine strenge oder freie Form der Rahmenpflanzung allein ergibt noch keinen gut gestalteten Raum. Je nach Zuschnitt der Fläche und der Grundform des Gartens bedarf es einer Untergliederung. Gruppieren Sie spannungsreich hohe und niedrige, schlanke und voluminöse Pflanzen und ergänzen Sie verschiedene Raumelemente (zum Beispiel eine Pergola).

Raumgliederung

Auch ein sehr kleiner Garten kann aus verschiedenen Teilen bestehen und wirkt dabei noch interessanter als ein einziger voll überschaubarer Gartenraum. Die Gliederung des Gartens läßt sich beispielsweise mit niedrigen überschaubaren Hecken vornehmen, ohne optisch einzuengen. Mannshohe Spalierwände können dagegen als transparente Gitterkonstruktionen mit Schlinggewächsen leicht berankt oder als Obstspaliere ausgebildet werden. Auch eine schmale Apfel- oder Birnenhecke als lebende Wand gilt als hübsche und zudem nützliche Abgrenzung, ohne allzu dicht und massiv zu wirken.

TIP

Ein sehr kleiner Garten erscheint wesentlich größer, wenn Sie den Weg – oder auch Trittplatten im Rasen – in einer leichten Biegung um ein Hindernis (Gehölz, Teich, Beet, Steingruppe) herumführen und ihn optisch verschwinden lassen.

Übergänge

Übergangszonen von einem Teil in den anderen bilden gestalterisch wichtige und interessante Blickpunkte im Garten. Sie vereinigen in sich Verbindendes und Trennendes, Innen und Außen, Offenes und Geschlossenes. Wenn diese Stellen durch markante Elemente betont werden, können Sie die einzelnen Räume des Gartens auch auf diese Weise klar voneinander abgrenzen. Tore, Säulen und Bögen stellen beispielsweise solche Übergänge dar. Markierungspunkte können aber auch geschnittene Gehölze (→ Seite 112) links und rechts des Weges sein, Rosenhochstämmchen oder Kübelpflanzen – alles Elemente, die vor allem in einem formal angelegten Garten neben geschnittenen Hecken ideale Partner sind.

Flächengestaltung

Die Fläche wird erst zum Raum durch den Rahmen und das Gerüst – das heißt die Verteilung höherer vertikaler Strukturen wie Bäume, Sträucher und bauliche Elemente. Aber auch horizontale Flächen können einen Raumeindruck vermitteln. Je nachdem, wie die offene Fläche gefaßt ist – dicht umstanden etwa von Gehölzen oder nur locker gerahmt von niedrigen Stauden oder Rosenbeeten –, entsteht der Eindruck von Enge oder Weite. Auch die feineren Struktur- und Texturunterschiede, wie sie die Bodenbeläge von Wegen und Plätzen (→ Seite 62) sowie Pflanz- und Rasenflächen hervorrufen, bilden Kontraste mit räumlicher Wirkung.

Der gute Raumeindruck dieses Gartens wird durch die klare Gliederung und die pastellfarbenen Rabatten vor dunklen Heckenwänden hervorgerufen.

Von oben betrachtet, kommen Strukturen und Formen der Flächengestaltung in diesem Innenhof besonders gut zur Geltung.

Wegeführung

Wege erschließen einen Gartenraum von außen her und führen durch ihn hindurch. Sie gliedern gleichzeitig auch den Raum und verbinden die einzelnen Teile und Elemente untereinander – tragen damit also ebenfalls zur Raumbildung bei. Wichtige Gesichtspunkte bei der Wegeführung sind die Ausrichtung auf das Gebäude und die Blickbeziehungen, die sich aus dem Wegeverlauf ergeben können, denn auch ein Weg lenkt die Blicke in eine gewünschte Richtung.

► In einem sehr kleinen Garten sollten Sie den begrenzten Raum jedoch nicht unnötig stark unterteilen, sondern den Weg nur an einer Seite des Grundstücks führen.

► Bei schmalen Parzellen genügen oft auch Trittplatten im Rasen oder innerhalb einer Pflanzung.

► Bei geringer Nutzung des Gartens kann auch der Rasen als Lauffläche dienen.

► Stark geschwungene Linien sind in kleinen Gärten unangebracht, dagegen können diagonal angelegte Wege ein Gefühl der Weite hervorrufen.

► An den Umlenkungspunkten des diagonalen Weges plazieren Sie kleine oder auch höhere Pflanzen, Steine etc., die den Wegeverlauf begründen und die starren Linien unterbrechen.

► Geschwungene und verschwenkte Linien wirken spannungsreicher als Geraden, die sehr einfach bis zu ihrem Endpunkt verfolgt werden können.

Oben: In diesem streng formal gestalteten Garten ist der goldene Hahn auf seinem Sockel ein besonders auffälliger Blickfang, vor allem durch das Heckentor gesehen.

Rechts: Auch in einer frei gestalteten Bepflanzung können Sie Blickpunkte setzen und die räumliche Wirkung unterstreichen. Hier geschieht dies mit einem Rankgerüst in der Farbe der Clematis-Blüten.

BLICKPUNKTE SETZEN

Ganz besonders bei kleinen Gärten hat das Haus eine dominierende Stellung. Diese Einheit wird oft noch dadurch betont, daß die Linien des Gebäudes aufgenommen werden, um mit Wegen, Sitzplätzen, Pergolen und ähnlichem zu korrespondieren.

Vom Eingang, Fenstern, Balkon und Terrasse führen Blickachsen in verschiedene Richtungen. In jedem Garten gibt es mindestens einen, meist aber mehrere solcher Blickbezüge. Und an diesen Endpunkten muß etwas für das Auge Anziehendes plaziert werden – ein Blickfang künstlicher oder natürlicher Art. Solch ein Blickfang benötigt immer einen passenden Hintergrund, um auch voll zur Geltung zu kommen, zum Beispiel eine helle Wand oder eine dunkle Hecke.

► Blickfänge müssen sich in ihrer Größe dem Garten anpassen, dürfen in kleinen Gärten also nicht allzu massiv sein. Umgekehrt würden kleine Objekte in großen Gärten verloren wirken und der gewünschte Effekt auch nicht erreicht werden.

► Ein offener Ausblick erregt weniger Aufmerksamkeit als ein Blick, der durch eine schmale Öffnung, ein Tor oder einen Bogen oder entlang eines Weges gelenkt wird, um dort gezielt etwas wahrzunehmen.

► Ein angenehmer Ausblick, zum Beispiel in die Landschaft, sollte bewußt herausgestellt und genutzt werden, um den Garten über seine Grenzen hinaus optisch auszudehnen. Wenn möglich sollten Sie dabei charakteristische Pflanzen und Elemente der Umgebung aufnehmen und so die Landschaft in Ihren Garten hereinziehen.

Tip

Überall dort, wo ein schöner Ausblick über den Gartenzaun nicht möglich ist – ein Fernblick etwa oder der Blick in einen hübschen Nachbargarten –, sollten die Blicke innerhalb des eigenen Gartens von schönen Dingen und Pflanzen gefesselt werden.

DAS SPIEL MIT DER PERSPEKTIVE

In kleinen Gärten ist es besonders wichtig, mit gestalterischen Mitteln optische Weite und räumliche Tiefe zu erzeugen, um den Garten größer erscheinen zu lassen.

Räumliche Tiefe entsteht zum Beispiel durch einen Blickfang im Vordergrund. Das können Kübelpflanzen auf der Terrasse, ein Becken, Steine und Solitärpflanzen am Rand oder auf der Rasen- und Beetfläche davor sein. Im andern Fall schwebt der Blick über die niedrigen Flächen hinweg, ohne sie richtig wahrzunehmen, und es entsteht auch kein Gefühl für die Distanz im Garten.

Kulissenbildung gehört zu den wichtigsten Möglichkeiten, den Garten interessanter zu gestalten.

Statt streng geschnittener Gehölze – wie dies in formalen Gärten üblich ist – lassen sich ebenso verschiedene lockere Strauchgruppen hintereinander staffeln.

Tiefenwirkung erreichen Sie dadurch, daß Sie nicht Rabatten streng entlang der Grundstücksgrenzen verlaufen lassen, sondern besonders Gehölze, auch Immergrüne, zur Verdichtung etwas aus der Reihe heraus zur Mitte ziehen, so daß ein lockerer Eindruck und eine geschwungene Linie oder Beetform entsteht. Durch das Vor- und Zurückspringen der Pflanzung sind nicht alle Teile des Gartens gleichzeitig erkennbar.

Schmale, langgezogene Grundstücke wie sie oft im städtischen Bereich und in Reihenhaussiedlungen anzutreffen sind, lassen sich durch eine von links und/oder rechts nach innen schiebende Bepflanzung sehr gut unterteilen. Wenn Sie diese Pflanzinseln wechselseitig anordnen, entsteht zusätzliche Bewegung, und die Enge wird weniger stark wahrgenommen.

► Wenn Sie Ausblicke genießen möchten, ohne selbst gesehen zu werden, genügt es, Hecken anzulegen, die von außen betrachtet nur Augenhöhe erreichen. Oder Sie schaffen direkt vor Ihrem bevorzugten Sitzplatz einen niedrigen Sichtschutz.

In formalen Gärten wird ein Wegekreuz häufig als Rondell gestaltet, durch Blumenrabatten eingefaßt und der Mittelpunkt durch Pflanzen, Kunstobjekte oder einen Brunnen hervorgehoben.

TIP

Die Sichtschutzwirkung ist umso besser, je näher das Element oder die Pflanzen beim Betrachter stehen. Vorsicht aber mit Immergrünen direkt vor der Terrasse. Wenn sie zu hoch werden, nehmen sie auch viel Licht weg.

Eine optische Erweiterung tritt auch dann ein, wenn die Diagonale betont wird. Viele kleine Teilräume, die unterschiedlich bepflanzt werden, können durch die Vielfalt der Themen den Garten ebenfalls größer erscheinen lassen.

Symmetrie fördert die optische Verbreiterung des Raumes durch paarweises Verwenden von gleichmäßig gewachsenen Pflanzen oder gleichen Elementen. Auf jeder Seite des Gartens werden sie soweit wie möglich an die Einfriedung herangerückt und mehrere dieser Paare auf die Länge des Grundstücks verteilt. Das Ende wird durch höhere Exemplare betont, zur Mitte hin wird die Bepflanzung niedriger.

Überraschungsmomente besonderer Art ergeben sich, wenn zum Beispiel der Weg oder die Rasenfläche um eine der Gehölzkulissen herumschwingt und sich im Dunkel verliert. Das geheimnisvolle Verschwindenlassen ist ein vielgeübter Gestaltungstrick, der gerade in kleinen Gärten seine Berechtigung hat.

Was Formen aussagen

Bewegung und Ruhe läßt sich in unterschiedlichen Formen ausdrücken:

- ruhig und statisch wirken Quadrat, Kreis, Sechseck
- bewegt wirken lange schmale, gerade und geschwungene, auch diagonale Linien und Flächen mit und ohne Richtungsänderung
- neutral wirken rechteckige und ovale Flächen

FORMEN TRAGEN DEN GARTEN

Linien und Formen kommt in der Gartengestaltung größte Bedeutung zu. Horizontale und Vertikale treffen aufeinander, ruhiges Statisches und bewegt Dynamisches wechseln sich ab. Kontrastierende Wuchs-, Blatt- und Blütenformen machen einen Garten lebendiger. Das Spiel mit Linien und Formen führt zu Mustern und Strukturen, die den Stil und Charakter des Gartens prägen, ihn elegant, rustikal, weit oder geschlossen erscheinen lassen.

TIP

Wichtig ist es, daß der Garten nicht mit einem Blick voll überschaubar ist, sondern Nischen und Winkel entstehen, die Überraschungsmomente bergen oder manches nur erahnen lassen.

Die Viereckform kann zum Beispiel in konsequenter Weise auf alle Gartenelemente angewandt werden, sei es die Terrasse, die Pflanzflächen, Zweitsitzplatz oder Wasserbecken. Für die Unterbrechung der harten Kanten sorgen Pflanzen, so daß insgesamt ein lockeres Bild entsteht.

Die Kreisform ist ebenfalls ein beliebtes Gestaltungsmittel, das engen Grundstücken mehr Weite verleihen kann. Variieren Sie die Größe der Kreise und lassen Sie die Kreise sich überschneiden, eventuell in diagonaler Abfolge als zusätzliche optische Erweiterung. Die Kreise werden nochmals betont, wenn Sie die Ränder einfassen und bei Platzflächen im entsprechenden Muster den Belag wählen.

Bei der Anlage eines Beetes kommt es außer auf eine geschickte Farbkombination auf gutes Gestalten mit unterschiedlichen Wuchsformen an.

Wuchsformen – prägende pflanzliche Gartenelemente

Es gibt Pflanzen mit sehr ausdrucksvollem äußerem Erscheinungsbild, die im Garten besondere Akzente setzen und manchmal den Charakter einer Skulptur erreichen können. Aus allen Pflanzengruppen gibt es Beispiele dafür, in erster Linie geben jedoch Gehölze als tragende Strukturen dem Garten sein

Gesicht. Sie bilden das dauerhafte Gerüst der Anlage. Alle Immergrünen gehören dazu, in starkem Maße aber auch Laubgehölze, insbesondere die mit markanten Konturen, wie Kugel-, Säulen- und Hängeformen, und solche mit dekorativer oder malerischer Kronenbildung. Sie sollten freistehend oder vor einer kontrastierenden ruhigen Kulisse als Solitärgehölze verwendet werden.

Kegel-, kugel- und säulenförmige Pflanzen bilden jeweils starke Akzente, strahlen eine gewisse Strenge aus und fesseln den Blick. Sie eignen sich vorzugsweise für architektonisch geprägte Anlagen, zur Reihenpflanzung, als Markierungspunkte, zur Rahmung eines Durchblicks, Sitzplatzes oder Eingangs.

Schirmförmige und hängende Gehölze strahlen Eleganz und Grazie aus und werden am besten einzeln verwendet. Sie stellen eine harmonische Verbindung von flächigen Pflanzungen zu vertikalen Strukturen dar, benötigen allerdings einen ruhigen Hintergrund.

Geschnittene Gehölze – Solitärs und Hecken spielen auch im Kontrast mit der natürlichen Vegetation eine wichtige gestalterische Rolle.

Oben: Einen starken Kontrast bilden das hoch aufragende linealische Laub der Wieseniris und die kompakten Blätter der Funkie.

Unten: Der filigrane Wurmfarn kontrastiert sehr gut mit der breitblättrigen Funkie und dem großformatigen, runden Tafelblatt.

Bäume und Sträucher: →Seite 100
Formschnitt: →Seite 112
Stauden: →Seite 132

DAS SPIEL MIT DEN FARBEN

Formen sind über die Jahre betrachtet die wesentlichsten Gestaltungsmittel in einem Garten, aber Farben begleiten sie und bestimmen den Gesamteindruck einer Anlage. Nicht allein Blütenfarben entscheiden über Stimmungen und Atmosphäre, farbiges Laub und Früchte tragen ebenso dazu bei.

Die intensiven, sich in ihrem Umfeld stark behauptenden Farben Gelb, Orange und Rot sind gleichzeitig warme Farbtöne. Ihnen stehen die kühlen zurückhaltenden Farben Grün, Blau und Violett gegenüber. Warme Farben drücken Nähe, kalte Farben Ferne aus.

Vor allem Blautöne verhelfen zu optischer Erweiterung. Verwenden Sie kühle Farben im Hintergrund. Warme Farben im Vordergrund rücken dagegen den Hintergrund optisch näher heran.

Alle hellen Farbtöne, vor allem Weiß, entfalten ihre Wirkung besonders im Dämmerlicht sowie vor dunklem Hintergrund oder im schattigen Umfeld.

Welche Farben passen zusammen?

Farben, die sich im Farbkreis gegenüberstehen (Komplementärfarben) wie Gelb-Violett, Orange-Blau und Rot-Grün empfindet das Auge als angenehm. Neben diesen Farbpaaren werden auch Dreiklänge beispielsweise aus den reinen Farben Rot, Gelb, Blau oder ihren Mischfarben Orange, Grün, Violett als harmonisch empfunden. Sie bilden alle sehr starke Kontraste, und es entstehen intensive, farbkräftige Kompositionen, weil die verbindenden Farben fehlen. Mildern können Sie dies in der Praxis, indem Sie zusätzlich weißblühende und graulaubige Pflanzen und einen hohen Anteil an grüner Blattmasse verwenden.

Farbverläufe werden immer als ausgewogen wahrgenommen. Harmonische Kombinationen entstehen aus benachbarten verwandten Farben des Farbkreises.

Wenn Sie die warmen und kühlen Farben trennen, erzielen Sie sanfte Ton-in-Ton-Kompositionen.

Farbveränderungen ergeben sich durch unterschiedliche Nachbarn. Sehr helle Farben nehmen den nebenstehenden etwas an Leuchtkraft und lassen sie dunkler erscheinen als sie isoliert betrachtet wären. Umgekehrt bewirken dunkle Farben eine Aufhellung der benachbarten Farbtöne. Diese Abhängigkeiten betreffen nicht nur Pflanzen untereinander, auch Bodenbeläge, Holz- und Gesteinsarten beeinflussen die Wirkung einer Pflanzung.

Wesentlich für die Bestimmung des Farbwertes ist die Beschaffenheit der Oberflächen. Je nachdem ob sie glatt oder rauh, glänzend oder matt sind, nimmt dies Einfluß auf die Leuchtkraft der Farben.

Mengenverhältnisse spielen bei den Farbkompositionen ebenfalls eine bedeutende Rolle. Innerhalb einer überwiegend dunklen Farbfläche genügen bereits wenige helle Pflanzen, um Wirkung zu zeigen und Spannung zu erzeugen.

TIP

Auf einer kleinen Fläche sollten nie mehr als drei Farben gleichzeitig verwendet werden. Häufig wirkt dies bereits zu unruhig. Wählen Sie lieber zwei Farbtöne und verbinden Sie diese untereinander durch verwandte oder neutrale Farben.

Neutralisierende Farben: Grün, Grau, Weiß

Das unterschiedliche Grün des Laubes trägt nicht nur zum Formenreichtum des Gartens bei, auch das Farbenspiel im Garten profitiert davon. Blattgrün tritt in vielfältigen Variationen auf, es tendiert zu Blau, Gold und Silber, ins Purpurfarbene, zu Hell oder Dunkel. Hinzukommen die weiß- oder gelbpanaschierten Blätter und die bunten Farben, wenn der Herbst einzieht. In der geschickten Kombination unter-

Dieser Brunnen wird dekorativ vom blaubereiften Laub einer Funkie und dunkelgrünen Efeu-Blättern umrahmt. Beide Pflanzen fühlen sich in diesem feuchten, schattigen Milieu sehr wohl.

Wunderschöne Ton-in-Ton-Pflanzung in vollsonniger Lage, geprägt vom hellen Rosa der rosenumrankten Pergola und dem dunklen Violett und Rot der Stauden und Rosen.

schiedlicher Grüntöne liegt bereits der Reiz. Werden bestimmte Blütenfarben als Höhepunkte hinzugesellt, dann läßt sich die gegenseitige Wirkung steigern, und es ergeben sich unendlich viele feine Abstufungen. Auch die Farbe Grau trägt im Pflanzenreich dazu bei, andere Farben miteinander in Einklang zu bringen. Grau ist häufig eine Variante von Grün und erscheint nur wegen der Behaarung und Bereifung der Blätter durch Lichtbrechung silbrig, matt oder bläulich. Graues Laub in Verbindung mit Pastellfarben läßt eine Pflanzung besonders weich schimmern. Graues Laub, blaue und pastellfarbene Blüten zusammen mit grauem Gestein rufen mediterrane Stimmung hervor.

Weiß ist der auffallendste Farbton in dunkler Umgebung und leuchtet weithin inmitten von dunklem Grün. Weiß ist auch ein guter Partner zu anderen hellen Farben wie Gelb und Orange. Als vermittelndes Element in intensiven Farbflächen sollten Sie es recht sparsam verwenden, denn größere reinweiße Farbflecken wirken hart.

TIP

Ein grüner Pflanzenteppich (Untergrund) oder eine lebendige grüne Wand (Hintergrund) bilden immer den besten Rahmen für leuchtende Farben oder sie harmonisieren zu viel Buntes. Je mehr Grünanteile eine gemischte Pflanzung besitzt, umso divergierender können die Farbtöne sein.

Ton-in-Ton-Gestaltungen besitzen immer eine harmonische und edle Ausstrahlung. Hier sind es die unterschiedlichen Gelbtöne von Kaiserkrone *(Fritillaria imperialis)* und den großkronigen Narzissen der Sorte 'Queen of Bicolor' mit hellem Blütenkranz und dunklerer Nebenkrone.
Ausgewogene Farbverläufe ergeben sich aus der Benachbarung verwandter Farbtöne, etwa Gelb und Orange, die auf dem Farbkreis nebeneinanderliegen oder aber durch aufgehellte oder schattierte Töne einer reinen Farbe, wie dem Gelb in dieser Pflanzung.

Farblich ausgewogen wirkt auch dieser Dreiklang in Rosa, Weiß und Blau. Dominierend sind die halbgefüllten Schalenblüten der rosafarbenen Pfingstrose *(Paeonia lactiflora)*, ergänzt mit den mittelblauen Blütenkerzen des Sommer-Salbeis (*Salvia nemorosa* 'Blauhügel'). Beide Pflanzen werden von zartem, weißem Baldrian *(Valeriana officinalis)* eingerahmt. Rosa und Blau gelten als kühle Farben, sie übertönen sich gegenseitig nicht. Der weiße Baldrian nimmt den Pflanzen allerdings etwas von ihrer Leuchtkraft, dunkle Nachbarn würden sie optisch noch aufhellen.

Die kühlen Blautöne des Rittersporns *(Delphinium)* und der Pfirsichblättrigen Glockenblume *(Campanula persicifolia)* werden durch das harte Weiß der Glockenblume noch betont. Verändert wird diese Stimmung mit wenigen Tupfen Rot vom Seidenmohn *(Papaver rhoeas)* und vereinzelt aufragenden Blütenständen des Roten Fingerhuts *(Digitalis purpurea)*. Diese sparsam verwendeten Rottöne genügen bereits, um der Pflanzung größere Spannung zu verleihen.

Gelungene Pflanzkomposition hinsichtlich Farbe und Form. Zart blaublühender Rittersporn verstärkt den Farbkontrast noch, den die beiden Komplementärfarben Gelb – repräsentiert durch den Goldfelberich *(Lysimachia punctata)* – und Violett – Riesenlauch *(Allium giganteum)* – hervorrufen. Die intensiv gelbe Farbfläche erhält ihre Betonung durch den mengenmäßig geringen Anteil der Kontrastfarbe Violett.

Solch ein transparenter Pavillon eignet sich selbst für einen kleinen Garten. Er ist Schmuckstück und geschützter Sitzplatz in einem.

Planung Schritt für Schritt

Ein schöner Garten ist meistens kein Zufallsprodukt, sondern das Ergebnis einer guten Planung. Ob Neuanlage, Umgestaltung oder sukzessive Erneuerung des Gartens, alles erfordert gründliche Überlegungen im Vorfeld. Wenn am Ende Proportionen, Farben und Formen harmonisch korrespondieren und den Eindruck des zufällig Entstandenen erwecken, dann ist die Planung gelungen. Ein Garten darf nicht als Summe von Einzelteilen betrachtet werden, sondern als stimmige Gesamtkomposition im Einklang mit Wohnhaus und Umgebung.

Gehen Sie bei Ihrer Gartenplanung schrittweise vor:

1. Schritt: Bestandsaufnahme

Fertigen Sie anhand Ihres im Plan festgelegten oder vorab vermessenen Grundstücks einen Bestandsplan (Maßstab 1:100) an, in dem Sie den Grundriß des Hauses mit Nebengebäuden, befestigten Flächen und vorhandener Bepflanzung innerhalb der Grundstücksgrenzen eintragen und anschließend wichtige Details vermerken (→ Seite 46).

2. Schritt: Gartenwünsche

Fertigen Sie eine Liste Ihrer persönlichen Gartenwünsche an. Diese wird sicherlich sehr umfangreich werden. In der Realität steht Ihnen meist nur ein kleines Grundstück zur Verfügung, so daß Sie Prioritäten setzen müssen. Stimmen Sie Ihre Wunschliste auf die vorhandenen Gegebenheiten ab (→ Seite 48).

3. Schritt: Vorentwurf

Das Grundkonzept der Planung entsteht auf der Basis Ihres Bestandsplanes. Ordnen Sie diesem Plan nun die verschiedenen gewünschten Nutzungsflächen zu und verbinden Sie diese durch ein sinnvolles Wegesystem (→ Seite 50). Langsam kristallisiert sich der Stil Ihres Gartens heraus.

4. Schritt: Flächenverteilung

Im Entwurf werden nun die Flächenverteilungen und das Wegekonzept endgültig festgeschrieben (→ Seite 52). Jetzt sollten Sie sich mit der Wahl des Belagmaterials von Wegen und Sitzplätzen befassen.

5. Schritt: Raumbildung

Zu den wichtigsten Kriterien der Gartenplanung zählt die Raumbildung und räumliche Wirkung durch Bäume, Hecken und feste Gartenelemente, die die 3. Dimension betonen (→ Seite 54).

6. Schritt: Bepflanzung

Legen Sie anhand verschiedener Pflanzpläne die Bepflanzung der einzelnen Nutzungsflächen fest (→ Seite 54).

Wenn der Entwurf steht, muß ein Werkplan erstellt werden, aus dem die genaue Vermaßung der wichtigsten Objekte hervorgeht, um sie beim Bau auf das Gelände übertragen zu können.

- Nehmen Sie sich genügend Zeit für Planung und Ausführung. Planen Sie den Arbeitsablauf genau.
- Beobachten Sie die Lichtverhältnisse übers Jahr.
- Der ständige Blick aus den Fenstern von Wohn- und Arbeitsräumen oder von der Terrasse lehrt Sie nach und nach, wo Eingriffe und Verbesserungen notwendig sind.

Elemente eines formalen Gartens sind klare Raumaufteilung, Betonung von Achsen und Übergängen, geschnittene Hecken und Pflanzen sowie ein Blickfang.

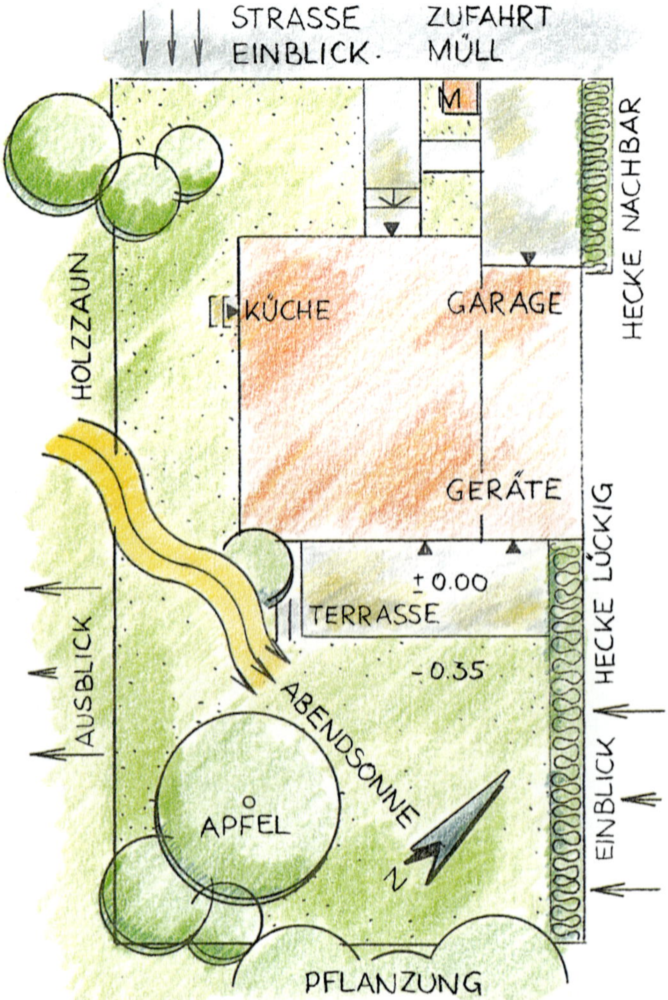

1. SCHRITT: BESTANDSAUFNAHME

Mit der perspektivischen Zeichnung wird klar erkennbar dargestellt, welchen Charakter Haus und Grundstück haben. Aus dem Plan ersichtlich werden die Größenverhältnisse. Das Gebäude mit Garagenanbau nimmt einen guten Teil des gesamten Grundstücks ein. Die Lage der Gebäude orientiert sich an den nordöstlichen Grenzen und zur Straße hin, trotzdem bleibt nur ein schmaler Streifen auf der Sonnenseite des Hauses. Der Baukörper ist im Verhältnis zum Grundstück sehr groß, insgesamt also keine idealen Bedingungen, um den Gebäudekomplex in den Garten einzubinden.

Bestandsplan erstellen

Sie benötigen einen Grundriß im Maßstab 1:100 (eventuell auch 1:50), in dem die Grenzen des Grundstücks, alle Gebäude und festen Einrichtungen sowie befestigte Flächen und die wichtigsten Gehölze und Pflanzungen enthalten sind. Ein- und Ausgänge, Türen und Fensteröffnungen dürfen nicht fehlen – diese Angaben sind wichtige Bezugspunkte für Ihre Gartengestaltung. Weganschlüsse, Achsen, Raster und Blickbeziehungen lassen sich darauf aufbauen.

- Himmelsrichtungen eintragen.
- Höhenangaben vermerken.
- Hausanschlüsse (Leitungen, Rohre, Sickergrube etc.) beachten.
- Bei schwierigen Grundstücksverhältnissen sollten Sie zur Erstellung des Bestandsplanes einen Fachmann beauftragen.

Bestandsaufnahme

Der fertige Bestandsplan ist die Grundlage für alle weiteren Planun-

Nicht nur Neuanlagen erfordern eine gründliche Planung, auch alteingewachsene Grundstücke können von Umplanungen betroffen sein. Eine Bestandsaufnahme ist dann besonders wichtig.

gen. Tragen Sie in einer Kopie des Planes zusätzliche wichtige Informationen ein. Überlegen Sie dann, was Sie beibehalten und was Sie verändern möchten.

- Sind Eingang und Einfahrt richtig situiert, die Dimensionen richtig bemessen, gut überschaubar?
- Befindet sich der Müllcontainer auch an der richtigen Stelle?
- Sind Zäune und Hecken noch verwendbar? Welche Bereiche lassen sich eventuell öffnen?
- Sind Belagsflächen noch in Ordnung? Kann irgendwelches Material wieder verwendet werden?
- Lassen sich Höhen verändern, das Gelände modellieren oder terrassieren?
- Inwieweit sind Bäume und Sträucher erhaltenswert? Bei alten Bäumen eventuell Gesundheitszustand überprüfen lassen.
- Welche Pflanzen können eventuell versetzt oder ins spätere Konzept übernommen werden?
- Welche neuen Elemente sollten installiert werden (Pavillon, Teich, Bewässerungsanlage, Beleuchtung)?
- Welche Gefahrenpunkte gilt es zu beachten, zum Beispiel offene Grundstücksgrenzen (Kinder, Hunde), genügend große Auftrittsflächen von Stufen und Podesten, Wasserflächen, rutschige Beläge.

Neuanlage/Umgestaltung: → Seite 12
Bäume und Sträucher: → Seite 100

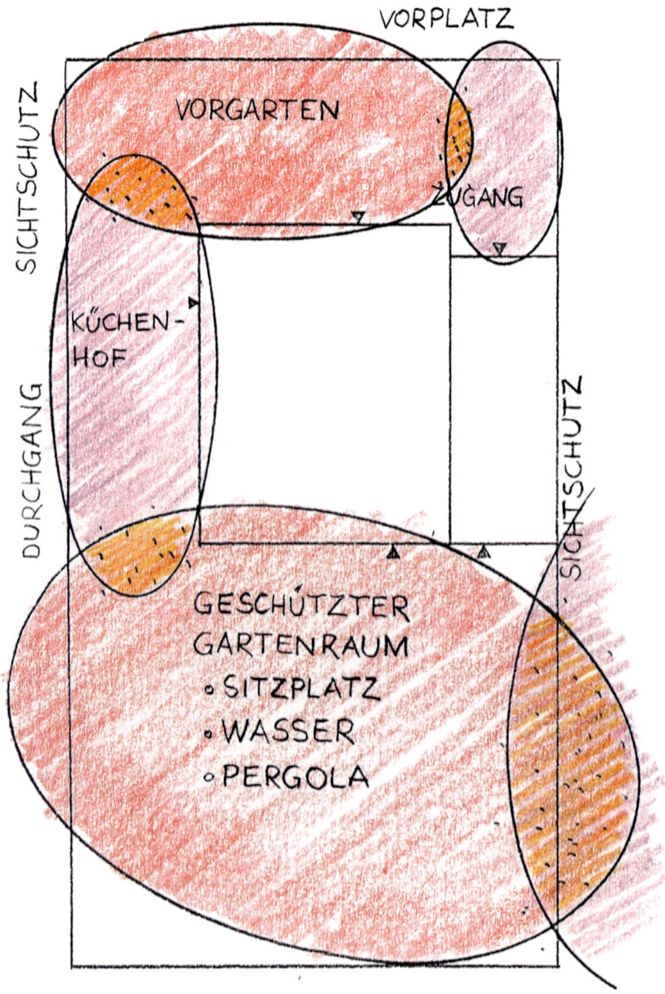

Diese Neuanlage bietet zumindest im Sommer schon einen voll begrünten und blühenden Anblick. Noch wirkt alles allerdings wenig strukturiert.

2. SCHRITT: GARTENWÜNSCHE

Die Liste der Gartenwünsche ist lang, viele werden jedoch scheitern, weil das Grundstück zu klein ist oder die Gegebenheiten vor Ort manch schöne Vorstellung zunichte machen. Um Ihre Anforderungen mit der Realität in Einklang zu bringen, fertigen Sie am besten mehrere Skizzen auf Transparentpapier an (als Basis dient der Bestandsplan). Es genügt schon, die einzelnen Nutzungsbereiche ganz grob zu umreißen (siehe Skizze oben) und immer neue Varianten zu erstellen. Im oben gezeigten Beispiel ergeben sich aus der Situation heraus drei große Planungsräume: der Vorgarten mit Eingangs- und Einfahrtsbereich, der seitlich gelegene, der Küche zugeordnete Wirtschaftshof, der sich durch seine günstige Lage nach Südwesten als Nutzgarten geradezu anbietet, und der durch das Haus geschützte Gartenteil.
Hier soll den Wunschvorstellungen gemäß ein Sitzplatz mit Pergola entstehen, weil die Terrasse am Haus nachmittags keine mehr Sonne erhält.

Der Gartenraum soll so großzügig wie möglich gestaltet werden, Wasser unbedingt integriert, sowie Ein- und Ausblicke in der Planung berücksichtigt werden.

Räume, Durchblicke, Übergänge

Durch die grobe Situierung der Themen werden größere zusammenhängende Räume geschaffen, Über-

Natürlich geschwungener Rasenweg in einem naturnah gestalteten Garten. Wird er stark benutzt, sollte er durch festes Material ersetzt werden.

schneidungszonen sind klar und deutlich hervorgehoben. Dreh- und Angelpunkte lassen sich oftmals spannungsvoll durch Tore oder Bögen, Heckendurchgänge, eine Platzsituation oder Treppenstufen betonen. Oft wird die Trennung nur angedeutet und doch bewirkt der Übergang eine deutlichere Wahrnehmung des neuen Raumes.

Kleine Gärten gewinnen an räumlicher Tiefe, wenn sie nicht auf einen Blick überschaubar sind, sondern versteckte Ecken und Winkel entstehen. Achten Sie bereits bei der Grobplanung auf solche Durchblicke und berücksichtigen Sie die wichtigsten Blickachsen vom Wohnbereich bzw. der Terrasse in den Garten. Auf diese Weise wird auch ersichtlich, welcher Ausblick freigestellt werden muß oder wo Sichtschutzpflanzungen oder -vorrichtungen gebraucht werden.

Denken Sie auch daran, größere Gehölze im Umkreis und Pflanzungen im Grenzbereich in Ihre Überlegungen miteinzubeziehen, denn der Blick in Nachbars Garten vergrößert optisch den eigenen Grund. Überhängende Zweige werden dann zum malerischen Attribut und Blickfang. Sie können solche Vorteile nutzen, damit Platz im eigenen Garten einsparen und eventuell sonnige Flächen dazugewinnen.

Raumbildung: → Seite 32
Übergangszonen: → Seite 34

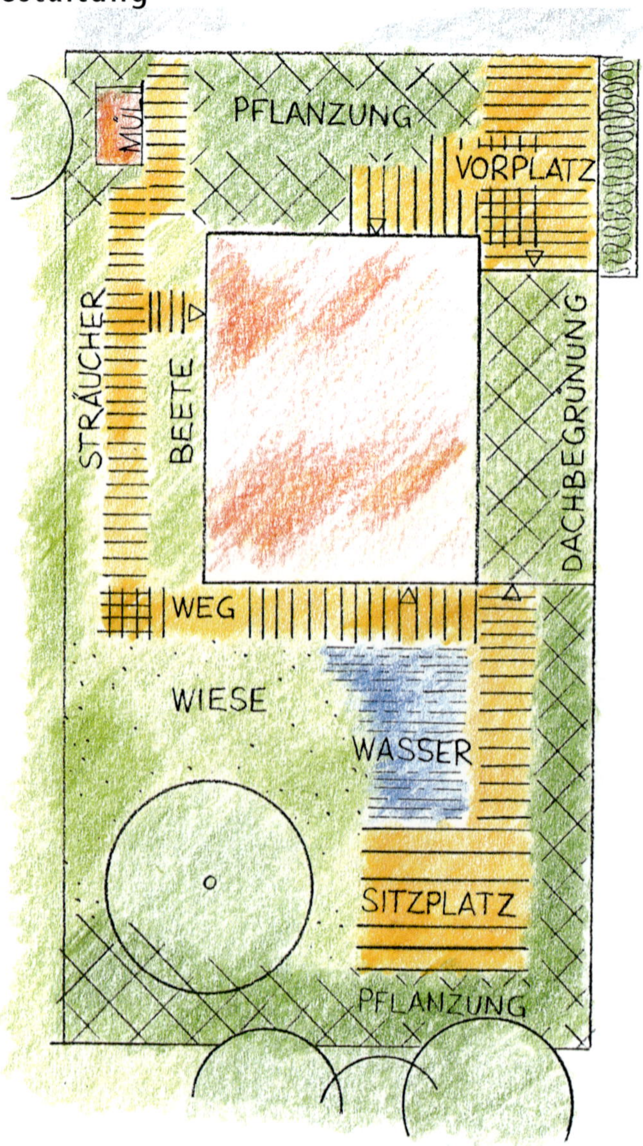

3. SCHRITT: VORENTWURF

Ein weiterer Schritt auf dem Weg zum Planungsentwurf ist getan: Die Flächen werden konkretisiert: In den Randbezirken sind Pflanzflächen angesiedelt, sogar das Garagendach erhält eine Vegetationsdecke. Der Wohngartenbereich wird untergliedert in Wiese, Wasser und Sitzplatzfläche.

Von allen ehemals vorhandenen Gehölzen bleibt nur der große alte Apfelbaum als besonderer Blickfang erhalten.

Wegeführung

Ein Wegesystem erschließt den gesamten Garten und berührt jeden einzelnen Gartenteil, nur der Vorplatz des Hauses mit Eingang und Einfahrt nimmt eine Sonderstellung ein. Von der Straße aus direkt zugänglich ist der Wirtschaftshof. Sehr praktisch ist es, hier die Mülltonnen zu plazieren. Der Weg führt geradlinig am Gebäude entlang in den inneren Gartenteil hinein. Verschwenkt um 90° verläuft er über die Terrasse hinweg bis zum Geräteschuppen. Von dort wieder im rechten Winkel entlang der Grenze zum Nachbarn bis zum Sitzplatz in der östlichen Gartenecke.

Die Wegeführung ist äußerst funktional. Der relativ kleine Gartenraum wird nicht unnötig unterteilt, aber die notwendigsten Verbindungen sind hergestellt.

Dieser formale Wegeverlauf orientiert sich hauptsächlich an den Gebäudekanten und Grenzverläufen. Die Geradlinigkeit wird durch das Haus, aber auch durch die beschränkten Platzverhältnisse vorgegeben. Der Stil des Gartens wird durch diese Linienführung deutlich beeinflußt, es entsteht eine

Oben: Die verwitterte Teakholzbank paßt im Farbton genau zu den handgeformten Klinkern des Weges. Die strenge Buchseinfassung grenzt den Sitzplatz etwas von den Rosen ab.

Links: Die einstmals strenge Achse des Kiesweges wird mit zunehmendem Wachstum der Pflanzen immer mehr von ihrer Form verlieren.

Mischung aus klarer architektonischer und freier Gestaltung. Ein klassisch formaler Garten wäre aufgrund der Struktur und Lage des Gebäudes – auch wegen des Gefälles zwischen Haus und Garten – fehl am Platz.

Auf dem ebenen und schmalen Gelände auf der Längsseite des Hauses bietet sich eine solche Lösung jedoch direkt an. Hier kann ein in sich abgeschlossener kleiner Küchengarten mit regelmäßiger Beeteinteilung (→ Seite 52) entstehen, so wie es diesem Thema auch formal entspricht.

Bezug Haus und Garten

Der Bezug zwischen Haus und Garten wird im Plan klar herausgestellt: Das relativ große Gebäude dominiert über den kleinen Garten. Durch eng am Haus verlaufende Wege entsteht jedoch ein großzügiger offener Gartenraum mit vielfältigen Nutzungsmöglichkeiten. Wege in frei schwingenden Linien würden den Garten enger erscheinen lassen und keinen so harmonischen Eindruck machen.

Das gesamte Gartenkonzept entwickelt sich aus den Gebäude- und Grundstückslinien heraus. Das Wegesystem nimmt diese Linien auf, die Themen werden aneinandergereiht, die einzelnen Gartensituationen harmonisch verbunden. Trotz der ungünstigen Ausgangssituation wird hier eine funktionale wie ästhetische Lösung gefunden, um Haus und Garten als Einheit erscheinen zu lassen.

Wegeführung: → Seite 35
Wege: → Seite 62

4. SCHRITT: FLÄCHENVERTEILUNG

In der Entwurfsphase werden die groben Umrisse auf dem Transparentpapier nun detaillierter ausgearbeitet. Dabei werden alle Flächen auf die maßstabsgetreue Unterlage (Bestandsplan) bezogen. Bei der weiteren Bearbeitung auf gute Proportionen achten.

Der Eingangsbereich hat inzwischen eine andere Form angenommen. Garageneinfahrt und Hauseingang sind durch einen großzügigen Vorplatz verbunden.

Der Vorgarten wird als offener Bereich mit freien Pflanzungen gestaltet. Eine schlichte pflegeleichte Bodendecke ist im Straßenraum am sinnvollsten, zumal wenn Bäume die Fläche beschatten. Für die Ein- und Ausfahrt ist eine niedrige Pflanzendecke aus Sicherheitsgründen sinnvoll. Neben der Treppe zum Haus können immergrüne und/oder winterblühende Ziersträucher gepflanzt werden, die ganzjährig eine hübsche Umrahmung bilden. Auf dem Vorplatz sollten zumindest im Sommer Kübelpflanzen plaziert werden, um den Eingang noch attraktiver zu gestalten. Auf der anderen Seite des Vorgartens, dem Küchen- und Wirtschaftstrakt zugeordnet, wird der Müllcontainer installiert und begrünt.

Der Nutzgarten direkt vor der Küchentür ist von mittags bis abends besonnt und ideal, um Gemüse, Kräuter und Schnittblumen zu ziehen. Entlang der Grenzen werden Beerensträucher, vielleicht auch ein Apfelspalier als Sichtschutz gepflanzt. Die rechteckigen einzelnen Beete können durch Buchs oder andere dekorative Einfassungspflanzen aufgewertet werden.

Die Terrasse am Haus liegt etwas erhöht über dem Gartenniveau. Sie ist ein idealer Platz zum Frühstücken in der Morgensonne – nachmittags und am Abend jedoch nicht mehr nutzbar. Deshalb wurde sie zugunsten eines Zweitsitzplatzes, der auch für gesellige Anlässe genügend Platz bietet, etwas verkleinert.

Die Sitzecke im Garten hat eine ideale Lage: nach Südwesten gelegen und zum Garten hin offen, seitlich und im Rücken abgedeckt.

Der Teich bietet eine sehr schöne Verbindung zwischen Terrasse und Sitzplatz. Auf der Terrasse schwebt man über dem Wasser, vom Sitzplatz aus hat man die Wasserfläche direkt vor Augen. Die ursprüngliche Böschung – Höhenunterschied von 35 cm vom Haus zum Garten – wurde optisch aufgefangen und die Terrasse als Steg ausgebaut. Der Teich ist von drei Seiten streng gefaßt und an das formale Wegesystem angelehnt. Nur das Ufer zur Wiese hin schwingt frei aus.

Die Pflanzflächen mit Stauden und Gehölzen ziehen sich im Wohngarten von einer Seite zur anderen bis

Wege, Plätze und Pflanzflächen sollten in jedem Garten in einem ausgewogenen Verhältnis stehen, die Materialien auf die Umgebung abgestimmt sein.

zum Haus und bilden einen wichtigen Rahmen für den gesamten Sitzbereich. Kleine Pflanzinseln am Teich markieren und betonen das obere und untere Ende.

Materialwahl

Wege, Plätze, Treppen, Mauern und Zäune prägen das Bild eines Gartens sehr stark. Wichtig ist es, daß die Materialien und ihre Verwendung dem Stil des Hauses und des Gartens entsprechen.

- Die Bodenbeläge sollen schön und praktisch zugleich sowie farblich auf die Umgebung abgestimmt sein.
- Ein einheitlicher Belag rund ums Haus wirkt großzügig.
- Größere Flächen, wie hier der Vorplatz, der „Drehpunkt“ an der Hausecke und der Sitzplatz werden mit großformatigen Platten belegt,
- Die Wege erhalten eine Pflasterung.
- Die Terrasse, in das Wegesystem mit einbezogen, erhält einen schlichten Holzplankenbelag, aus dem auch die Stufen hergestellt werden. Die herausgehobene Situation ist eine plausible Begründung für den Materialwechsel.
- Im Garagenbereich ist Rasenpflaster angebracht.

Einfassungspflanzen: →*Seite 96*
Ziersträucher: →*Seite 106*
Bodendecker: →*Seite 126, 136*

Dieser Garten vermittelt eine gewisse Großzügigkeit. Durch Gliederung der Räume kann man etwas mehr Intimität schaffen.

5. SCHRITT: RAUMBILDUNG

Der Entwurf erhält eine völlig neue Dimension, wenn die vertikalen Strukturen hinzukommen. Jetzt erst entsteht eine Raumwirkung, die den Garten wohnlich macht.

Neu in den Plan aufgenommen wurden feste bauliche Elemente: das Heckentor, der Durchgang am Küchengarten, eine Pergola.

Das Heckentor wird als Schutz gebraucht, da der Vorgartenbereich offen bleibt.

Zäune bilden die Grenzen zu den Nachbarn. Im Eingangsbereich genügt die verbliebene Hecke vom Nachbarn, ein Teil wird durch die Grenzbebauung abgeschlossen.

Der Laubengang, ausgehend vom grünen Garagendach, erweitert sich am Ende zu einer Pergola und verbindet den Sitzplatz mit dem Haus. Die Rank- und Sichtschutzelemente, von Kletterpflanzen locker oder dicht umspielt, erzeugen gemeinsam mit Bäumen, Sträuchern und Hecken eine räumliche Wirkung.

Der alte verbliebene Apfelbaum verleiht dem Garten Atmosphäre und bildet das gewünschte Gegengewicht zum großen Gebäude. (Durch alten Baumbestand werden in neuangelegten Gärten von Beginn an schon die richtigen Proportionen erreicht, denn normalerweise dauert dieser Prozeß viele Jahre.)

Der neugepflanzte Hausbaum im Vorgarten braucht diese Zeit noch, auch wenn er im Plan bereits mit seiner endgültigen Kronenbreite eingetragen ist.

Raumbildende Gehölze

Gehölzpflanzungen haben im Garten immer den höchsten Stellenwert. Sie werden am größten, erreichen oft ein hohes Alter und sind damit für nachfolgende Generationen noch interessant – darum müssen vor allem Bäume mit größter Sorgfalt ausgewählt werden. Größe und Form sollen auch im Alter noch im richtigen Verhältnis zur Grundstücksgröße und zum Haus stehen.

Solitärgehölze, Großsträucher oder Bäume, setzen besondere Akzente. Sie betonen beispielsweise den Eingangsbereich, und bei symmetrischer Grundplanung wirkt es besonders einladend, wenn gleich zwei Bäume oder Büsche das Tor flankieren.

Einzelnstehende Gehölze erscheinen besonders reizvoll, wenn sich die Krone aus einem kurzen Stamm entwickelt oder der Baum bereits mehrstämmig gezogen ist.

Ein größerer Baum (Hochstamm) bietet wunderbaren Schatten für Terrasse oder Gartensitzplatz und ist zudem ein idealer Sichtschutz.

Gehölzgruppen verhindern ebenfalls Einblicke – oder häßliche Ausblicke. Kombinieren Sie unterschiedliche Baum- und Strauchformen miteinander. Die räumliche Wirkung wird verstärkt, wenn sie frei in einer Grasfläche oder anderen niedrigen Pflanzendecken stehen, und man teilweise unter dem Laubdach hindurchsehen kann.

Laubengang: → Seite 70
Zäune: → Seite 76
Hausbäume: → Seite 100
Eingänge: → Seite 203

PFLANZPLAN

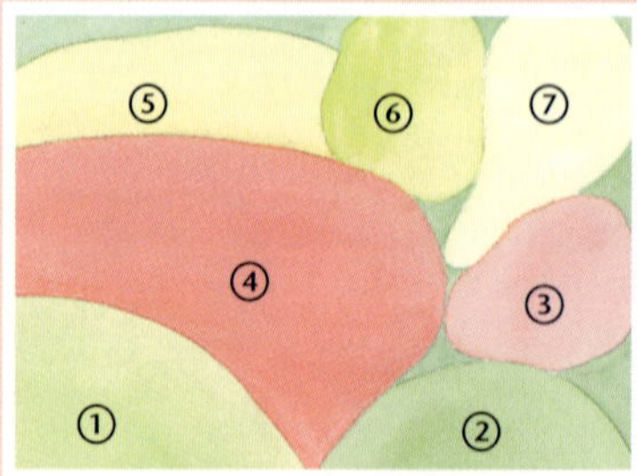

Beetgröße
2 x 2,5 m

Einkaufsliste

- ① 1 **Gelbblattfunkie** *(Hosta fortunei* 'Aurea'*)*
- ② 3 **Nelkenwurz** *(Geum*-Hybride*)*
- ③ **Weidenröschen** *(Epilobium* sp.*)*
- ④ 5 **Prachtspieren** *(Astilbe-Arendsii*-Hybride*)*
- ⑤ 5 **Brandkraut** *(Phlomis russeliana)*
- ⑥ **Schwarze Königskerze** *(Verbascum nigrum)*
- ⑦ 3 **Eisenhut** *(Aconitum napellus* 'Album'*)*

6. SCHRITT: BEPFLANZUNG

So wie Sie Skizzen für den gesamten Garten anfertigen, um Raumaufteilung und Flächengestaltung zu planen, so sollten Sie dies auch für die einzelnen Pflanzflächen vorbereiten. Aufteilung, Gruppierungen, höhenmäßige Staffelungen und Farbgestaltung lassen sich am besten anhand einer Planskizze überprüfen.

Der Pflanzplan

Übertragen Sie die Maße der Pflanzflächen im Maßstab 1:20 (1 m = 5 cm) auf Millimeterpapier und legen Sie darüber Transparentpapier.

- Skizzieren Sie nun in groben Umrissen auf dem Transparent, wie Sie sich die Verteilung Ihrer bevorzugten Pflanzen und die Farbgebung der Pflanzfläche vorstellen.
- Treffen Sie anhand von Pflanzenkatalogen oder Gartenbüchern die passende Pflanzenwahl hinsichtlich Standortansprüche, Wuchsgrößen und Blühzeiten.
- Zeichnen Sie bereits vorhandene Pflanzen maßstabsgerecht in den Plan ein – oder solche, die Sie als Gerüstpflanzen unbedingt verwenden wollen.
- Nehmen Sie dann die Gruppierung von Solitär- und Leitpflanzen vor, die neben dauerhaften Gerüstpflanzen die Schwerpunkte der Pflanzung bilden sollen. Ihre Wuchsstärke, Blütezeit und Farbig-

keit bestimmen in erster Linie das Bild der Pflanzfläche.

► Achten Sie unbedingt auf die Größenangaben. Aus ihnen leiten sich die Stückzahlen ab, die Sie pro Flächeneinheit rechnen müssen. Bei Gräsern und Farnen sind Höhe und Breite oft identisch, gleiches gilt für Gehölze mit breiter Krone oder Zwergkoniferen, die eher breit als hoch wachsen. Bei Stauden rechnet sich der Flächenbedarf aus der Wuchshöhe.

► Ordnen Sie dann gruppenweise Begleitpflanzen zu. Sie sollen sich durch abgestufte Höhen sowie durch Form und Farbe gegenseitig in ihrer Wirkung steigern.

► Füllpflanzen ergänzen das Bild entweder durch interessante Laubstrukturen und -farben oder indem sie Blühschwerpunkte zu anderen Jahreszeiten bilden.

► Bei Staudenpflanzungen dauert es durchschnittlich etwa 2-3 Jahre, bis sie gut eingewachsen sind. Füllen Sie in der Zwischenzeit die Freiräume mit Ein- und Zweijährigen sowie Zwiebelgewächsen.

► Kleinteilige Flächen in einem Hausgarten verführen leicht dazu, die Artenvielfalt zu erhöhen, was zu einem unübersichtlichen Durcheinander führen kann. Größere Stückzahl pro Art und Gruppenbildung steigern die Wirkung. Solitär- und Leitpflanzen werden einzeln, zu zweit oder dritt gepflanzt. Begleit- und Gruppenpflanzen in 5-, 7- oder 9er Trupps und niedrige Gewächse in größeren Verbänden (mindestens 10-20 Stück).

Mengenermittlung

Pflanzenhöhe	Menge pro m²
Hohe Stauden (100–200 cm)	2–5 Stck.
Mittelhohe Stauden (50–90 cm)	5–9 Stck.
Niedrige Stauden (20–40 cm)	7–12 Stck.
Bodendecker	bis zu 16 Stck.
Zwiebelgewächse	12–25 Stck.

Die Pflanzpläne in diesem Buch

Die Pflanzpläne in diesem Buch geben einen schematischen Überblick über die Farbkompositionen und die räumliche Anordnung sowie die daraus ableitbaren Pflanzenmengen, die zu einer Einkaufsliste zusammengestellt wurden. Sie sollen Anregungen über Pflanzenzusammenstellungen geben, ohne allerdings exakte Rezepte zu liefern. Auf Sortenangaben wurde weitgehend verzichtet, weil die Vielfalt zu groß und die Situationen auf dem Markt zu unterschiedlich sind.

Die Größe der Pflanzfläche gibt Ihnen nur grobe Anhaltspunkte für die Bepflanzung der von Ihnen vorgesehenen Fläche.

EINE GELUNGENE BEPFLANZUNG

Für jede Art von Pflanzung gelten die gleichen Kriterien:

- Formen und Proportionen müssen aufeinander abgestimmt sein.
- Wuchsformen, Höhen, Strukturen und Texturen sollen sich ergänzen.
- Farben sollen harmonisch oder kontrastierend die Wirkung steigern (Abfolge der Blühzeiten beachten).

Ziel ist es, eine spannungsvolle Abfolge von Werden und Vergehen innerhalb einer Vegetationsperiode zu erreichen und dieses Wechselspiel vor einem passenden Hintergrund zu inszenieren. Damit Farben, Formen und Strukturen zur Geltung gebracht werden können, bedarf es eines richtigen Rahmens. In jedem Garten gibt es unterschiedliche Situationen und wechselnde Standortverhältnisse, entsprechend verschieden sind die Stimmungen. Diesen Geist des jeweiligen Ortes aufzuspüren, ihn einzufangen und mit Ihren Planungen darauf einzugehen, bedeutet, den Garten individuell und standortgerecht zu gestalten und ihm eine besondere Ausstrahlung zu verleihen. Wenn Standort- und Geselligkeitsansprüche sowie passende Benachbarungen bei der Pflanzung berücksichtigt werden, kann sich eine wirklich schöne Gemeinschaft bilden. Durch das Spiel mit Farben und Formen bleiben genügend gestalterische Möglichkeiten.

Frühlingssinfonie in klaren, reinen Farben, malerisch ausgebreitet unter altem Baumbestand.

Aufbau der Pflanzung

Neben der Farbgestaltung trägt auch der Aufbau einer Pflanzung entscheidend zum gelungenen Erscheinungsbild bei.

- Beim pultartigen Aufbau wird eine Staffelung nach Wuchshöhe vorgenommen, die höheren Pflanzen in den Hintergrund gesetzt.
- Bei Beeten, die von mehreren Seiten betrachtet werden können, konzentrieren sich die hohen Gewächse im mittleren Bereich, die Höhe nimmt nach allen Seiten ab.
- Einen lockeren Aspekt erreichen Sie, wenn vom strengen Schema der Staffelung abgewichen wird und höhere Exemplare in den Vordergrund geholt und zwischen niedrigen Begleitern etwas freigestellt werden.
- Der Aufbau einer Pflanzung richtet sich aber auch nach dem Blühzeitpunkt. Frühblühende werden weiter hinten, spätblühende im Vordergrund angesiedelt.

Staudenrabatte Ton-in-Ton aus rosa- und blaublühenden Pflanzen zusammengestellt und höhenmäßig gestaffelt.

Wuchsformen : →Seite 38
Farben: →Seite 40

GESTALTEN MIT FESTEN GARTENELEMENTEN

Zu den festen Einrichtungen eines Gartens gehören Wege und Treppen, Mauern und Zäune, Tore und Durchgänge, Gartenhäuschen, Pavillons und Lauben.

Treppen und Wege aus Holz passen sehr gut zu naturnahen und modernen Gärten. Sie stellen Verbindungen her, werden aber auch zu wichtigen grafischen Elementen im Garten.

Verbindungs-elemente

Den Wegen und ihrem Verlauf, Treppen und kleineren oder größeren Plätzen kommt innerhalb eines Grundstücks große Bedeutung zu. Sie sind ein wichtiges Gestaltungsmittel bei der Raumaufteilung. Ihre Wertigkeit innerhalb der Anlage und ihren gestalterischen Anspruch erhalten diese horizontalen Verbindungelemente durch ihre Dimension und die Wahl des Belages. Überdachte Wege (Laubengänge) und Plätze (Pergolen) bilden wichtige vertikale Strukturen, Blickfänge und Ruhepunkte.

Auf Wege, Pfade, Treppen und befestigte Flächen kann man im Garten nicht verzichten. Wege bedeuten Trennlinien und Einschnitte, sie erschließen den Garten von der Straße her, leiten zum Hauseingang und den Nebengebäuden und stellen die Verbindung zum Wohn- und Nutzgartenbereich her. Sie führen durch das Gartenareal und präsentieren in ihrem Verlauf seine Schönheiten und Details.

Treppen und Stufen überwinden Höhenunterschiede und verbinden verschiedene Ebenen untereinander. Befestigte Flächen bieten einen guten Untergrund für Sitzplätze, Kübelpflanzen und Gartenschmuck, können aber auch ganz allein für sich wirken.

FÜHRENDE ROLLE: WEGE

Eine der Grundregeln bei der Wegeplanung ist es, nicht den ganzen Garten auf einmal überschauen zu können. Es ist oft reizvoller, einen Teil davon dem Blick zu entziehen und nur nach und nach Einzelheiten zu enthüllen. Dieses Prinzip bietet gerade für kleine Gärten eine Chance. Sobald Sie einen Weg hinter einer Biegung oder im Dunkel eines Gehölzes verschwinden lassen, entsteht der Eindruck von Weite, auch wenn der Garten in Wirklichkeit bereits einige Meter dahinter seine Grenze erreicht hat.

Bei der Anlage von Wegen gibt es eine Hierarchie: den Hauptweg, der meist auch breiter ist, Nebenwege und Pfade. Wenn die Breite nicht den Rang bestimmt, dann kann es auch die Materialbeschaffenheit des Belages sein.

Der Hauptweg stellt die wichtigste Verbindung auf dem Grundstück dar. Damit er auch zu zweit gut begehbar und mit einem Schubkarren befahrbar ist, sollte er eine Breite von 1,2 – 2,0 m haben.

Nebenwege und Pfade sind vor allem in größeren Gärten und in Gärten mit freier Gestaltung und unübersichtlichem Gelände angebracht. Sie sind meist relativ schmal, haben einfache Beläge oder bestehen aus einzelnen Trittplatten im Rasen oder Boden.

TIP

Zerteilen Sie die Gartenfläche nicht unnötig oder zerstören Sie einen größeren Raum nicht mit einem Weg, wenn es nicht unbedingt sein muß. Alle befestigten Flächen sollten aus einem Guß sein – das vermittelt vor allem in kleinen Gärten Großzügigkeit.

Trittplatten aus Naturstein passen sehr gut zu üppig blühenden, frei gestalteten Rabatten, vor allem wenn flache Polsterstauden zwischen ihnen wachsen.

In einem frei angelegten Garten verlaufen die Wege meist in mehr oder weniger regelmäßigen, der Geländeform folgenden Bögen. Ihre Ränder sind nicht scharf begrenzt, sondern von Pflanzen umrahmt, die in den Weg hineinwachsen können und dürfen.

In streng formal angelegten Gärten sind die Wege gerade und unterteilen den Garten in geometrische Formen. Ihre Ränder sind exakt eingerahmt.

Welches Material für welchen Weg?

Die Wahl des Belagmaterials prägt das gesamte Erscheinungsbild. Es entsteht Harmonie, wenn die gleichen Materialien immer wieder im Garten wiederkehren und keine zu große Vielfalt herrscht.

Das Angebot an Belägen (→ Seite 68, 155) ist riesengroß, neben dem optischen Eindruck spielen Haltbarkeit, Pflegeaufwand, ganzjährige Begehbarkeit und Preis eine wesentliche Rolle.

Großformatiges Pflaster ist der übliche Wegebelag für Eingänge, Hauptwege und Einfahrten.

Kleinformatiges Pflaster eignet sich vor allem in kleinen Gärten und für schmale Wege und kleine Plätze.

Klinker und Ziegel passen vor allem in ländliche Gärten. Achten Sie darauf, daß das Material frostbeständig ist. Klinker sind ideale Partner zum Kombinieren mit größeren Platten und andersfarbigen Pflastersteinen.

Sand, Kies und Splitt sind schlichte Materialien, die als Deckschicht auf einen gut verdichteten Wegeunterbau aufgetragen werden. Weißer Kies ist der Inbegriff für nostalgische Gärten in formalem Stil. Bei diesen Wegbelägen benötigen Sie auf alle Fälle einen festen Randstreifen, damit das Material nicht in die Beete oder den Rasen hineinwandert.

Holz wird gerne in naturnahen Gärten verwendet. In schattigen, feuchten Lagen kann der Belag allerdings leicht rutschig werden.

Rindenschrot und Holzhäcksel sind weiche Beläge, auf denen es sich wunderbar geht. Diese Materialien werden vor allem in naturhaften Gartensituationen oder im Nutzgarten eingesetzt. Sie eignen sich nicht für Hauptwege und gepflegte Gartenanlagen, da sie leicht vernässen und in die angrenzenden Pflanzungen „laufen".

Neben dem Material kommt bei der Gestaltung der Verlegeart große Bedeutung zu. Sie trägt wesentlich zur Gesamtwirkung bei, bestimmt die Grafik und erzeugt Spannung.

Damit der Weg nicht zu eintönig wird, unterbrechen zweizeilige schmale Bänder aus rötlichem Porphyrmosaikstein das graue Betonpflaster.

Kosten verschiedener Wegbeläge

Wegbelag	Materialkosten pro m²	Einbaukosten pro m²
Wassergebundene Wegedecke	3 – 4,-- DM	7 – 10,-- DM
Rieseldecke	3 – 4,-- DM	5 – 7,-- DM
Kleinstein/Mosaik	60 – 120,-- DM	90 – 150,-- DM
Großstein/Granit	70 – 90,-- DM	50 – 70,-- DM
Klinker (Normal-/Quadratformat)	70 – 90,-- DM	40 – 60,-- DM
Rund-, Kantholzpflaster	40 – 90,-- DM	65 – 90,-- DM

Wegbegrenzungen

Das Einfassen von Wegen (→ Seite 96), sei es mit festen oder auch mit pflanzlichen Materialien, hat sowohl ästhetische als auch praktische Gründe. Bei formal gestalteten Gärten können Sie die gerade Kante noch mehr herausheben, bei frei gestalteten Gärten die schwingenden Linien damit betonen.

Kantensteine aus Beton sind eine preiswerte Möglichkeit zur Begrenzung von Kunststeinbelägen, aber wenig schön. Sie sollten auf jeden Fall mit niedrigen Sommerblumen wie Duftsteinrich *(Lobularia)* oder Polsterstauden wie Schleifenblume *(Iberis sempervirens)* überspielt werden.

Kantensteine aus Granit wirken edler, harmonieren zu entsprechendem Natursteinpflaster und sind für alle Gartentypen geeignet.

Oben: Holzplanken sind für Wege in schattigen Bereichen nicht unbedingt als Belag geeignet. Gerieftes Material vermindert aber die Rutschgefahr.

Unten: Passend zum Klinkerbau wurde für den Weg zum Haus Ziegelstein als Belag gewählt. Ein Granitpflasterrondell betont den Eingangsbereich.

Was Sie unbedingt beachten sollten

- Materialkombinationen sollten maximal aus drei verschiedenen Materialien bestehen.
- Zu einem sichtbaren Ziel sollen kurze direkte Wege führen.
- Nutzgarten und der Spielbereich kleiner Kinder sollen auf direktem Wege erreichbar sein.
- Wege, deren Richtung sich mehrfach ändert, benötigen Zwischenstationen (Wegzeichen), zum Beispiel ein Gehölz, eine Bank oder eine Skulptur, jeweils auf der Innenseite einer Biegung.
- Ziegel- und Klinkerbeläge in Rottönen sollten Sie genau auf die Pflanzung abstimmen. Rote Klinker sind zum Beispiel in einem Heidegarten nicht empfehlenswert. Graue Beläge verhalten sich neutral.
- Auf dem Weg durch den Garten sollen sich immer neue Sichtbeziehungen und Durchblicke ergeben, das erweckt den Eindruck von Weitläufigkeit.

Ziegelsteine lassen sich hochkant als Randzeile zu horizontal verlegten Klinkerbelägen, aber auch in wassergebundenen Wegen gut integrieren.

Holzpalisaden und große Kieselsteine sind eine rustikale Variante der Wegbegrenzung. Wenn keine Isolierung von der Beetseite her erfolgt, wachsen mit der Zeit Gräser und Kräuter durch die Ritzen.

Metall- oder Plastikbänder bieten eine unauffällige Begrenzung zwischen Weg und Rasenfläche, da sie ohne merklichen Höhenunterschied eingebaut werden.

TREPPEN

Beinahe in jedem Garten gibt es zumindest kleine Höhenunterschiede zu überwinden – hier sind Treppen, Stufen und Rampen unvermeidbar. Man kann aber auch einen ebenen Garten beleben, wenn man einen Teil absenkt oder aufschüttet.

► In den Wegeverlauf werden die Stufen gruppenweise eingebaut.

► In sehr steiler Lage wird der ganze Weg zur Treppenanlage.

► Kurven oder langgezogene Podeste und flache Wegabschnitte zerlegen den Aufstieg und sorgen für Rast- und Ruhepunkte.

► Wo immer möglich, werden die Stufen seitlich in den Boden verlegt. Sie sollten 15-20 cm breiter bemessen werden als der spätere Auftritt, um sie sorgfältig einböschen und gut überwachsen lassen zu können.

Bei Rasenflächen gleich einsäen, damit der Boden nicht abgeschwemmt wird. Das gleiche gilt für eine Bepflanzung. Wenn niedrige Gehölze und Polsterstauden die Treppe ein- oder beidseitig säumen sollen, dann sollten Sie zu Anfang niedrige einjährige Sommerblumen an den gefährdeten Stellen einsäen. Das sieht hübsch aus und hilft fürs erste bis die dauerhaften Gewächse den Boden durchwurzelt und bedeckt haben.

Hier wirkt alles – Terrasse, Treppe, der Steg übers Wasser – wie aus einem Guß, leicht und transparent.

Was Sie unbedingt beachten sollten

► Grundsätzlich sind ab einer gewissen Steigungshöhe (max. 7-10%) Treppenstufen einzuplanen.

► Je flacher eine Treppe, je breiter die Auftrittsfläche, um so bequemer ist sie zu begehen.

2 Stufenhöhen plus eine Auftrittsbreite entsprechen der normalen Schrittlänge eines Menschen – sie beträgt 63-65 cm. Im Garten rechnet man mit Stufenhöhen von 12-15 cm.

► Nehmen Sie keinen Wechsel des Steigungsverhältnisses innerhalb einer Anlage vor.

► Verkürzen Sie lange Treppen optisch durch Absätze.

► Steilere Treppen benötigen ein Geländer. Das Belagmaterial muß so gewählt sein, daß es zu allen Jahreszeiten gut begehbar ist.

► Podeste sollten mindestens 1,30 m lang sein – also 2 Schrittlängen – oder ein Vielfaches davon, damit die nächste Stufe mit dem jeweils anderen Fuß erreicht werden kann – die harmonische Schrittfolge wird so eingehalten.

► Sorgen Sie dafür, daß die wichtigen Stufen in der Dunkelheit gut beleuchtet sind.

► Die Schönheit einer Treppenanlage wird weitgehend von der Lage und Anordnung der Podeste bestimmt. Pro Lauf sollten Sie nicht mehr als 5-10 Stufen einplanen, aber auch nicht weniger als 2-3. Eine einzelne Stufe übersieht man leicht.

► Fest eingebaute Treppenanlagen sollten Sie vom Fachmann anlegen lassen.

Gekonnt kombiniert: Haus aus Bruchsteinen, Stufen und Mäuerchen aus Natursteinmaterial, einfacher Kiesweg.

Treppenvariationen

In formalen Gärten werden die geradlinig verlaufenden Treppen an den Absätzen und am Beginn oder Endpunkt häufig durch geschnittene Gehölze, Steinkugeln und andere Skulpturen oder Pflanzen in Gefäßen betont.

Für naturnahe Gärten eignen sich in erster Linie auch natürliche Materialien, also Naturstein oder Holz. Flache Legstufen aus gesägten oder gebrochenen Natursteinplatten wirken eleganter und leichter als beispielsweise massive Blockstufen.

Rustikalen Charakter haben Treppen aus Granitstellkanten, deren Auftrittfläche aus passenden Kleinsteinen gepflastert ist, und die seitlich in die Pflanzflächen eingreifen. Treppenstufen aus Holzbohlen oder Baumstammstücken wirken noch naturgemäßer – Holz eignet sich aber vor allem für sonnige, trockene Bereiche, es wird in schattigen und feuchten Partien leicht rutschig!

Reizvolle Aspekte entstehen, wenn sich auf den Stufen, in den Fugen und von den Seiten her verschiedene niedrige Pflanzen (→ Tabelle) breitmachen.

Polsterstauden für sonnige Bereiche

Katzenpfötchen	*Antennaria dioica*
Strandnelke	*Armeria maritima*
Zwergglockenblume	*Campanula cochleariifolia*
Heidenelke	*Dianthus deltoides*
Sternmoos	*Sagina subulata*
Rosettensteinbrech	*Saxifraga paniculata*
Mauerpfeffer	*Sedum acre*
Sandthymian	*Thymus serphyllum*

Wege müssen nicht unbedingt einen festen Belag aus Pflaster, Platten, Holz oder einer dicken Kiesschicht aufweisen – oftmals genügt eine feste wassergebundene Decke wie hier. Dafür muß allerdings der Untergrund sehr stark verdichtet werden. Danach wird mit einer Sandschicht abgestreut, die ab und zu erneuert und eingewalzt werden muß. Harte Wegbeläge gewährleisten jedoch, daß man auch nach starken Niederschlägen den Garten noch trockenen Fußes durchqueren kann und nicht zuviel Schmutz an den Schuhen herumschleppt.

Der Unterbau entscheidet jedoch bei jeder Wegeart über Dauerhaftigkeit und Stabilität. Er muß mindestens 30 cm dick sein und besteht aus Grob- und Feinschotter, Splitt oder Sand. Wichtig ist die lagenweise starke Verdichtung der einzelnen Schichten. Befahrbare Wege und Plätze müssen mit einer 60-80 cm starken Drainageschicht frostsicher gegründet sein.

An Stellen, an denen Wege zusammenstoßen oder in verschiedene Richtungen abzweigen, ist es sinnvoll, kleinere oder größere Plätze anzulegen, die auch gestalterisch hervorgehoben werden sollten. Dies kann durch Wechsel des Materials, aber auch durch unterschiedliche Musterung erreicht werden. Runde Plätze sind sehr beliebt. Gerade in kleinen Gärten kann man dieses Stilmittel benutzen, um optische Weite zu erzeugen. Rondelle unterstreichen die fließenden Formen der natürlichen freien Gestaltungsrichtlinien und lassen sich gut in die Pflanzung einbinden.

In diesem ländlichen Gartenhof wurde der Klinkerbelag mit einer Großsteinpflasterzeile eingerahmt. Farblich und formmäßig trägt dies zu einer willkommenen Unterbrechung der großen Fläche bei. Außerdem setzen sich Weg- und Platzfläche gut von der Bepflanzung ab. Eine zusätzliche stark formale Betonung erhält diese Gartensituation durch die niedrigen Buchshecken, die die Staudenpflanzungen im Innern im Zaum halten.

Weg, Treppenanlage und Bepflanzung fügen sich hier sehr natürlich ineinander. Trotz unterschiedlicher Materialien, die auch noch in Form und Farbe differieren, entsteht ein harmonischer Eindruck, denn alles ist Naturstein. Die Übergänge sind fließend – Stauden, Kräuter und Moose erobern langsam das Terrain. Die Hangbepflanzung wird im Sommer deutlich von Rosen bestimmt. Koniferen bilden einen ruhigen Hintergrund, der Schlitzahorn vermittelt zwischen Terrasse und Treppenstufen.

Eine reizvolle Lösung – der Weg durchs Wasser über Trittsteine, die an japanische Gartenmotive erinnern. Die drei großen Findlinge mit abgeflachter Oberfläche ermöglichen eine leichte Überquerung. Kleine Findlinge und große Kieselsteine geben dem Ufer Halt und eine Großpflasterzeile faßt den Weg ein. Die Wegkanten werden durch Stauden hübsch gerahmt.

PERGOLA UND LAUBENGANG

Pergolen, Laubengänge und Rosenbögen bilden eine ideale Ergänzung zu all den pflanzlichen Strukturen. Sie unterstützen in wahrstem Sinne des Wortes die Vegetation, weil sie allen kletternden und rankenden Pflanzen die Möglichkeit geben, in die Höhe zu wachsen. Auf diese Weise entstehen plötzlich Wände und Dächer aus grünen oder blühenden Pflanzen. Damit ergeben sich neue Räume innerhalb des Gartens, die als Sitzplätze, Raumteiler, Schattenspender und Sichtschutz genutzt werden können.

Die Übergänge vom Laubengang zur Pergola sind oft fließend. Rein sachlich werden sie folgendermaßen unterschieden:

Laubengang: zusammengesetzt aus einzelnen Bögen oder hintereinandergereihten Toren, nach allen Seiten offen.

Pergola: seitlich und oben offen, transparent, nur in Einzelfällen gedeckt oder mit Segeln unterspannt.

Laube: wie Pergola, jedoch mindestens mit einer geschlossenen oder transparenten Rückwand versehen (→ Seite 88).

Rustikal, elegant, nostalgisch?

Holz und Metall sind die gebräuchlichsten Werkstoffe – oft auch in Verbindung mit Stein.

Rundhölzer wirken von Haus aus rustikaler, insbesondere unregelmäßiges Stangenholz. Sie können jedoch abseits vom Haus stilunabhängig überall dort verwendet werden, wo Pflanzenwuchs sie dezent verbirgt.

Weißgestrichene Hölzer sind typisch für den Landhausstil und treten als starke gestalterische Elemente in einem Garten hervor.

Metallkonstruktionen sind von Natur aus filigraner bei hoher Stabilität und deshalb ganz besonders für kleine Gärten geeignet. Durch die Biegsamkeit des Materials entstehen Bögen und Rundungen, die gerade in kleinen und nostalgischen Gärtchen zur Wirkung kommen. Laubengänge und Pavillons von Kletterpflanzen umsponnen, bilden hier Strukturen ohne dominant zu sein.

Auch eine einfache Konstruktion aus Baustahl kann mit Hilfe von Kletterpflanzen zu einer wunderschönen Laube werden.

Mit einer Pergola am Haus kann leicht ein zusätzlicher Raum im Freien hergestellt werden.

Dieser schmale Laubengang ist von hohen Hecken eingefaßt. Optisch aufhellend wirken der helle Plattenbelag und die weißen Kletterrosen.

Was Sie unbedingt beachten sollten

- Je stärker die einzelnen Bauelemente, umso mehr Schatten werfen sie. Das kann im Sommer willkommen sein, doch im Winterhalbjahr ist jeder Sonnenstrahl wichtig – besonders in der Nähe von Wohnräumen.
- Das Gleiche ist auch bei der Pflanzenwahl zu berücksichtigen. Schwachwüchsige Arten, auch viele Rosen, lassen mehr Licht durch als starkwüchsige Ranker.
- Rieselnde Pflanzen, wie zum Beispiel Glyzinen *(Wisteria sinensis)* und Knöterich *(Fallopia aubertii)* sollten nicht direkt über dem Sitz- oder Eßplatz wachsen.
- Starkwachsende Kletterpflanzen wie Glyzinen, Knöterich, Baumwürger *(Celastrus orbiculatus)* und Waldreben *(Clematis montana, Cl. maximowicziana)* benötigen ein kräftiges Trägermaterial, das auch nach Jahren, wenn sie sich zu voller Größe entwickelt haben, noch tragfähig genug ist.

Kleinarchitekturen: →Seite 82
Pavillons, Lauben: →Seite 88
Hausbegrünung: →Seite 223

Diese Trockenmauer wurde passend zum Gestein mit rosa Grasnelken, Polsterphlox und blauem Günsel bepflanzt – die orangefarbene Nelkenwurz ist wohl ein Ausreißer.

Abgrenzungen und Einfriedungen

Sich und sein Eigentum abzugrenzen und zu markieren gelingt manchmal bereits mit sehr einfachen Mitteln – einem leichten transparenten Zaun, Rankgittern, einer niedrigen Hecke oder ein paar Steinblöcken an prominenter Stelle. Es sind zwar nur optische Schranken, sie signalisieren jedoch, daß das Eintreten nicht jedem erlaubt ist. Einen wirklichen Schutz bieten allerdings nur hohe, stabile oder dichte Anlagen.

Mauern, Zäune und Tore bilden neben Bäumen und Sträuchern das vertikale Grundgerüst eines Gartens und sind als bauliche Elemente in der Regel kaum oder nur schwer veränderbar. Darum ist bereits bei der Planung (→ Seite 54) besonderes Augenmerk auf deren Ausführung zu richten. Von der Art der Umzäunung, der Materialauswahl und ihrem Stil wird das ganze Erscheinungsbild von Haus und Garten geprägt.

Neben den persönlichen Vorlieben spielen auch örtlich unterschiedliche behördliche Vorgaben bei der Grenzgestaltung eine Rolle (→ Seite 10, Gartenrecht). Sehen Sie sich in Ihrem Wohngebiet um und verschaffen Sie sich einen Eindruck von Materialien, Dimensionen, Farben- und Formensprache. Denken Sie auch an Stabilität und Pflege!

Mit den schmalen Elementen Zaun, Mauer und Gitterspalier läßt sich auf einem kleinen Grundstück natürlich viel besser operieren als etwa mit breiten Hecken oder freiwachsenden Bäumen und Sträuchern. Dafür sind feste Bauwerke, ganz speziell Mauern, wesentlich aufwendiger und kostenintensiver als beispielsweise eine Hecke, die zudem noch längere Zeit benötigt, um entsprechende Höhe und Dichte zu erreichen.

Begrenzung nach außen

Wesentlich für den Stil der Grenzgestaltung nach außen ist das Umfeld. Ob Innenstadtbereich, Villenviertel, Siedlung oder ländlicher Raum, überall sind typische Elemente zu finden, die nicht gegeneinander austauschbar sind. Dazu kommen regionale Unterschiede, die sich grundsätzlich in der Materialverwendung ausdrücken.

Ziegelmauern und weißlackierte Zäune findet man vor allem in nördlichen Ländern oder auch wieder in der Stadt. Im Süden sind Holzzäune in Naturtönen vorherrschend, Mauern werden meist verputzt oder bestehen aus Naturstein. In Siedlungen überwiegen generell Holzzäune mit oder ohne Hecken.

Es gibt auch einen speziell städtisch geprägten Stil, meist mit Mauer-Zaun-Kombinationen, die ins gebaute Umfeld passen. Hier finden sich vor allem die kunstvollen, teilweise historischen oder schlicht-schönen modernen Metallkonstruktionen.

Grenzen im Garteninneren

Abgrenzungen innerhalb eines Grundstücks haben eine andere Aufgabe als Abgrenzungen nach draußen. Sie sollen in erster Linie

Passend zur naturhaften Umgebung wurden als Abgrenzung ein einfaches Holzgatter und ein mit Efeu bewachsener Metallbogen gewählt.

Räume schaffen und den Garten gliedern. Sie können etwa Wohn- und Nutzgarten, Spiel- und Wirtschaftsbereiche voneinander trennen, Mülltonne und Kompostplatz kaschieren oder Beete und Wege wirkungsvoll abgrenzen oder unterteilen.

GEMAUERTE ABGRENZUNGEN

Mauern bieten gerade im engen städtischen Umfeld und bei Teppichbauweise einen besonderen Reiz. Durch die Anordnung der umliegenden Gebäude entstehen oftmals kleine Hofsituationen oder Mauerscheiben trennen die einzelnen Häuser links und rechts im Wohnbereich voneinander ab. Damit werden platzaufwendige Anpflanzungen hinfällig. Zum Begrünen werden die Mauern mehr oder weniger dicht mit Kletterpflanzen begrünt (→ Seite 222).

Mauern gehören zu den Gestaltungselementen, die in vielen Gärten zum Einsatz kommen können, nicht nur in ausgesprochenen Hanggärten (→ Seite 208). Kleine Höhenunterschiede entstehen sehr leicht auch im ursprünglich ebenen Gelände. Denken Sie nur an Erdmodellierungen, die im Zuge des Teichbaus anfallen oder an Erdwälle, die zum Schutz gegen Straßenlärm angelegt werden. Durch solche Erhebungen oder Einsenkungen wird der Garten interessanter, ist vielseitiger zu bepflanzen und erhält Tiefe.

Niedrige Mauern haben ebenso wie Hecken gliedernde Funktion, sie müssen nicht unbedingt zur Abstützung dienen.

Die Materialvielfalt, die Größen, Farben, Formen der einzelnen Steine, die zahlreichen Kombinationsmöglichkeiten geben jeder Mauer ihr eigenes Gesicht.

Mauern im Vorgartenbereich

Bei Mauern im Vorgartenbereich handelt es sich in der Regel um Stützmauern oder um niedrige Mauern, die als Sockel für einen Zaun oder als Abgrenzung zur Straße dienen, hinter der eine Hecke gepflanzt wird. Solche Mauern sind meist sehr schlicht aus gestocktem oder gerauhtem Beton gefertigt. Sie können von innen und außen mit Efeu *(Hedera)* und Wildem Wein *(Parthenocissus veitchii)* oder anderen, über die Mauer hängenden Kletterpflanzen begrünt werden. Handelt es sich um Stützmauern, die direkt hinter der Mauerkrone bepflanzt werden, dann kommen kleine Gehölze wie der bekannte immergrüne *Cotoneaster dammeri* oder Stauden wie *Alyssum saxatile, Campanula poscharskyana*, Polsterphlox *(Phlox subulata)* und Blaukissen (*Aubrieta*-Sorten) in Frage.

TIP

Wertvolles Natursteinmauerwerk, besonders wenn es in Einklang mit dem dazugehörigen Gebäude steht, sollten Sie gar nicht oder höchstens nur punktuell begrünen.

Mauern im Innern des Gartens

Mauern zwischen Grundstücken, Garagenwänden, Mauerscheiben an Terrassen und in Innenhöfen sollten vor allen Dingen mit schön blühenden und/oder duftenden Kletterpflanzen begrünt werden.

- Hübsche Situationen entstehen dort, wo altes Mauerwerk zum Vorschein kommt und sich kräftige Kletterrosen anlehnen.
- Bei Ziegel- und Klinkermauern sollten Sie darauf achten, daß Sie farbliche Kontraste einsetzen. Gut geeignet sind gelb- oder weißblühende Rosen, blaue Clematis oder Glyzinen.
- Verputztes Mauerwerk in strahlendem Weiß ergibt einen wunderbaren Hintergrund für rote Rosen oder blaue Clematis und Glyzinen. Kletterhortensie *(Hydrangea petiolaris)* und malerische Solitärgehölze wie *Hamamelis*, Aralie oder Bambus.

Reizvolle, nicht zu hohe Mauern können auch aus großen Pflastersteinen gebaut werden.

Eine interessante Lösung zur Abgrenzung des Grundstücks von der Straße: große Findlinge in Verbindung mit Holzpalisaden.

Kleine Mäuerchen im Garten

An vielen Stellen im Garten ergeben sich Gelegenheiten für kleine Mäuerchen. Sie grenzen ab, bieten aber gleichzeitig die Möglichkeit zum Verweilen, beispielsweise an Terrassen und Sitzplätzen.

Niedrige Stützmauern fangen das Gelände ab, dazwischen entstehen ebene Flächen, die als Rasen oder Beetfläche genutzt werden können. Gleichzeitig entstehen an den vertikalen Mauern zusätzlich Pflanzmöglichkeiten, so daß durch Terrassierung auf kleinen Grundstücken mehr Raum für Pflanzungen zur Verfügung steht.

Niedrige Mäuerchen können auch aus Betonfertigteilen sogenannten U- oder L-Steinen gesetzt werden. Sie eignen sich hervorragend als Sitzgelegenheiten und können kleine Plätze im Garten einrahmen. Betonsteine sollten allerdings besonders sorgfältig bepflanzt werden. Wählen Sie für den Hintergrund kleine Gehölze, die die kompakten Bauteile überspielen, zum Beispiel den überhängenden, im Herbst wunderschön violett blühenden Buschklee *(Lespedeza)* und kleinwüchsige Strauchrosen wie 'The Fairy', 'Swany' oder 'Heidetraum'. Nur dort, wo Sie sitzen wollen, verwenden Sie weniger ausladende Pflanzen, zum Beispiel den zierlichen Fingerstrauch *(Potentilla fruticosa)*, den es in vielen Farbsorten gibt und der unermüdlich kleine erdbeerartige Blüten hervorbringt. Teilweise können Sie aber auch niedrige Stauden und Gräser auf die Rückseite der Steine setzen.

Trockenmauern

Trockenmauern zählen zu den ältesten Garteneinfriedungen. Sie stehen auf einem festen Fundament und verdanken ihre Stabilität der sorgfältigen Anordnung der Steine – Mörtel wird keiner verwendet. Das hat den Vorteil, daß sich in den mehr oder weniger großen Fugen mit der Zeit Pflanzen ansiedeln (oder auch gleich beim Bau eingesetzt werden können) und sich ein lebhaftes Kleintierleben entwickelt. Die Materialien zum Bau einer Trockenmauer können sehr unterschiedlich sein. Neben den häufig vorkommenden Bruchsteinen werden rundgeschliffene Findlinge, plattenhaftes Material wie Schiefer, aber auch sorgfältig behauene Steine verwendet.

Reizvolle Trockenmauer-Varianten

Trockenmauern sind aber nicht nur dazu da, ein Grundstück einzugrenzen, sie können auch ganz gezielt als Gestaltungselement im Garten eingesetzt werden.

► Kleine Kunstwerke entstehen, wenn Sie aus ganz verschiedenartigen Materialien eine Trockenmauer aufbauen. Wie in einer Collage wirken dann die unterschiedlichen Formen und Farben zusammen: breitlagernde Blöcke, quadratische Pflastersteine, rechteckige regelmäßige Ziegel, abgerundete Kieselsteine, Dachpfannen, kantige Feldsteine können gruppenweise oder sogar mit alten Holzbalken aus Eiche eine regelrechte Komposition ergeben. Solch eine Mauer sollte nur sparsam bepflanzt werden, um volle Wirkung zu zeigen.

► Freistehende Trockenmauern haben eine breite Basis und laufen nach oben konisch zu. Sie können von beiden Seiten bepflanzt werden, also sonnen- und schattenliebende Pflanzen beherbergen.

► Eine Besonderheit stellt ein Senkgarten dar. Diese Gestaltungsmöglichkeit läßt sich auch in kleinen Gärten einsetzen. Die ebene Fläche des Gartens wird in der gewünschten Größe rechteckig oder rund ausgegraben. Im Innern der Fläche können Sie nun ein Wasserbecken mit Seerosen und Sumpfpflanzen anlegen oder ein Kräuterbeet, Sie können aber auch die ganze Fläche pflastern und als Sitzplatz verwenden. Die Geländestufe wird von einer Trockenmauer abgefangen, die zusätzliche Pflanzflächen bietet.

Pflanzen für die Trockenmauer

Steinfeder	*Asplenium trichomanes*
Schriftfarn/Milzfarn	*Ceterach officinarum*
Kriechginster	*Cytisus decumbens*
Gelber Lerchensporn	*Corydalis lutea*
Zimbelkraut	*Cymbalaria muralis*
Sonnenröschen	*Helianthemum*- Hybriden
Schleifenblume	*Iberis saxatilis*
Leimkraut	*Silene schafta*

Ein Flechtzaun aus Haselruten wirkt sehr rustikal und paßt am besten in eine ländliche Umgebung oder zu einer Waldrandsituation wie hier.

ZÄUNE

Zäune dienen nicht nur dazu, den privaten Bereich abzuschirmen oder einzelne Gartenbereiche voneinander zu trennen, sie haben in entsprechender Höhe auch Sichtschutzwirkung.

Zäune gibt es in solch großer Vielfalt, daß für jeden Gartentyp und jeden Geschmack eine gute Lösung gefunden werden kann.

In ländlichen Gebieten und in Siedlungsbereichen sieht man hauptsächlich Holzzäune. In rustikaler Manier sind sie roh und naturbelassen, veredelt werden sie durch einen Anstrich. Weißgestrichene Zäune passen in die ländlichen Gegenden auf dem flachen Land und in Küstenregionen. Besonders hübsch wirken sie zu Klinkerhäusern.

Im städtischen Umfeld wird das Holz oft durch Metall ersetzt. Hier ist es auch üblich, Zäune auf eine Mauer oder zumindest einen Sockel zu

Oben: Der nostalgische Metallzaun steht in starkem Kontrast zu den gelben Narzissen, die vor und hinter dem Zaun in dichten Tuffs wachsen.

Unten: Dieser massive grau-grün gestrichene Holzzaun harmoniert gut mit dem Laub und den purpurfarbenen Blüten der Rosen und den blauen Iris.

setzen. Meistens werden die einzelnen Zaunfelder zwischen Pfosten aufgehängt. Höhenunterschiede lassen sich durch abfallende oder ansteigende Sockel ausgleichen oder aber die Zaunelemente werden stufig angeordnet. Gitterstäbe und Spitzen können kunstvoll verziert sein.

Zäune aus Draht und Metall

Maschendrahtzäune brauchen eigentlich immer ein grünes Pflanzenkleid, um ansehnlich zu wirken. Rasche Begrünungsmöglichkeiten bieten auch die einjährigen Kletterpflanzen (→ Tabelle Seite 78).

Stabgitterzäune vereinen in hohem Maße Schutz- und Schmuckfunktion, vor allem wenn es sich um kunstvolles Schmiedeeisen handelt. Die auf einem gemauerten oder betonierten Sockel stehenden Eisengitter sind stabil und trotzdem transparent. Der Sockel bildet eine saubere Kante.

Draht- und Metallgitter eignen sich hervorragend, rankenden Kletterpflanzen wie Clematis und Wein sowie Rosen (→ Foto Seite 161) einen Halt zu geben. Erst durch die Bepflanzung erhalten die schmucklosen Rankelemente Charme.

Steingarten: → Seite 214

Zäune aus Holz

Latten- oder Staketenzäune wirken je nach Ausführung rustikal (naturbelassen) oder eleganter (weißgestrichen). Der Grad der Durchsichtigkeit ergibt sich aus einer mehr oder weniger dichten Reihung der Latten. Sehr schmale, aber eng gestellte Profile wirken leichter als breite Profilbretter, die etwas Abstand voneinander haben.

Plankenzäune sind im Gegensatz zu Lattenzäunen immer nur niedrig und stellen keinen echten Schutz dar. Von jeher als Weidezäune verwendet, wirken sie sehr rustikal, vor allem wenn Schwartenbretter verwendet werden.

Scheren- und Gitterzäune sind ebenfalls leicht zu überwindende Hindernisse und nur als Einfriedung gedacht. Der beliebte Jägerzaun wirkt durch sein halbrundes Profil ausgesprochen rustikal. Diagonale engmaschige Gitterkonstruktionen oder von einem Rahmen gefaßte schmale Leisten strahlen mehr Leichtigkeit aus.

Flechtzäune werden aus dünnen Holzlamellen oder aus Weidengeflecht hergestellt. Es gibt sie sowohl in horizontalem als auch vertikalem Flechtwerk. Sie bilden einen sehr guten Sichtschutz, werden aber in der Regel nur in naturnahen Gärten eingesetzt. Bambusrohr oder Reisig eignen sich ebenfalls zur Herstellung von Flechtzäunen. Wobei Bambus in erster Linie für Gärten in fernöstlichem Stil verwendet wird.

TORE UND DURCHGÄNGE

Der Blick durch Tore, Türen und offene Durchgänge, die innerhalb einer sonst geschlossenen Einfriedung liegen, macht neugierig auf das, was sich dahinter verbirgt – im Gegensatz zu überschaubaren niedrigen Zäunen und Hecken, die den Einblick nicht verwehren.

Tore sind Teil der Einfriedung und im Idealfall so integriert, daß alles wie aus einem Guß erscheint. Tore aus Holz oder Metall können in ebensolche Zaunkonstruktionen integriert sein, oder die Pfosten bestehen aus Natur- oder Kunststein. Bei integrierten Zaun-Torelementen ist es unbedingt notwendig, das Eingangstor durch besondere Merkmale gut kenntlich zu machen. Zur Kennzeichnung eignen sich beispielsweise Pfosten, die das Tor flankieren und es durch Höhenunterschiede betonen, Rahmen in Rechteck- oder Bogenform oder eine andere Farbgebung.

Offene Durchgänge befinden sich innerhalb des Grundstücks und trennen verschiedene Gartenräume, z. B. Terrasse und Garten, Vorgarten und Wohngarten, Garage und Küchengarten voneinander ab.

Das moderne weiße Holzgartentor bildet einen starken Blickfang und kontrastiert sehr gut mit den blauen Liebesblumen *(Agapanthus)*.

Einjährige Kletterpflanzen

Deutscher Name	Botanischer Name	Blütenfarbe	Blütezeit
Glockenrebe	*Cobea scandens*	violett	VIII-X
Schönranke	*Eccremocarpus scaber*	orange	VII-IX
Trichterwinde	*Ipomoea tricolor*	hellblau	VII-IX
Duftwicke	*Lathyrus odoratus*	viele Farben	VI-IX
Feuerbohne	*Phaseolus coccineus*	rot	VI-IX
Sternwinde	*Quamoclit lobata*	orangerot	VII-IX
Schwarzäugige Susanne	*Thunbergia alata*	gelb/orange	VI-X
Kapuzinerkresse	*Tropaeolum majus*	orange	V-X

Oben: Der schmale Durchgang in der hohen, streng geschnittenen Hainbuchenhecke weckt die Neugierde auf den nächsten Gartenbereich.

Unten: Der Durchgang in dieser weißgekalkten Ziegelmauer wird durch die hinführenden Treppenstufen noch stärker betont.

Was Sie unbedingt beachten sollten

- Einfache, schlichte Zäune wirken am schönsten mit einer lockeren Bepflanzung aus rankenden und schlingenden Gewächsen.
- Zäune, die von sich aus bereits Schmuckwert besitzen, benötigen nur eine punktuelle Bepflanzung.
- Transparente Zäune machen das Umfeld noch erlebbar und erweitern den Garten optisch. Wählen Sie Zäune, die im unteren Bereich dichter geschlossen sind, in Augenhöhe jedoch durchlässig.
- Gitterzäune aus Metall wirken stets filigraner und eleganter als Holzzäune.
- Holz sollte der besseren Haltbarkeit wegen kesseldruckimprägniert sein.
- Die Spitzen von Holzpfosten und -latten müssen abgeschrägt oder abgerundet sein, damit kein Wasser stehenbleibt.
- Das Holz muß Bodenfreiheit haben, damit es kein Wasser ziehen und dann faulen kann.

Hecken: →*Seite 110*
Eingänge: →*Seite 206*
Fassadenbegrünung: →*Seite 222*

Pergolenartiger Durchgang im Garten. Tore definieren nicht nur den Eingang in ein Grundstück oder einen abgeschlossenen Gartenteil, sie können auch innerhalb des Gartens als Durchgang benutzt werden, den Raum gliedern und optische Grenzen schaffen. Durch die Betonung der Vertikalen mit Pfeilern, Bögen oder Rahmen und das Beranken mit aufwärtsstrebenden Kletterpflanzen werden räumliche Strukturen erzeugt. Es müssen nicht unbedingt gebaute Elemente sein, auch mit Bäumen, Sträuchern und Hecken können solche Effekte geschaffen werden.

Dieser niedrige Holzzaun trennt zwei Gartenbereiche. Der Weg von einem zum anderen Teil führt durch einen über und über mit blauen Clematis berankten Torbogen. Die Pfosten des Durchgangs sind hübsch mit gelbblühenden Stauden und Sommerblumen kaschiert, deren warme Blütenfarben in herrlichem Kontrast zu der blauen Clematis stehen. Zaun und Tor bündeln die Blicke. Durch die Verengung wird der dahinterliegende Raum umso deutlicher wahrgenommen – und es entsteht ein Überraschungseffekt.

Die strenge Hofsituation erhält durch eine transparente und filigrane Rosenlaube eine freundlichere und leichte Atmosphäre. Das homogene Pflaster wird durch einzelne Gräser in den Fugen etwas aufgelockert – Zufall oder gewollt? Der Blick fällt durch den Torbogen direkt auf eine Gruppe aus Ziersträuchern und Kübelpflanzen, die die beiden Hauseingänge gut voneinander abtrennen und gleichzeitig einen hübschen Blickfang bilden.

Die dichte, hohe Thujenhecke läßt kaum einen Blick ins Innere des Gartens frei – einladend wirkt nur das bogenförmige Eingangstor sowie der verbindende Rosenbogen über dem Tor. Interessant, wie sich geschnittene und ungeschnittene Hecke in ihrer Wirkung auf den Betrachter unterscheiden. Eine heitere Note erhält diese Eingangssituation durch die vielen Stockrosen, die vor die dunkle Thujenhecke gepflanzt wurden.

Rosenbögen sind sicherlich die beliebtesten Varianten, wenn es um blumengeschmückte Eingänge oder Durchgänge geht. Sie passen nahezu überall hin – in klassische, elegante, rustikale, formale oder freigestaltete Anlagen. Entscheidend ist jedoch, daß Materialien und Farben zusammenpassen und gut auf das Umfeld abgestimmt werden.
In einem bäuerlichen Garten spielt das keine so große Rolle, hier darf es ruhig sehr bunt zugehen.

Dieser Pavillon besticht durch seine klare Form und eignet sich bestens für einen formalen oder modernen Garten.

Klein-architekturen

Kleinarchitekturen müssen in kleinen Gärten ganz besonders behutsam geplant und gebaut werden. Eine bunte Vielfalt an Formen, Stilen und Materialien kann sehr rasch die Harmonie von Haus und Garten stören. Je klassischer zum Beispiel ein Gartenhaus, umso leichter läßt es sich in jeden Garten integrieren. Nostalgische Pavillons im Stil einer vergangenen Epoche müssen dagegen wie ein Kunstobjekt oder eine Solitärpflanze behandelt werden und haben einen wirkungsvollen Platz im Garten verdient. Die heute oft winzigen Grundstücke lassen da leider wenig Freiheit.

Zu den Kleinarchitekturen zählen neben Garagen und Carports, Gartenhäuschen, die für die verschiedensten Zwecke genutzt werden, Gewächshäuser, Geräteschuppen, offene und geschlossene Pavillons und Lauben.

Blickpunkt oder Überraschungseffekt?

In den meisten Fällen werden Gartenhäuschen oder Pavillon so weit wie möglich vom Haus abgerückt, um sie sozusagen kontrapunktisch im Hintergrund des Gartens – vor einer Gehölzkulisse etwa – als Blickfang zu nutzen. Ein Gartenhäuschen zum Träumen kann jedoch auch den Blicken entzogen, ganz versteckt aufgestellt und damit zum echten Ruhepunkt werden, gleichzeitig jedoch einen Überraschungseffekt bilden.

In streng architektonischen Gärten gibt es zwei gute Lösungen für den richtigen Standort: das Gartenhaus oder der Pavillon bilden entweder die zentrale Mitte des Gartens oder sie liegen als Zielpunkt am Ende einer Hauptwegeachse.

GEWÄCHSHÄUSER

Gewächshäuser gibt es im Handel in jeder Größe und Form in Hülle und Fülle. In erster Linie dienen sie der Pflanzenanzucht, dem Kultivieren und Überwintern empfindlicher und exotischer Pflanzen. Sie können im Sommer jedoch auch als Blickfang und zusätzlicher Wohnraum genutzt werden, wenn die Stellagen zur Seite gerückt und Sitzgelegenheiten eingebaut werden.

Gewächshäuser können freistehen oder am Wohnhaus oder einer Wand angelehnt werden (Pultform). Im Gegensatz zu den übrigen Gartenhäuschen werden sie nicht mit mehrjährigen Kletterpflanzen, Bäumen und hohen Sträuchern eingegrünt, denn sie sollen ja das ganze Jahr über reichlich Licht erhalten.

TIP

Eine Rarität, die auch den Sommer gerne im luftigen Glashaus verbringt, ist die wunderbar duftende alte Teerose 'Maréchal Niel'. Pflanzen Sie diese Rose am besten in einer Ecke Ihres Gewächshauses aus.

GARTENHÄUSCHEN FÜR JEDEN BEDARF

In einem Garten und in einer Familie gibt es tausend Dinge aufzubewahren und abzustellen – vom Fahrrad über den Rasenmäher bis zu

Dieses Gartenhäuschen präsentiert sich romantisch und doch schlicht inmitten der Blütenpracht. Die Flügeltüren lassen sich weit öffnen, so daß es fast wie ein Pavillon wirkt.

Spielsachen und Gartenzubehör wie Geräte und Düngemittel, die trocken gelagert werden müssen. Deshalb wird oft ein Geräteschuppen benötigt. Meist ist ein solches Gebäude nicht gerade als Blickfang geeignet und sollte daher entweder hinter einer Hecke, großen Sträuchern oder unter Kletterpflanzen „verschwinden". Geeignet sind zum Beispiel der selbstklimmende Spindelstrauch (*Euonymus fortunei* 'Vegetus'), Efeu *(Hedera)*, Kirschlorbeer *(Prunus laurocerasus)*. Für naturnahe oder Bauerngärten eignen sich Holunder *(Sambucus)* oder mittelgroße Obstbäume.

Sogar in einem kleinen Garten bietet ein Gartenhäuschen viele Vorzüge: Es schafft zusätzlich Unterstellmöglichkeit für Gartenmöbel, einen trockenen zweiten Sitzplatz, einen zusätzlichen Rückzugsort, einen abgetrennten Spielraum für Kinder – auch bei Regenwetter und eventuell auch mal zum Übernachten.

Standortwahl

Die Möglichkeiten, auf kleinen Grundstücken noch ein Gartenhäuschen mit mindestens 10 m^2 unterzubringen, sind nicht allzu groß. Aber im Gegensatz zum Gewächshaus, das möglichst hell und frei stehen muß, kann ein Gartenhäuschen auch in der äußersten Ecke des Gartens, unter Bäumen oder im Schutz von Sträuchern aufgestellt werden. Je weiter das Gartenhaus vom Wohnraum entfernt ist, um so mehr können Sie den Vorteil genießen, dort auch noch spätabends zu reden, Musik zu hören oder zu grillen, ohne die Nachbarn wesentlich zu stören oder selbst gestört zu werden.

Bevor Sie jedoch mit dem Bau oder Aufstellen eines Gartenhäuschens beginnen, sollten Sie sich genau erkundigen, ob Sie eventuell eine Baugenehmigung benötigen. Achten Sie auch auf das Nachbarschaftsrecht (→ Seite 10).

Was kostet ein Gartenhäuschen?

- Ein wartungsfreies Gerätehaus aus Stahl mit ca. 4 m^2 kostet um 500.— DM.
- Ein 08/15 Gartenhäuschen aus Weichholz mit einer Grundfläche von ca. 5 m^2 ist ab 1500.— DM zu haben.
- Exklusive Gartenhäuser aus Hartholz und/oder Glas mit einer Grundfläche von ca. 10 m^2 gibt es ab 3500.— DM aufwärts.

Gartenhäuser begrünen

- Je ausgefallener und ästhetischer das Design eines Gartenhauses ist, umso weniger sollte es begrünt werden – es wirkt für sich allein. Reine Zweckbauten dagegen können durch eine angemessene Bepflanzung in ihrer Wirkung verschönt werden und durch ein grünes Kleid mit dem übrigen Garten zu einer Einheit verschmelzen.
- Einfache Gerätehütten aus wartungsfreiem Stahl lassen sich schnell und schön unter Knöterich *(Fallopia)* verbergen, und vom Sommer bis weit in den Herbst hinein ist der grüne Hügel mit duftigen weißen Blütenrispen überzogen.

Besitzt die Konstruktion ein Stahldach, dann sollten Sie mit Maschendraht oder Holzleisten, die Sie auf dem Dach anbringen, den Kleterpflanzen am Anfang etwas Hilfestellung bieten, damit die Triebe nicht abrutschen.

- Sie können unschöne Konstruktionen auch hinter einer Art „Wandschirm aus geschnittenen Sträuchern" verbergen. Ziehen Sie die Sträucher am besten an Spalieren und Stäben. Nach dem Formschnitt sollte der „Wandschirm" eine Dicke von max. 20-30 cm haben. Geeignet sind Ziersträucher wie der wintergrüne, schorfresistente Feuerdorn (*Pyracantha coccinea* 'Orange Glow'), Kornelkirsche (*Cornus mas*) – mit ihren hellgelben Blütchen, die schon ab März erscheinen, zudem eine hervorragende Bienenweide –

Die klaren Formen der Teichlandschaft harmonieren sehr gut mit der modernen weißen Holzlaube, von der aus sich der großzügig angelegte Garten wunderbar überblicken läßt.

und die hohen Formen der Zierquitte wie *Choenomeles lagenaria* oder die Hybride 'Fire Dance'. Diese Gehölze erreichen eine maximale Höhe von 150-200 cm und gedeihen auch im Halbschatten. Für sonnige Lagen bietet sich Spalierobst an.

► Ist mehr Platz vorhanden, können Sie das Gartenhaus natürlich auch hinter einer ganz normalen Heckenanpflanzung (→ Seite 110) verstecken. Für formale und klassische Gartenanlagen verwenden Sie am besten immergrüne Arten wie *Taxus* und *Thuja*.

► Wollen Sie Ihr Gartenhaus nicht den Blicken entziehen, sondern sich einen hübschen Anblick verschaffen, dann lassen Sie es doch von starkwachsenden Kletterrosen überwuchern – wenn die Lichtverhältnisse es erlauben. Geeignete Rosen sind zum Beispiel die rotblühenden Sorten 'Flammentanz' und 'Sympathie', die hervorragend mit der weißblühenden Sorte 'Direktor Benschop' oder der bis zum Herbst blühenden zartrosafarbenen 'New Dawn' ergänzt werden können.

► In sonnigen bäuerlichen Gärten wird das Gartenhaus von üppigen Staudenrabatten eingerahmt.

Oben: Carports müssen nicht negativ auffallen – so mit Blüten übersät bieten sie je nach Pflanzenart vom Frühjahr bis zum Sommer einen herrlichen Blickfang.

Unten: So ein nostalgisches und komfortables Baumhaus ist nicht nur für Kinder ein Refugium in luftiger Höhe. Es benötigt allerdings sehr viel Platz und alten Baumbestand.

EIN GLASHAUS IM GARTEN

Ein Pavillon aus Glas oder ein konventionelles Kleingewächshaus bilden für Hobbygärtner die ideale Ergänzung zum Garten. Ein Glashaus ist besonders für sehr kleine Gärten attraktiv, weil es zusätzliche Aktivitäten bei schlechtem Wetter und im Winter ermöglicht. Hier können das ganze Jahr über exotische Gewächse gedeihen, können Kübelpflanzen überwintern, empfindliche Pflanzen angezogen und vorgetrieben sowie manche Gewächse vermehrt werden. Hier findet der Naturfreund ein Experimentierfeld für seine Gartenleidenschaft und ein Refugium, in dem er Natur aus nächster Nähe erleben kann.

Solch kleine Gewächshäuser aus Metall und Glas mit praktischen Schiebetüren eignen sich vor allem für kleine Nutzgartenanlagen.

Ein Glashaus soll vor Wind und Kälte geschützt in der Sonne liegen und darf – vor allem in der kühleren Jahreszeit – nicht von Gebäuden, Bäumen oder Sträuchern beschattet werden. Je nachdem welche technische Ausstattung es erhält, erstrecken sich die Möglichkeiten von der einfachen frostfreien Überwinterung bis hin zur ganzjährigen klimagesteuerten Kultur.

Welches Glashaus für welchen Garten?

Formschöne, aber schlichte Glashäuser mit einer Holz-, Stahl- oder Aluminiumkonstruktion passen in jeden Garten, während romantische oder historisierende Glaspavillons und Gewächshäuser in ein entsprechendes Umfeld gehören.

Wenn Sie ein Glashaus nur zur Anzucht und Kultur von Blumen und Gemüse haben wollen, ist ein konventionelles Gewächshaus mit Satteldach genau das Richtige. Hier ist die Raumausnutzung mit Stellagen und Hängeborden entlang den Glaswänden und unter dem Giebel am besten.

Wenn das Glashaus aber in erster Linie Ausstellungsraum für exotische Pflanzen wie Orchideen oder Bromelien sein soll oder nur Überwinterungsraum für Kübelpflanzen, dann sind sechs- oder achteckige Pavillons mit hohen Seitenwänden geeigneter. Hier können Sie im Sommer auch einen attraktiven Zweitsitzplatz einrichten, der witterungsunabhängig genutzt werden kann, im Umfeld von den exotischen Pflanzen geschmückt wird und überdies einen Rundumblick in den Garten gewährt.

Eleganter und außergewöhnlicher Glas-Pavillon. Der Rundbau paßt sich vorzüglich in die Pflanzung ein, die schmalen Aluminiumprofile wirken leicht und transparent.

Nutzgarten: → Seite 140
Kübelpflanzen: → Seite 164

PAVILLONS UND LAUBEN

Pavillons sind wieder in Mode gekommen. Es existiert eine riesige Palette von „Zimmern im Grünen" in allen erdenklichen Stilen, Formen und Größen, der Phantasie sind keine Grenzen gesetzt, alle Stilrichtungen vorhanden. Abgesehen von vielen individuellen Lösungen gibt es den Großteil schon fix und fertig im Baukastensystem zu kaufen.

Refugium Pavillon

In erster Linie dienen offene oder geschlossene Pavillons als Refugien oder zum geselligen Beisammensein. Das feste Dach über dem Kopf schützt bei Hitze oder vor Regen und Wind, und wenn die Wände rundum auch geschlossen werden können, entsteht ein von der Witterung völlig unabhängiger zusätzlicher Raum inmitten des Gartens mit einer Aussicht nach allen Seiten.

Leicht berankte Pavillons

Freistehende, offene Pavillons in leichter Metallkonstruktion können mit *Clematis* locker berankt werden. Kombinieren Sie verschiedenfarbige Arten und Sorten miteinander. Der Blütenreigen beginnt mit der blauen kleinblütigen *Clematis alpina*, dazu gesellt sich ab Mai die klein, aber üppig blühende *Clematis montana*. Im Hochsommer folgt die reichblühende blaue *Clematis* x *jackmanii* und weitere großblumige Hybriden, von denen viele im September nochmals Blüten hervorbringen.

Ganz eingegrünte Pavillons

Weniger hübsche Pavillons lassen sich mit Knöterich *(Fallopia aubertii)*, Wildem Wein *(Parthenocissus quinquefolia)* und den starkwachsenden Glyzinen *(Wisteria)* ganz eingrünen, für schattige Bereiche eignet sich die großblättrige Pfeifenwinde *(Aristolochia)*. Für mehr Farbe sorgen größere Ziersträucher und Stauden, die rundherum gepflanzt werden oder bunt bepflanzte Balkonkästen und Kübel.

Lauben für viele Gelegenheiten

Im Unterschied zum Pavillon besteht die Laube oft nur aus einem Gerüst (Pergola), einer Rückwand und üppigem Pflanzenbewuchs. Der Übergang von der Laube zum Pavillon ist fließend. Lauben können frei im Raum stehen oder an eine Wand angelehnt, Wege begleiten sowie den Kreuzungspunkt von Wegen oder einen Platz betonen. Sie werden entweder fest gebaut oder aus lebenden Pflanzen gebildet.

Die Baumlaube

Bei einer Baumlaube bestehen Dach und Wände aus Ästen. Hier nützen Sie die natürliche Wuchsform bestimmter Pflanzen – Hängeulme (*Ulmus glabra* 'Pendula'), Hänge- oder Trauerbirke (*Betula pendula* 'Youngii') oder Hängeesche (*Fraxinus excelsior* 'Pendula'). Der durchgehende Stamm bis zum Kronenbeginn bildet den tragenden

Unkonventionelle Laubenidee: Ein mit Dachpappe überzogener Sonnenschirm schützt von oben, die Wände werden von der Pfeifenwinde *(Aristolochia)* gebildet.

Die großzügig angelegten, von üppiger Vegetation begleiteten Natursteinterrassen führen direkt zu einem rundum geschlossenen Pavillon aus edlem Holz.

Pfeiler des natürlichen Gebäudes. Die schirmartige Krone – besonders bei Birke und Ulme – wächst zuerst wie ein Dach in die Breite, dann hängen die Äste in weitem Bogen über und reichen fast bis zum Boden hinunter.

Rascher geht es, wenn Sie eine Pflanzenlaube aus Hainbuche *(Carpinus betulus)* ziehen. Dafür brauchen Sie eine leichte Unterkonstruktion aus Metallrohren und Spanndrähten oder Holzlatten. Die Heckenpflanzen werden außen herum dicht an dicht gesetzt, angeheftet und die Zweige untereinander verflochten. Später wird sie wie eine Hecke geschnitten. In 2-4 Jahren hat sich die Kuppel der Laube geschlossen.

<u>Lauben für Kinder</u>

Lauben speziell für Kinder lassen sich schnell aus Bohnenstangen und einer Samentüte mit wuchsstarken Feuerbohnen herstellen – im Nu ist das Indianerzelt fertig. Weidenruten eignen sich ausgezeichnet zum Bau eines Tipis. Sind sie noch grün genug geschnitten worden, dann treiben die Ruten aus und hüllen das Tipi bald in saftiges, undurchdringliches Grün.

Mit gebogenen Weidenruten lassen sich auch kleine Tunnels anlegen. Auch aus einem ausgedienten Sonnenschirm und Sonnenblumen läßt sich eine Laube bilden.

Laubengang: →Seite 70
Hausbegrünung: →Seite 222

GESTALTEN MIT PFLANZEN

Pflanzen sind der wichtigste Bestandteil eines Gartens. Sie bringen Farbe und Leben in den Garten, sind Blickfang, Sichtschutz und Raumteiler.

Eine besondere Form von Gartenkunst und Blickfang stellt diese Drahtpuppe dar, die auch mit einjährigen Kletterpflanzen berankt werden kann.

Rasen und Wiese

Grüne Teppiche haben innerhalb einer Gartenanlage eine sehr wichtige Gestaltungsfunktion. Ihre Aufgabe besteht einerseits darin, durch ihre farblich zurückhaltende Fläche Formen und Farben anderer Gewächse zur Geltung, aber auch Ruhe in den Garten zu bringen, ihn zu gliedern oder verschiedene Gartenteile miteinander zu verbinden.
Das Erscheinungsbild einer begrünten Fläche hängt zum einen von ihrer Größe und Form ab, zum andern von der verwendeten Pflanzengesellschaft – diese wiederum beruht auf dem Verwendungszweck der Grünfläche, die entweder Zierrasen, Gebrauchsrasen oder Blumenwiese sein kann.

Je nach Verwendungszweck werden die Grünflächen im Garten klein oder groß sein, können zentral oder abgeschieden liegen, setzen sich aus einigen wenigen oder vielen verschiedenen Grasarten zusammen.
Zierrasen ist ein kurz gemähter, dichter, unkrautfreier, grüner Teppich, der als attraktives Gestaltungsmittel dient. Er bildet ruhige Blickpunkte, dient als „Unterlage" für üppig blühende Pflanzinseln oder wird von bunten Staudenbeeten umrahmt. Zierrasen ist nicht unbedingt zum Betreten, geschweige denn als Spielfläche geeignet – jedenfalls nicht für den Dauergebrauch.
Gebrauchsrasen ist weniger attraktiv, dafür eignet er sich aber als Tummelplatz für die ganze Familie, ist trittfest und kann schonungslos benutzt werden.
Blumenwiesen, die mit zahlreichen Wildblumen und Wildkräutern durchsetzt sind, wirken ganz allein für sich. Sie dienen nur der Betrachtung und sollten möglichst nicht betreten werden.
Für welche dieser drei Begrünungsmaßnahmen Sie sich entscheiden, hängt zum einen davon ab, wie Sie die Fläche nutzen wollen: als Gestaltungselement, Tummel- oder Spielplatz oder als Biotop, in dem sich mit der Zeit die verschiedensten Insekten einfinden, zum andern von dem Klima, den vorhandenen Bodenverhältnissen und der Lage. Auf einem nährstoffreichen Untergrund zum Beispiel werden Sie kaum mit Erfolg eine artenreiche Blumenwiese erhalten – das dauert Jahre. Andererseits bietet schlechter, karger oder gar feuchter Untergrund keine Grundlage für einen englischen Zierrasen.

TIP

Die einheitliche Farbe und Struktur eines Zierrasens bringt nicht nur Pflanzen, sondern auch Kunstobjekte aller Art hervorragend zur Geltung.

Zierrasen

Zierrasen besteht aus feinblättrigen und dicht wachsenden Grasarten, die in erster Linie schön aussehen, jedoch wenig strapazierfähig sind. Der typische englische Rasen mit seiner gleichmäßig grünen Grasnarbe, fein in der Struktur, ohne Unkräuter, ist der Traum vieler Gartenbesitzer. Doch abgesehen vom feuchten Seeklima, einem entscheidenden Faktor für schönen Rasen, muß viel Pflege in solch eine Grünfläche investiert werden. Nur durch häufiges Mähen (2-3 mal die Woche) entsteht ein dichter Rasenteppich. Bei ständigem Schnitt

Die grüne Rasenfläche zwischen den Stauden- und Gehölzflächen wirkt beruhigend und läßt die Blütenpflanzen noch besser zur Geltung kommen.

müssen jedoch Wasser und Nährstoffe regelmäßig nachgeliefert werden, um das Wachstum zu unterstützen. Zur speziellen Pflege gehören Vertikutieren, Lüften und eventuell Walzen.

Der Zierrasen kann das Herzstück des Gartens sein, in dem oder an dessen Rand nur sparsam mit einzelnen Gehölzen und Solitärpflanzen Schwerpunkte gesetzt oder ein Rahmen gebildet wird. Ausmaß, Form und Charakter dieser Grünfläche bestimmen das gesamte Gartenbild und können selbst in kleinsten Gärten bei gezieltem Einsatz eine großzügige Räumlichkeit vermitteln.

- In besonders kleinen Gärten sollte der Zierrasen eher geometrische Formen aufweisen – rund, oval oder rechteckig sein.
- In einen kleinen, quadratischen Garten passen eher runde und ovale Formen.
- Ein schmaler, schlauchförmiger Garten kann durch mehrere versetzt angelegte quadratische Flächen optisch verbreitert werden.
- In streng architektonischen Gärten steht die ruhige Rasenfläche in spannungsreichem Gegensatz zu den vielen gliedernden vertikalen Elementen wie geschnittenen Hecken und Säulen, Laubengängen und Kleinarchitekturen.
- Unregelmäßig und frei gestaltete Rasenflächen bringen Bewegung in den Garten. Mit fließenden Linien können Weite angedeutet und vorgetäuscht sowie Blicke in bestimmte Richtungen gelenkt werden.

Gebrauchsrasen

Sport- und Spielrasen besteht aus strapazierfähigen, anspruchslosen Grasarten. Er benötigt lange nicht soviel Pflege wie ein Zierrasen, braucht bei stärkerer Belastung aber öfter einen Schnitt. Beim Saatgut sollten Sie auf gute Qualität achten und sich auf alle Fälle vom Fachmann beraten lassen, welche Grasmischungen für Ihren Standort am besten geeignet sind.

Die Grasmischungen enthalten meist Rispen- und Weidelgräser mit gröberer Struktur (im Gegensatz zum feinen Schwingel- und Straußgras des Zierrasens). Zwischen dem Gras siedeln sich nach und nach diverse Wildkräuter wie Gänseblümchen, Ehrenpreis, Löwenzahn und Wegerich an, die sogar manchmal die Gräser vollkommen verdrängen können. Solche Blumenrasen haben auch ihren Reiz und sind trotzdem strapazierfähig.

Blumenwiese

Im Gegensatz zum üblichen Rasen enthält eine Blumenwiese neben Gräsern viele verschiedene ausdauernde Wildblumen. Die Artenzusammensetzung ist von Standort zu Standort verschieden und ändert sich auch im Laufe der Jahre.

Eine Blumenwiese ist dort angebracht, wo die Natur möglichst nah herangeholt werden soll, und der Garten insgesamt einen natürlichen Charakter hat. Sie findet aber auch bei Familien mit Kindern Anklang. Der Gebrauchsrasen am Haus kann dann in eine Langgraswiese übergehen – beispielsweise um den Naturteich herum. Gemäht wird nur dort, wo Bedarf für einen Zugang besteht. Blumenwiesen eignen sich vorzugsweise für unzugängliche Plätze wie trockene Hänge, steile Böschungen oder feuchte Stellen.

Da es direkt am Haus keine Möglichkeit gibt, einen Sitzplatz einzurichten, wurde die Sitzgruppe kurzer Hand auf die Rasenfläche verlegt.

<u>Blumenwiesen entwickeln</u>

In die vorhandene oder frisch angesäte Grasnarbe werden inselartig ausdauernde Wildpflanzen (selbstgezogen oder aus Spezialgärtnereien) gesetzt oder auch direkt gesät. Mit Hilfe dieser Initialpflanzungen, dem Einstellen der Düngung und nur zweimaligem Mähen (nicht vor Ende Juni) wird sich mit der Zeit ein schöner Blühaspekt einstellen.

Oben: Das natürliche Grün des Rasenweges verbindet optisch die im Halbschatten liegenden Staudenrabatten links und rechts des Weges miteinander.

Unten: Blühende Frühlingswiese mit Sitzgruppe direkt im Grünen. Eine mit Blumenzwiebeln bestückte Wiese kann allerdings erst im Juni gemäht werden.

TIP

Eine besondere Attraktion bieten in sonnigen Lagen duftende Kräuter wie Thymian oder Dost, die ruhig einmal ein paar Tritte vertragen, dabei sogar ihren individuellen Geruch verströmen.

Blumenwiese aus der Samentüte

Blumenwiesensamen entwickeln sich entsprechend der Bodenqualität und den klimatischen Bedingungen. Die fertigen Mischungen sind häufig nach Farben zusammengestellt und nicht winterhart. Sie enthalten keinen Grasanteil.

Blumenzwiebelwiesen

Attraktive Frühlingswiesen entstehen, wenn Krokusse, Blauglöckchen, Narzissen, Tulpen und andere Zwiebelpflanzen in einer frischgrünen Grasfläche verwildern dürfen und erst nach dem Vergilben des Laubes gemäht wird.

Rasenersatz

In winzigen Gärten und Innenhöfen oder in schwierigen Geländesituationen erscheint es oft wenig sinnvoll, einen Rasen oder eine Wiese anzulegen. Am Hang liegende Grundstücke sind häufig schwer zugänglich und schlecht zu mähen, oder Bäume und Sträucher werden nach und nach größer und schränken das Licht am Boden ein, so daß die Rasengräser nicht mehr wachsen – in solchen Fällen können andere Pflanzen einen Rasenersatz bieten:

- Ideal zum Begrünen von Böschungen sind Zwerggehölze und bodendeckende Rosen.
- In schattigen Partien läßt sich eine einheitliche Begrünung mit Efeu *(Hedera helix)* oder Immergrün *(Vinca minor)* erzielen.
- Als Rasenersatz für kleinere Flächen eignen sich auch Fiedermoos *(Cotula squalida)* und Sternmoos *(Sagina subulata)*, die auch noch im Halbschatten gut gedeihen.
- Sonnige und trockene Partien können mit einer Vielzahl von niederwüchsigen Steingartenpflanzen (→ Seite 216) bestückt werden.
- Auch Heidekräuter *(Erica, Calluna)* und niedrige Polstergräser *(Festuca)* bilden dichte Rasen.

Wege am und im Rasen

Ein Rasen bedarf in der Regel keines gesonderten Weges, um ihn zu durchqueren. Wenn bestimmte Stellen jedoch regelmäßig begangen werden, ist es günstig einen befestigten Weg anzulegen. Manchmal genügen bereits ein paar einzeln oder im Verbund verlegte Trittplatten. Harmonisch integrieren lassen sich in erster Linie bruchrauhe Natursteinplatten, Kies- und Holzbeläge.

Mit Pflanzen einfassen

Beete und Wege werden häufig von der Rasenfläche abgegrenzt, um klare Konturen zu erzeugen, saubere Kanten oder harmonische Übergänge zum Beet herzustellen. Pflanzliche Einfassungen bestehen meist aus einer Pflanzenart. Die einzelnen Exemplare stehen dicht bei dicht und betonen als gerade oder bewegte Linie die Grenzen oder zeichnen Umrisse nach.

Die am häufigsten benutzte Einfassungspflanze ist wohl der Buchsbaum (*Buxus sempervirens* 'Suffruticosus'), der zwischen 20 und 60 cm hoch geschnitten werden kann.

Wintergrüne Halbsträucher wie Lavendel, Edelgamander *(Teucrium)* und Heiligenkraut *(Santolina)* eignen sich – regelmäßig geschnitten – ebenfalls zur Einfassung.

Polsterstauden wie Karpatenglockenblume *(Campanula carpatica)*, Grasnelke *(Armeria maritima)* und vor allem niedrige Fetthennen (*Sedum*-Arten) bilden an sonnigen und trockenen Stellen dichte Einfassungen.

Sommerblumen wie Steinkraut *(Lobularia maritima)*, Tagetes oder Portulakröschen eignen sich hervorragend als Randbepflanzung.

Küchenkräuter wie Krause Petersilie oder Schnittlauch werden vor allem im Nutzgarten gerne zur Einfassung der Beete verwendet, eignen sich aber auch für Rabatten und Staudenbeete.

Mähkanten

Ein Rasen wirkt besonders schön, wenn er von blühenden Beeten umrahmt ist oder einzelne Pflanzeninseln in der Grünfläche eingebettet sind. Überall dort, wo sich Beete, Wege oder Mauern und an-

Randbegrenzung in einem von fernöstlichem Stil geprägten Garten. Der handgearbeitete Bambuszaun wird von Grasnelken *(Armeria maritima)* begleitet.

dere Bauwerke direkt an den Rasen anschließen, sollten Sie Mähkanten herstellen, die zum einen das Mähen erleichtern, zum andern dafür sorgen, daß keine Pflanzen oder Mauern beschädigt werden, Wegebelag (Kies, Rindenschrot) in den Rasen fällt oder Gras in die Beete hineinwächst.

In formal angelegten Gärten sollten die klaren Konturen der Begrenzung möglichst erhalten bleiben, in frei gestalteten oder naturnahen Gärten wird Gras oder Rasenersatz mit der Zeit die scharfen Kanten überwuchern und dann die klaren Umrißlinien optisch aufbrechen. Zum Anlegen einer Mähkante eignen sich:

- Ziegel, Klinker
- flache Kieselsteine
- Natursteinplatten
- Betonwerkstein
- Pflastersteine

Der Mähstreifen muß bündig verlegt und nur so breit sein, daß die äußeren Räder des Rasenmähers auf einem festen Streifen laufen können und die Rasenkante sauber geschnitten wird, ohne einen gesonderten zweiten Arbeitsgang mit einem Spezialgerät einzulegen.

Die kurzgeschnittene Rasenfläche läßt die Staudenrabatte mit vielen Blütenpflanzen in zarten Pastelltönen hervorragend zur Geltung kommen.

Wegbegrenzungen: →*Seite 64*
Bodendecker: →*Seite 126, 136*

In diesem streng formal angelegten Garten säumen niedrige, sauber in Form geschnittene Buchshecken den geradlinig verlaufenden Weg. Die Ecken werden durch kugelförmig geschnittenen Buchs betont. Die lebhafte Frühlingsbepflanzung hebt sich gut vom ruhigen Umfeld – vor allem dem efeubegrünten Holzzaun – ab. Breitbuschige Sträucher wie der großblumige und wohlriechende Schneeball *(Viburnum carlcephalum)* oder der etwas höher werdende *Viburnum burkwoodii* lockern die Bepflanzung auf und sorgen vor allem im April/Mai für weitere Blütenfülle.

Als Abgrenzung zwischen Staudenbeeten und Rasenfläche wurden hier zwei Pflasterzeilen angelegt – eine saubere Begrenzung, die vor allem das Mähen sehr erleichtert. Die streng rechtwinklig angelegte Begrenzung wird von Pflanzen aus dem Staudenbeet überspielt. Als Randbepflanzung der Staudenbeete eignen sich vor allem niedrige Blattschmuckstauden wie Bergenien und Funkien, die die ganze Vegetationszeit über einen hübschen Anblick bieten, und deren großflächiges Laub gut zu filigranen Blütenstauden paßt.

Im Nutzgarten bieten sich als Einfassungspflanzen der Gemüsebeete Küchenkräuter wie Petersilie und Schnittlauch an. Die Krause Petersilie kann sogar in Ziergärten als Einfassung niedriger Staudenbeete verwendet werden. Ihre dunkelgrünen, krausen Blätter harmonieren mit fast allen Blütenpflanzen. Auch Erdbeeren sind aufgrund ihrer kompakten Wuchsform bestens als Beetabgrenzung geeignet.

Wunderschöne Herbststimmung in den Kontrastfarben Rot-Grün. Als Einfassungsmaterial des kleinen Beetes am Haus wurden Bruchsteine gewählt, die bestens zur Klinkerfassade passen und im Laufe der Zeit durch Moosbesatz auch schon Patina erhalten haben. Die helle Tonkugel bildet einen hübschen Kontrast zu den dunklen Buchskugeln und dem Eibenkegel. Efeu fungiert als Wandbegrünung und Bodendecker zugleich. Eine naturnahe Bepflanzung mit einzelnen formalen Elementen (Buchskugel und Eibenkegel), die sich hervorragend in ländliche Umgebung einpaßt.

Zu dieser naturnahen Pflanzung paßt der freischwingende, mit Rindenschrot belegte Weg hervorragend. Um eine Trennung zwischen Weg und Beet zu erreichen und das Hineinwandern der Rinde in die Pflanzung zu verhindern, wurde der Weg mit einer Großpflasterzeile eingefaßt. Der braune Belag steht in hübschem Kontrast zu den saftig grünen Bodendeckern links und rechts des Weges. Die schattenverträglichen robusten Bodendecker wie Immergrün (hier die weiße Variante) und blaublühender Storchschnabel wurden hier sehr großflächig verwendet. Blickfang in diesem schlichten Umfeld bildet das liegende Tongefäß.

Der Essigbaum *(Rhus typhina)*, ein bis 4 m hoch werdender Großstrauch, ist vor allem im Herbst ein Blickfang im Garten und eignet sich auch für kleinere Gärten als Hausbaum.

Bäume und Sträucher

Bäume und Sträucher sind wichtige Elemente eines jeden Gartens. Sie wirken raumbildend, grenzen ab und unterteilen. Der Baum am Haus symbolisiert von jeher Schutz und Geborgenheit, und schon ein einziger Baum oder großer Strauch gibt dem Haus einen eigenständigen Charakter. Größere Gehölze sind wichtige Gliederungselemente, die zwischen Haus und Garten vermitteln und das notwendige Raumgefühl entstehen lassen. Sie bieten aber auch Wind-, Sicht- und Lärmschutz.

Neu angelegten Gärten fehlt häufig lange Zeit der wohltuende Eindruck, den alteingewachsene Gärten mit ihrem Gehölzbestand hervorrufen. Dies verleitet dann dazu, bei Neuanlagen viel zu viel zu pflanzen. Kleine, noch unscheinbare Bäumchen oder Sträucher werden dicht an dicht gesetzt, um rasch ein geschlossenes Bild zu erreichen. Bald schon sprengen die Gehölze jedoch den Gartenrahmen, bedrängen sich gegenseitig und können ihre typische Wuchsform nicht entwickeln. Niedliche Koniferen, wie Scheinzypressen und Lebensbäume, Zedern und Fichten, können im Laufe von 10 Jahren zu stattlichen Exemplaren heranwachsen und Haus und Garten in den Schatten stellen. Spätestens jetzt muß ausgelichtet werden, und dann stellt sich gerade bei den immergrünen Nadelgehölzen heraus, daß es durch die Konkurrenz der Nachbarn Kahlstellen oder schiefen Wuchs gegeben hat, der sich kaum mehr regenerieren läßt. Die richtige Auswahl und Anzahl von Gartengehölzen ist also immens wichtig und von langfristiger Bedeutung.

Der Hausbaum

Die Liste schöner Bäume ist lang, die Auswahl schwer – zudem kommt für kleine Gärten nur ein einziges größeres Exemplar in Frage, der sogenannte Hausbaum. Großbäume wie Buche, Linde oder Kastanie scheiden hier von vornherein aus. Sie würden mit zunehmendem Wachstum immer mehr vom Garten beschatten und nicht viel anderen Pflanzenwuchs zulassen. Selbst Rasen gedeiht im Wurzelbereich großer Bäume kaum. Zu große Gehölze in Ihrem Garten machen nicht nur Ihnen zu schaffen, auch den Nachbarn nehmen sie Sonne und Licht weg, was früher oder später zu permanentem Ärger führen kann. Für kleine Gärten eignen sich eigentlich nur Bäume bis zu einer Höhe von ca. 10 m.

Welcher Baum wohin?

Je höher das Haus und je größer das Grundstück, umso größer kann der Baum sein. Flachbauten wirken unter dem Schutz eines breitkronigen Baumes besonders gut. Mehrgeschossige Gebäude auf schmalem Gelände verlangen dagegen schlanke Baumsilhouetten. In sehr kleinen Gärten sollten Sie Gehölze mit lockeren Kronen bevorzugen, da sie transparenter erscheinen. Kleines und helles Laub (Birke, Eberesche, Robinie) wirkt zart und engt den Gartenraum optisch weniger ein.

Ein Nußbaum braucht viel Platz. Ist die Krone noch nicht zu ausladend und dicht, kann die Baumscheibe – vor allem im Frühjahr – bunt bepflanzt werden.

Dunkle Nadelgehölze und bis zum Boden voll beastete Laubbäume können den Garten vollkommen verstellen und abdunkeln. Koniferen lassen sogar im Winter keinen Lichtstrahl durch – am rechten Platz jedoch, vor einer fensterlosen Wand oder im Gartenhintergrund, bilden sie einen permanenten Blickfang und sorgen für grafische Strukturen. Für kleine Gärten sollten Sie vor allem Gehölze wählen, die sich gleich durch mehrere Attribute auszeichnen, so daß Sie monatelang Freude haben. Das Gehölz sollte nicht nur durch eine schöne Wuchsform auffallen, sondern im Frühjahr schöne Blüten tragen und im Herbst mit buntem Laub oder leuchtenden Früchten geschmückt sein, wie dies zum Beispiel bei Zieräpfeln und -kirschen und der Felsenbirne der Fall ist. Vielfach kann auch ein Großstrauch die Aufgabe eines Hausbaumes erfüllen, zum Beispiel: Feuerahorn *(Acer ginnala)*, Kupferfelsenbirne *(Amelanchier lamarckii)*, Kornelkirsche *(Cornus mas)*, Hasel *(Corylus avellana)*, Blasenbaum *(Koelreuteria paniculata)*, Goldregen *(Laburnum anagyroides)*, Essigbaum *(Rhus typhina)*, Holunder *(Sambucus niger)* oder Flieder *(Syringa-Vulgaris-*Hybride).

Der Hausbaum im Vorgarten

Im Vorgarten, in einigem Abstand von Haus und Eingang, etwas asymmetrisch angeordnet, steht ein Hausbaum gerade richtig. Hier sind häufig dauerhafte Pflanzenstrukturen erwünscht. Statt düster wirkender Koniferen können hier auch immergrüne Laubgehölze, zum Beispiel Stechpalmen *(Ilex)*, angepflanzt werden. Niedriger und eher strauchig bleiben Kirschlorbeer *(Prunus laurocerasus)* oder auf sauren Böden *Rhododendron*-Arten. Wollen Sie sich zur Straße hin etwas mehr abschotten, dann wählen Sie Laubgehölze mit großen Blättern aus, etwa den herrlich weißblühenden Trompetenbaum *(Catalpa bignonioides)*, der allerdings bis 15 m hoch und 10 m breit werden kann. Kleiner bleibt der halbimmergrüne Schneeball *(Viburnum rhytidophyllum)*.

Kleine rundkronige Bäume wie die Kugelakazie *(Robinia pseudoacacia* 'Umbraculifera'*)*, der Kugelahorn (*Acer platanoides* 'Globosum') und der Kugel-Trompetenbaum (*Catalpa bignonioides* 'Nana') können in architektonisch geprägten Gärten paarweise eine Eingangssituation

Der Hausbaum sollte in keinem Garten fehlen, ob als Blickfang im Eingangsbereich vor dem Haus oder als Schattenspender an Terrasse oder Sitzplatz.

Oben: Es dauert Jahrzehnte bis die Schein- oder Glockenhasel *(Corylopsis pauciflora)* diese stattliche Größe erreicht und sich im zeitigen Frühjahr über und über mit Blüten bedeckt.

Links: In Hausnähe werden vor allem solche Gehölze gepflanzt, die die Wohnräume nicht zu sehr beschatten, gleichzeitig aber einen schönen Anblick bieten und das Haus großzügig begrünen.

Bäume für kleine Gärten

Botanischer Name	Deutscher Name	Wuchshöhe
Betula pendula 'Youngii'	Trauerbirke	4-6 m
Cercis siliquastrum	Judasbaum	4-6 m
Cornus controversa	Hoher Etagen-Hartriegel	6-8 m
Crataegus laevigata 'Paulii'	Rotdorn	5-7 m
Fraxinus ornus	Blumenesche	8-12 m
Magnolia-Arten/Sorten	Magnolie	5-8 m
Malus-Arten/Sorten	Zierapfel	3-8 m
Nothofagus antartica	Pfennigbuche	5-7 m
Prunus-Arten/Sorten	Zierkirsche/Zierpflaume	3-10 m
Pyrus salicifolia	Weidenblättrige Birne	4-6 m

sehr schön betonen – entweder direkt an der Straße stehend oder im Innern des Vorgartens beidseitig des Hauseinganges.
Der kleine Trompetenbaum bleibt mit 2 m Kronendurchmesser deutlich unter den Maßen von Ahorn und Robinie, die im Alter ungefähr doppelt so breit werden.

Vorgärten: →Seite 200
Innenhöfe: →Seite 228

PFLANZPLAN

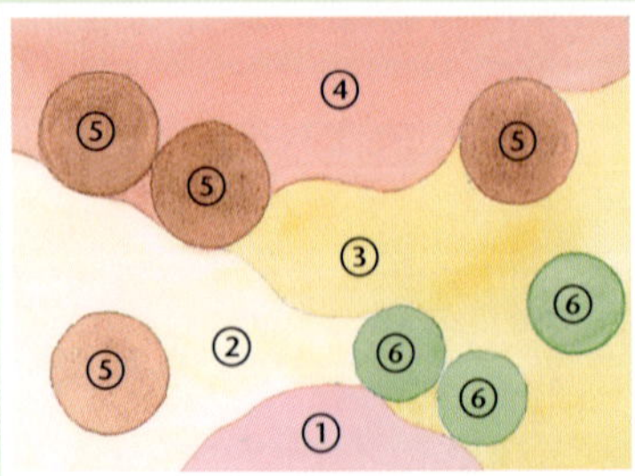

Beetgröße
2,5 x 3 m

Einkaufsliste

- ① 3-5 Irische Heide *(Daboecia cantabrica)*
- ② 10-15 Schneeheide *(Erica carnea* 'Springwood White')
- ③ 15-20 Besenheide *(Calluna vulgaris* 'Gold Haze')
- ④ 20-25 Besenheide *(Calluna vulgaris)*
- ⑤ 4 Gartenazaleen (*Rhododendron*-Hybride)
- ⑥ 3 Japanische Azaleen (*Rhododendron*-Hybride)

GEHÖLZ-PFLANZUNGEN

Am Beispiel dieses Herbstaspektes wird das allgemein zugrundeliegende Pflanzschema einer naturnahen Pflanzung besonders deutlich hervorgehoben. Eine großzügige, flächige Struktur entsteht durch verschiedene miteinander verzahnte Heidekraut-Gruppen. In diesen gemusterten Teppich wurden einige größere Gehölze – hier sind es höhere sommer- und niedrigere wintergrüne Gartenazaleen – locker eingefügt. Durch unterschiedliche Höhenstaffelung der Solitärpflanzen werden innerhalb einer Anlage Tiefe und Spannung erzeugt. Nach diesen Prinzipien lassen sich auch andere Pflanzungen gestalten – egal, ob es sich um Gehölze, Stauden oder Sommerblumen handelt.

Der hier gezeigte Pflanzausschnitt beschränkt sich außer den Heidekräutern auf sommer- und wintergrüne Japanische Gartenazaleen. Dies sorgt für einen absoluten Blühschwerpunkt im späten Frühjahr – durch geschickte Sortenwahl von Ende April bis Anfang Juni.

Der Heidegarten

Eine Heidekrautgesellschaft mit passenden Begleitpflanzen wirkt zu allen Jahreszeiten interessant. Sie kann sowohl im Vorgarten (→ Seite 200), in Steingärten (→ Seite 214) oder Hanglagen (→ Seite 208)

sehr gut eingesetzt und zum Blickfang werden.

TIP

Durch eine leichte dünenartige Bodenmodellierung schaffen Sie günstige Voraussetzungen für eine kleine Heidelandschaft – ein Teich vermittelt zusätzlich Naturnähe.

Heidekräuter *(Erica, Calluna)* sind immergrüne Zwergsträucher, deren Arten- und Sortenspektrum so groß ist, daß Sie nahezu ganzjährig blühende Partien schaffen können. Besonders im Herbst und Winter besteht die Wirkung in der sehr unterschiedlichen Laubfärbung einzelner Sorten, die – wie man auf dem Pflanzplan erkennt, – einem Blühaspekt täuschend ähnlich ist. Durch die verschiedenen Blütezeiten und die langandauernden Knospenstadien werden stetig wechselnde Bilder erzeugt.

Heidekraut und Azaleen

Wie Sie sehen, lassen sich Heidekräuter sehr gut mit Gartenazaleen kombinieren – und zwar in den verschiedensten Farbstellungen. Wählen Sie beispielsweise die hübsche weiße Sorte 'Persil' mit gelbem Auge – sie wird ca. 1,2 m hoch – und setzen Sie dahinter zwei gelbblühende Sorten, eventuell den duftenden, kleinblütigen *Rhododendron luteum* – eine robuste Wildform, die allerdings über 2 m hoch werden kann. Rechts davon eine orangefarbene Hybride, etwa die spätblühende Sorte 'Klondyke', sie bleibt kleiner (um 1,5 m). Diese Gehölze überspielen mit ihrem lockeren Wuchs die Heidepflanzung. Im Herbst leuchten dann noch einmal warme Rot-Orange-Töne auf, wenn das Laub sich verfärbt. Die immergrünen oder halbimmergrünen, niedrigeren und kompakt wachsenden Azaleen bewahren dagegen ihr Aussehen und schmücken sich nur im Frühling mit einem dichten Blütenkleid. Um die Farbharmonie zu erhalten, sollten Sie dunkle blauviolette Sorten bevorzugen, zum Beispiel die Wildart *Rhododendron russatum* und den etwas helleren *Rhododendron impeditum* 'Gristede'. Sie blühen bereits ab Ende April und werden etwa 1 m hoch. Auch ein reines oder dunkles Rot würde noch in die Farbpalette hineinpassen, etwa die Japanische Azalee 'John Cairns'.

Alle Gartenazaleen können natürlich in anderen Farbstellungen ausgesucht werden – die Auswahl ist riesengroß. Achten Sie bei der Pflanzenwahl jedoch immer auf harmonische Farbzusammenstellung, Höhenentwicklung und Blühzeiten.

TIP

Für Heidegärten eignen sich besonders die Latschenkiefer (Pinus mugo) und ihre niedriger bleibenden zwergigen Verwandten. Eine besonders reizende Solitärpflanze ist die Mädchenkiefer (Pinus parviflora 'Glauca') mit bläulicher Benadelung. Sie wächst sehr langsam und strauchartig.

Heidekraut und Nadelgehölze

Einen natürlichen Charakter verbreiten Nadelgehölze wie Kiefer und Wacholder – im Gegensatz zu den vielen anderen Koniferen, die trotz unterschiedlicher Färbung des Nadelkleides eine gewisse Sterilität und Düsterheit verbreiten.

Mit den Säulenformen das Wacholders *(Juniperus communis)* fangen Sie den typischen Charakter einer Heidelandschaft ein. Die senkrechten Elemente gliedern und betonen den flachen Heidekraut-Teppich. Die Lockerheit gewinnen Sie zurück, wenn Sie einen Elfenbeinginster *(Cytisus praecox)*, eine Strauchrose mit Wildcharakter, einige Gräserhorste und Blütenstauden wie Königskerze *(Verbascum)* und Herbstastern *(Aster dumosus, A. divaricatus, A. ericoides)* in die Pflanzung integrieren.

Oben: Große Möglichkeiten für die Unterpflanzung hoher, schlanker Baumkronen bieten immergrüner Kirschlorbeer und Rhododendron.

Unten: Mit verschiedenen Koniferen-Arten und -Sorten lassen sich in Form und Farbe kontrastreiche Anpflanzungen gestalten.

ZIERSTRÄUCHER IM WECHSEL DER JAHRESZEITEN

Wenn Sie Ihren Garten mit Gehölzen rahmen, dann kann dies in Form einer strengen oder aufgelockerten Hecke (→ Seite 110) erfolgen. Wenn die Platzverhältnisse dies nicht erlauben, setzen Sie vor einen Zaun oder eine Mauer einzelne besonders attraktive Gehölze. Damit schaffen Sie das ganze Jahr über immer wieder neue Höhepunkte.

Frühjahr

Zur Frühlingszeit wird in der Natur ein regelrechtes Blütenfeuerwerk entfacht, und es ist nicht einfach, all die schönen Gehölze wirkungsvoll im Garten unterzubringen. Da ist weniger oft mehr. Wenn Sie sich für das knallige Gelb der Forsythien entscheiden, dann setzen Sie daneben die leuchtendroten Blutjohannisbeeren und/oder auch orangerote Zierquitten, die es in vielen Sorten und Höhen gibt. Ein Dreiklang

Oben: Blickpunkt dieser Strauchgruppe ist die goldfarbene *Thuja orientalis* 'Aurea'. Der eiförmig wachsende Strauch wird etwa 1,5 m hoch.

Unten: Für den lichten Schatten – wie hier unter einer Birke – gut geeignet sind zum Beispiel die duftenden, gelben Gartenazaleen *(Rhododendron luteum).*

wird daraus mit Hilfe der reinweißen, locker überhängenden Brautspiere *(Spiraea arguta).*
Etwas später in den Mai hinein bilden violetter Flieder *(Syringa-Vulgaris*-Hybriden*)*, gelber Ranunkelstrauch *(Kerria japonica* 'Pleniflora'*)* und weiße Prachtspiere *(Spiraea vanhouttei)* oder verschiedene weißblühende Schneeball-Arten *(Viburnum)* eine reizvolle Gruppe.
Spätblühende Fliedersorten wie die dunkle 'Andenken an Ludwig Späth' verbinden sich besonders eindrucksvoll mit den langen, gelben Rispen des Goldregens *(Laburnum x watereri* 'Vossii'*)* oder dem duftenden Pfeifenstrauch *(Philadelphus).*

Sommer

Im Juni, dem Rosenmonat, scheint es besonders viele rosablühende Ziersträucher zu geben. Es beginnt mit dem reizenden Perlmuttstrauch *(Kolkwitzia amabilis)* und dem zartlila Verwandten des Schmetterlingsstrauchs *Buddleja alternifolia.* Beide sollten einen möglichst freien Stand bekommen, damit sie ihre volle Schönheit entwickeln können. *Weigelia*-Hybriden in Rot- und Rosatönen bilden zusammen mit weißen und rosafarbenen Deutzien und weißen Pfeifensträuchern *(Philadelphus)* sehr schöne Gruppen.

Tip

Eine duftende Strauchinsel von Frühling bis Herbst erreichen Sie mit Sternmagnolie (Magnolia stellata), Schirm-Heckenkirsche (Lonicera maachii), Zimt-Himbeere (Rubus fruticosus), Wohlriechendem Schneeball (Viburnum carlesii) und Zierquitte (Choenomeles-Hybriden).

Herbst

Der Herbst steht ganz im Zeichen von Fruchtbehang und Laubfärbung und versetzt den Garten nochmals in einen Farbrausch. Man denke nur an die gelb- und rotblättrigen Ahorn-Arten *(Acer)*, Hasel *(Corylus)*, Pfaffenhütchen *(Euonymus)*, Perückenstrauch *(Cotinus coggygria)* und gelb- oder rotfruchtende *Cotoneaster*-Arten.

Winter

Vergessen Sie nicht die bereits im Nachwinter blühenden Raritäten wie Duftschneeball *(Viburnum farreri)*, Zaubernuß *(Hamamelis)* und Winterjasmin *(Jasminum nudiflorum).*

Im Mittelpunkt dieser farblich so harmonisch auf das Holzhaus abgestimmten Bepflanzung steht eine Blauzeder (*Cedrus atlantica* 'Glauca'). Sie ist noch jung, und ihre Äste reichen bis zum Boden. Da sie jedoch locker angeordnet sind, geben sie genügend Bodenfreiheit für eine Unterpflanzung in passenden Blau-, Grün- und Grautönen.

Die blauen Blüten von Rittersporn *(Delphinium)* und Himmelsleiter *(Polemonium)* unterstreichen den Farbton der Zeder noch. Wolkenartig zieht sich gelbgrüner Frauenmantel *(Alchemilla)* unter den hängenden Zweigen hindurch. Zarte Kontraste bilden rosa Storchschnabel *(Geranium)* und weißer Fingerhut *(Digitalis)*.

Unter lichten Laubgehölzen können Sie vor allem im Frühjahr für regelrechte Blütenteppiche sorgen, indem Sie die Gehölze mit Zwiebel- und Knollenpflanzen, aber auch frühjahrsblühenden Stauden unterpflanzen. Hier sorgen Blausternchen *(Scilla sibirica)*, Lerchensporn *(Corydalis cava)* und Christrosen *(Helleborus niger)* in allen Schattierungen von Weiß bis zu dunklem Rot für die ersten Farbtupfer im Frühjahr. Während Zwiebel- und Knollengewächse bald nach der Blüte einziehen, entwickeln die Christrosen erst ihr reizvolles Laub und die langsam vergrünenden Blütenblätter zieren ebenfalls noch lange Zeit das Unterholz.

Einen Waldgarten im Schatten hoher Nadelbäume anzulegen, ist nicht ganz einfach. Auf sauren humosen Böden eignen sich vor allem Rhododendren als Unterpflanzung. Mischen Sie immergrüne Arten mit sommergrünen Gartenazaleen. Besonders die neuen, für kleine Gärten sehr zu empfehlenden *Yakushimanum*-Sorten bestechen auch durch ihren silbrigen Neutrieb. Je nach Sortenwahl können Sie die Blütezeit der Rhododendren von April bis Juni ausdehnen. Eine Lärche können Sie mit Frühjahrsblühern unterpflanzen, denn im Gegensatz zu anderen Nadelbäumen wirft die Lärche ihre Nadeln im Herbst ab, um im Frühling wieder frischgrün auszutreiben.

Wenn alte Obstbäume ihren Zenit überschritten haben und langsam vergreisen – wie hier der Birnbaum – können Sie mit Hilfe von Kletterpflanzen den Baum wieder ergrünen und blühen lassen. Für eine solche Symbiose geeignet sind vor allen Dingen Kletterrosen, aber auch Waldreben *(Clematis)* und Geißblatt *(Lonicera)*, die locker wachsen und der Unterlage noch genügend Luft lassen. Efeu hat zwar den Vorteil schnell zu wachsen und immergrün zu sein, bedrängt den Baum jedoch stärker. Von den Kletterrosen eignen sich die sogenannten Rambler, wie 'Rambling Rector', 'Bobby James' oder 'American Pillar' am besten. Sie schieben ihre langen Triebe schnell hinauf in die Krone und lassen sie dann weich überhängen.

HECKEN – LEBENDE ZÄUNE

Hecken sind lebendige Wände, die in jedem Garten Verwendung finden können. Ihre Vielfalt an Formen, Farben, Strukturen und Höhen ist immens. Sie eignen sich als Einfassung und Einfriedung, als Rahmen und Kulisse für andere Pflanzen, als Raumteiler, Trenn- und Sichtschutzelement. Sie können aber auch als grüne Architekturen zum Selbstzweck werden.

Je nach Gartenstil, Platzangebot und Verwendungszweck unterscheidet man zwischen Formhekken und freiwachsenden Hecken, zwischen Hecken, die nur aus einer Gehölzart bestehen und solchen, die sich aus vielen verschiedenen Sträuchern und Bäumen zusammensetzen.

Kosten einer Schnitthecke

Pflanzenname	Benötigte Pflanzen pro lfm	Stückpreis
Laubgehölze ohne Ballen, Höhe 80–100 cm		
Hainbuche *Carpinus betulus*	2–3	15.– DM
Rotbuche *Fagus sylvatica*	2–3	20.– DM
Liguster *Ligustrum ovalifolium*	3–4	7–10.– DM
Nadelgehölze mit Ballen, Höhe 60–80 cm		
Scheinzypresse *Chamaecyparis lawsoniana*	2–4	25–50.– DM
Eibe *Taxus baccata*	2–4	50–80.– DM
Lebensbaum *Thuja occidentalis*	2–4	25.– DM
Einfassungsbuchs		
Buchsbaum *Buxus sempervirens* 'Suffruticosa' (ohne Ballen)	10–15	15.– DM 2.– DM

Formale, geschnittene Hecken

Geschnittene Hecken sind für kleine Gärten die geeignetste Heckenform. Sie werden ein- bis zweimal jährlich gestutzt und sprengen somit nicht die Dimension des kleinen Grundstücks. Gleichzeitig kann aber der knapp bemessene Raum mit ihrer Hilfe klar gegliedert und durch geschickte Linienführung optisch erweitert und interessant gestaltet werden.

Beeteinfassungen durch niedrige Hecken engen den Blick nicht ein, schaffen eine gewisse Ordnung im Garten oder bringen die Pflanzungen innerhalb der geometrischen Formen gut zur Geltung.

Mannshohe Hecken wirken sich sehr stark auf die Gestaltung des Gartens aus. Sie schaffen abgeschlossene, intime Gartenzimmer oder sie rahmen und schützen zusammen mit Zäunen den gesamten Garten – können aber auch einengen.

Gemischte Schnitthecken aus unterschiedlichen Laubgehölzen, beispielsweise rot- und grünblättrigen Buchen *(Fagus)* oder Berberitzen *(Berberis)* oder nur aus dem gelbgrün panaschierten Liguster bestehend, wirken nicht nur im Herbst, sondern auch in den Sommermonaten sehr lebhaft.

Freiwachsende Hecken

Freiwachsende Naturhecken bestehen aus vielen verschiedenen heimischen Gehölzarten. Sie werden breit und hoch und passen am besten in große Gärten. Für kleine Gärten sind diese Wildhecken viel zu ausladend, aber in abgewandelter Form als Blüten- und Fruchthecke kommen sie auch hier in frage. Breite oder sehr lange Grundstücke können zumindest an einer Seite mit einer Blütenhecke bepflanzt werden. Auch große Vorgärten vertragen einen Gehölzstreifen aus blühenden Ziersträuchern.

Freiwachsende Hecken aus verschiedenen Blütensträuchern brauchen mehr Platz als geschnittene Hecken, wirken jedoch lebendiger und kontrastreicher.

Gemischte Hecken, die auch immergrüne Laub- und Nadelgehölze und einzelne rotlaubige oder panaschierte Sträucher enthalten, bieten ganzjährig Farbigkeit und Struktur.

Niedrige Hecken aus einer einzigen Art sind hervorragend als Einfassungen und zur Abgrenzung geeignet. Für solche Zwecke eignen sich vor allem Zwerggehölze wie die Spiersträucher *(Spiraea),* Fingerstrauch

Auch Obstgehölze eignen sich hervorragend als Heckenpflanzen, vor allem, wenn man sie als Spalier zieht und regelmäßig schneidet.

Blütensträucher für freiwachsende Hecken

Deutscher Name	Botanischer Name	Wuchshöhe	Blütezeit	Blütenfarbe
Berberitze	*Berberis*-Arten	1-3 m	V-VI	gelb
Schmetterlingsstrauch	*Buddleja alternifolia*	2-3 m	VI-VII	purpurlila
Weißdorn	*Crataegus monogyna*	3-4 m	V-VI	weiß
Deutzie	*Deutzia*-Arten/Sorten	0,5-2 m	V-VII	weiß, rosa
Fünffingerstrauch	*Potentilla fruticosa*	0,5-1,5 m	VI-IX	gelb, orange
Schneebeere	*Symphoricarpos* -Arten	bis 2 m	VI-VIII	rosa, weiß
Flieder	*Syringa*-Arten/Sorten	1-5 m	V-VIII	violett, weiß
Tamariske	*Tamarix pentandra*	3-5 m	VII-IX	rosa
Schneeball	*Viburnum*-Arten/Sorten	1-4 m	XI-VI	weiß, rosa

(Potentilla), Hortensien *(Hydrangea macrophylla, H. arborescens)* sowie niedrige Berberitzen *(Berberis)* und Rosen.

***Raumbildung:** →Seite 33*
***Kulissenbildung:** →Seite 37*
***Abgrenzungen:** →Seite 74*
***Vorgarten:** →Seite 200*

FORMSCHNITT

Gartengestaltung mit geformten Pflanzen ist eine alte gärtnerische Kunst, die sich wieder zunehmender Beliebheit erfreut. Neben Hecken zur Rahmung eignen sich geschnittene Laub- und Nadelgehölze als skulpturale Elemente eines Gartens. Solche Pflanzengestalten, in der Fachsprache Topiaries genannt, plazieren Sie dann als Blickfang an ausgesuchten Stellen im Garten. Vor allen Dingen in formalen Gärten, an Eingängen, Durchgängen und Terrassen werden damit wichtige Punkte betont.

Buchsbaum kann zu allen möglichen Formen zurechtgeschnitten werden. Seine kleinen Blättchen ergeben stets eine gleichmäßige Oberfläche und lassen die Figuren deutlich erkennbar werden.

Strenge Formen

Mit Hilfe des Formschnittes wird lebendige Architektur geschaffen. Es entstehen grüne Wandelemente, dicke und dünnere Mauern mit Toren und Fenstern, Säulen, ebene Flächen und Körper sowie Ornamente jeglicher Art. Verwendung finden diese strengen Formen in erster Linie in architektonischen Gärten, sie sind als Blickfänge oder hübsche Kontraste aber auch für andere Gartenstile geeignet.

Freie Formen

Von besonderem Reiz sind frei gestaltete unregelmäßige Formschnitte, die amorphe Gebilde entstehen lassen. Runde, weiche Formen oder unregelmäßige Oberflächen verleihen einer solchen Pflanzung Flächenwirkung oder Struktur.

Kombinierte Formen

Denkbar, gerade für kleine Gärten, sind Pflanzenformen, deren unterer Bereich schmal gehalten wird, so daß mehr Bewegungsraum entsteht. Der über den Kopf hinausragende Teil kann sich dagegen frei entfalten und bildet einen lockeren Schopf.

Zum Formen geeignet

Bevorzugte Pflanzen für den Formschnitt sind Buchsbaum *(Buxus sempervirens)* und Eibe *(Taxus baccata)* als Immergrüne mit feiner und dichter Blattstruktur, so daß sich nach dem Schnitt eine gleichmäßige Oberfläche ergibt. Außerdem sind beide schattenverträglich und verkahlen nicht so leicht von unten, wenn der Lichteinfall bei extremen Formen – zum Beispiel der Kugel – ungünstig ist.

Ebenfalls geeignet sind aber auch:
Hainbuche *Carpinus betulus*
Kornelkirsche *Cornus mas*
Spindelstrauch *Euonymus*-Arten
Japanische Stechpalme *Ilex crenata*
Liguster *Ligustrum vulgare*
Feuerdorn *Pyracantha coccinea*

In Form gebrachte Gehölze bieten immer einen attraktiven Blickfang – wie dieser zu einem Schneckenhaus geformte Buchsbaum, der allerdings schon einige Jahrzehnte hinter sich hat.

PFLANZPLAN

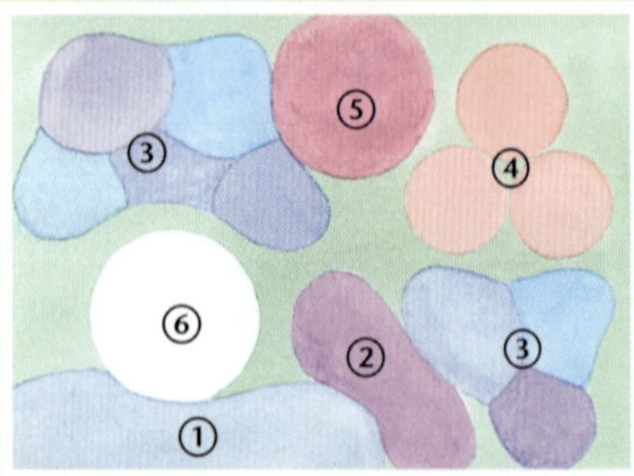

Beetgröße
2 x 3 m

Einkaufsliste

- ① 5 Glockenblumen *(Campanula portenschlagiana)*
- ② 3 Lavendel *(Lavandula angustifolia)*
- ③ 8 Rittersporn *(Delphinium*-Hybriden*)*
- ④ 3 Strauchrosen *(Rosa* 'Blossomtime'*)*
- ⑤ 1 Sommerflieder *(Buddleja-Davidii*-Hybride*)*
- ⑥ 1 Strauchrose *(Rosa* 'Schneewittchen'*)*

ROSEN UND IHRE BEGLEITER

Rosen mit Rittersporn *(Delphinium)* (→ Pflanzplan und Bild) stellt eine der klassischen Pflanzkombinationen dar. Zum einen harmonieren die kühlen Blautöne sehr gut mit dem Rosenrot, vor allen Dingen aber mit silbrigem Rosa. Zum andern bilden die stattlichen, hochaufragenden Ritterspornstauden mit ihren aufrechten Blütenständen einen guten Kontrast zu buschigwachsenden Rosen mit ihren runden Blütenformen.

Ergänzt wird die Pflanzgruppe von niedrigen Partnern, die den Vordergrund des Beetes bestimmen und mit ihrem polsterartigen oder kompakten Wuchs die unteren, leicht kahlen Partien des Rittersporns kaschieren. Von Lavendel und Glockenblumen gibt es sowohl blaue als auch weiße Sorten. Beide Farbtöne sind zur Ergänzung der Pflanzung geeignet. Weißblühende Sorten nehmen die Farbe der zierlichen Strauchrose 'Schneewittchen' nochmals auf und verstärken sie.

Bei der abgebildeten Pflanzung stehen ganz unterschiedliche Rittersporn-Sorten zusammen, ebenso überzeugend wäre es aber, wenn zwei Gruppen aus 3-5 Pflanzen von jeweils einer Sorte gebildet würden. Zu niedrigen Rosenbüschen passen sowohl *Delphinium-Belladonna*-Hybriden, die eine Wuchshöhe von

ca. 150 cm erreichen, als auch die bis 200 cm hoch werdenden *Delphinium-Elatum*-Hybriden. Sind die Rosenbüsche höher – wie bei dieser Pflanzung – sollten Sie aus Gründen der Ausgewogenheit für die Rittersporn-Gruppe die höheren Sorten verwenden.

Der Sommerflieder im Hintergrund ist noch nicht zu voller Größe herangewachsen. Er wird als Partner erst ab Juli/August den Rosen zur Verfügung stehen.

Andere blaublühende Rosenbegleiter

Der Eisenhut *(Aconitum)* hat ein ähnliches Erscheinungsbild wie Rittersporn und auch ähnliche Standortansprüche – an schattigeren Stellen gedeiht er sogar besser als Rittersporn. Sie können ihn anstelle von Rittersporn verwenden oder das Blau mit verschiedenen Eisenhut-Sorten ergänzen. Der heimische, dunkelviolette *Aconitum napellus* kommt im Juli/August zur vollen Blüte und wird über 100 cm hoch. Von dieser alten Bauerngartenpflanze gibt es inzwischen auch eine weiße Sorte. Gut kombinieren lassen sich auch der Bayerische Eisenhut *Aconitum* x *camarum* 'Bicolor' mit seinen weiß-blauen Blüten oder der im Herbst blühende Blaue Eisenhut *Aconitum carmichaelii* 'Arendsii'. Sowohl Eisenhut als auch Rittersporn lehnen sich gerne an größere Gehölze oder eine Hecke an. Im Pflanzbeispiel hier ist es ein Schmetterlingsstrauch (*Buddleja-Davidii*-Hybride), der sich nach seinem Rückschnitt im Frühjahr im Laufe des Sommers bis zu einer Höhe von 250 cm entwickelt, und der in Weiß, Blauviolett oder Purpurfarben erhältlich ist.

Alternativen für die niedrigen Begleitpflanzen bieten in erster Linie die unermüdlich in zartem Hellblau blühende Katzenminze *(Nepeta* x *faassenii)*, Salbei-Arten und -Sorten, aber auch andere niedrigwüchsige Stauden oder einjährige Pflanzen in Weiß oder Blautönen.

Bewährte Rittersporn-Sorten

Sorte	Blütenfarbe	Wuchshöhe
Delphinium-Belladonna-Hybriden:		
'Capri'	hellblau, weißes Auge	100 cm
'Piccolo'	azurblau	80 cm
'Völkerfriede'	azurblau	100 cm
'Kleine Nachtmusik'	dunkelviolett	80 cm
Delphinium-Elatum-Hybriden:		
'Berghimmel'	hellblau, weißes Auge	170 cm
'Lanzenträger'	mittelblau, weißes Auge	200 cm
'Polarnacht'	enzianblau, weißes Auge	170 cm
'Sommernachtstraum'	enzianblau	160 cm

ROSE IST NICHT GLEICH ROSE

Rosen gehören zu den dankbarsten Ziersträuchern, und viele von ihnen erfreuen einen ganzen Sommer lang mit ihren Blüten. Die Größe des Sortiments scheint unerschöpflich zu sein, für jeden Geschmack und jeden Gartenstil ist das Passende zu finden.

Blüten und Blühzeiten

Einfachblühende Rosen mit schalenförmigen Blüten, in deren Mitte zahlreiche gelbe Staubgefäße stehen und die viele Hagebutten hervorbringen, werden im Naturgarten bevorzugt, denn neben ihrem Zierwert sind sie hervorragend als Nahrungsquelle für Insekten und Vögel geeignet.

Unter den Alten Rosen gibt es viele, die nur einmal blühen, dann aber in üppiger Fülle. Sie finden ihren Platz hauptsächlich in romantischen Gärten.

Moderne Rosen garantieren ein gleichmäßiges, langandauerndes Blühen und eignen sich deshalb bestens für Schmuckbeete und Rabatten.

Die sogenannten Englischen Rosen vereinen den Charme alter Sorten mit den heutigen Anforderungen an Krankheitsresistenz, reiches und anhaltendes Blühen sowie Duft.

Hübsche Farbkombinationen

rote Rosen	weiße Madonnenlilien *(Lilium candidum)*
orangerote Rosen	honigfarbene Schlafmützchen *(Eschscholzia)*
rosa Rosen	zartblaue Glockenblumen *(Campanula)*
gelbe Rosen	grüngelber Frauenmantel *(Alchemilla)*
weiße Rosen	leuchtendroter Salbei *(Salvia coccinea)*

Oben: Kontrast der Formen und Farben – die runden Blütenbälle der Rosen wechseln ab mit den vertikalen Linien von Fingerhut und Leinkraut.

Unten: Das Blau der Glockenblumen, das zarte Grün des Frauenmantels und das Grün-Weiß des Rittersporns mildert die grellen Farben der Rosenblüten.

Wuchsformen

Kletterrosen eignen sich für Rosenbögen und Tore, Pyramiden, Girlanden, Pergolen und Spaliere. Sie wachsen in Bäume hinein oder bedecken eine Laube, umranken Zäune und hängen über Mauerkronen herab. Einzelne Sorten wirken auch freistehend gut.

Hochstamm-Rosen sind ausgesprochene Solitärpflanzen, die einzeln in Beeten stehen, ein Rondell betonen, paarweise einen Ein- oder Durchgang flankieren oder reihenweise einen Weg begleiten. Besonderen Reiz haben kaskadenförmige Hochstamm-Sorten, wie etwa die klein- und büschelblütige zartrosa 'The Fairy' oder die großblütige, kräftig rosa blühende 'Rosarium Uetersen'.

Strauchrosen können in Gruppen,

Oben: Blickfang dieser Pflanzung ist die großblumige, gelbe Beetrose. Das helle Rosa von Pfingstrose und Skabiosen wird durch reichlich Grün neutralisiert.

Unten: Bei dieser weißen, vielblütigen Rose werden nach dem Aufblühen die Staubgefäße sichtbar, was den Blüten besonderen Reiz verleiht.

aber auch einzeln gepflanzt werden. Öfterblühende Sorten wie 'Westerland', 'Schneewittchen', 'Centenaire de Lourdes' oder 'Bischofsstadt Paderborn' schaffen einen Blickfang von Juni bis zum ersten Frost und lassen sich auch in Staudenbeete integrieren. Niedrige breitwachsende Strauchrosen eignen sich hervorragend, um große Flächen zu bedecken und pflegeleicht zu gestalten, insbesondere an schwer zugänglichen Hängen. Mit höheren Sorten lassen sich zauberhafte Blütenhecken anlegen.

Beetrosen, vor allem die büschelblütigen, farbintensiven Sorten säumen Eingänge, Terrassen und andere ins Auge fallende Pflanzflächen.

Mit nur einer einzigen roten Sorte erzielen Sie die größte Fernwirkung.

Passende Begleitpflanzen

Die Wirkung von Rosen kann durch passende Begleitpflanzen noch beträchtlich gesteigert werden. Besonders beliebt sind blaublühende Pflanzen, denn sie passen zu allen Rosenfarben gut.

Auch weißblühende Stauden wie die Margerite *(Leucanthemum)* sowie zahlreiche weiße Sorten von bekannten Gartenblumen wie Tränendes Herz *(Dicentra)*, Feinstrahl *(Erigeron)*, Phlox (*Phlox*) und Sommersalbei *(Salvia nemorosa)* bieten sich als Begleitpflanzen an.

Auch zartes Gelb, wie es Fingerstrauch und Fingerkraut *(Potentilla)* Sonnenröschen *(Helianthemum)* und Schafgarbe *(Achillea)* hervorbringen, paßt gut zu den Rosenfarben Rot und Rosa.

Unübertroffen ist die Kombination von roten oder rosafarbenen Rosen mit graulaubigen Gewächsen wie Lavendel, Heiligenkraut *(Santolina)*, Wollziest *(Stachys)*, Salbei- und *Veronica*-Arten oder blaugrauen Gräsern.

Tip

Setzen Sie in Rosenbeete inselartig oder als niedrige Vorpflanzung Frühjahrsblüher wie Traubenhyazinthe und Tulpen oder auch zierliche Gehölze. Damit läßt sich die Pflanzung auch vor der Zeit der Rosenblüte attraktiv gestalten.

Stauden: → ***Seite 120***
Gräser: → ***Seite 128***

Dieses farblich fein abgestimmte Kräutergärtchen mit buntlaubigen Kräutern dient in erster Linie wohl der Zierde.

Beete und Rabatten

Mit Beeten und Rabatten läßt sich ein Garten besonders wirkungsvoll gliedern, da diese Pflanzflächen stets einen Blickfang bilden und in vielen verschiedenen Farbvarianten und Höhenstaffelungen angelegt und jedem Gartenstil angepaßt werden können. In einem formalen Garten haben die Beete klare architektonische Formen, mit Geraden und rechten Winkeln, die die Linien der Wege, Grenzen und Gebäudekanten aufnehmen. In einem freigestalteten oder naturnahen Garten werden sie eher in freier Form in Rasenflächen ausschwingen oder sich an einen Gehölzgürtel anlehnen.

In der Natur wachsen Pflanzen gesellig zusammen. Bestimmte Pflanzenarten herrschen je nach Lage und Bodenart auf einer Fläche vor. Pflanzen mit starker Wuchskraft und Durchsetzungsvermögen breiten sich nach allen Seiten aus und verdrängen dabei schwächere Arten, solange, bis sie ihrerseits Grenzen gesetzt bekommen. Das Wachsen, Blühen, Fruchten und Vergehen unterliegt einem ständigen Kreislauf und richtet sich allein nach den Bedürfnissen und dem Rhythmus der jeweiligen Pflanzengesellschaft. Dabei gibt es Blühhöhepunkte und auch wieder ruhigere Zeiten.

Im Garten hat der Gärtner die Möglichkeit, die Pflanzen so zusammenzustellen, daß Blühhöhepunkte in dichter Abfolge und durch geschickte Arten- und Sortenwahl gänzlich neue Vegetationsbilder entstehen.

Ob Sie großflächige Beete anlegen, die Sie mit bestimmten Pflanzgruppen – Rosen, Prachtstauden, Frühlings- und Sommerblumen – bestücken, oder gemischte Rabatten, auf denen Gehölze, Stauden und einjährige Pflanzen Platz finden, oder nur kleine blühende Inseln im Rasen verteilen, das liegt am Platzangebot, den verschiedenen Standortbedingungen und natürlich Ihrem eigenen Geschmack.

Verschiedene Standortbedingungen

Pflanzen gedeihen am besten, wenn sie auch im Garten den Platz erhalten, den sie aufgrund ihrer natürlichen Herkunft bevorzugen. Bevor Sie also ein Beet oder eine Rabatte bepflanzen, müssen Sie sich über den Standort im klaren sein. Denken Sie auch daran, daß sich mit zunehmendem Alter des Gartens auch die Licht- und Bodenverhältnisse ändern. Beete am Gehölzrand werden immer mehr beschattet, die Wurzeln der Sträucher und Bäume weiten sich immer mehr aus und entziehen bald auch dem Beet Nährstoffe. Unterpflanzungen von Bäumen und Sträuchern müssen im Laufe der Zeit mit immer weniger Licht und Nährstoffen auskommen und werden ihr Gesicht dementsprechend verändern – es sei denn, Sie greifen durch intensive Pflegemaßnahmen (Düngen, Gießen, Auslichten) in das naturgemäße Wachstum ein.

Bei der Bepflanzung von Beeten, Rabatten und Pflanzinseln lassen sich ganz grob die beiden Standortbedingungen sonnig und halbschattig unterscheiden.

Herbstliche Stimmung auf einer bunten Staudenrabatte: Den Spätsommer charakterisieren Dahlien und Sonnenblumen, der Herbst kündigt sich mit hohen Astern an.

Der größte Teil aller Blütenpflanzen bevorzugt einen sonnigen Standort. Sehr stark beeinflußt wird die Pflanzung auch vom vorherrschenden Klima und der Qualität des Bodens – ob mager oder nährstoffreich, sauer oder alkalisch, trocken oder feucht. Pflanzen sind in der Regel äußerst anpassungsfähig. Sie gedeihen auch noch unter ungünstigeren Lichtverhältnissen, dann jedoch läßt ihre Blühwilligkeit nach und der Wuchs verliert an Festigkeit.

Schwerpunkte setzen

Ziel jedes Gartenbesitzers ist der immerblühende Garten. Dies läßt sich auf einem einzigen Beet nur mit sehr viel Kunstgriffen verwirklichen – abgesehen davon, daß Sie sich im kleinen Garten dann auf ein bestimmtes Farbkonzept festlegen sollten. Besser ist es, Schwerpunkte zu setzen und an verschiedenen Stellen – dem Umfeld entsprechend – zu pflanzen.

Zwiebelgewächse

Zwiebelgewächse sind vor allem zu Beginn des Gartenjahres wichtige Farbträger. Abgesehen von den kleinen Frühlingszwiebelblumen und Narzissen, die am besten im Schatten von Gehölzen oder auf Wiesen gedeihen, sind alle anderen Sonnenkinder. In Gruppen oder zusammen mit Frühlingsblumen wie Stiefmütterchen *(Viola)*, Vergißmeinnicht *(Myosotis)* und Maßliebchen *(Bellis)* können Sie sie auf Beeten, gemischten Rabatten und in naturnahen Pflanzungen integrieren. Sie rücken dabei etwas in den Beethintergrund, damit ihr absterbendes Laub von den sich entwickelnden Stauden überwachsen werden kann.

Pflanzungen mit Steppencharakter

Für besonders trockene, sonnige Standorte und auch für Hanglagen können beispielsweise Schwertlilien (*Iris-Barbata*-Hybriden) als Leitstauden fungieren. Pflanzen Sie die verschiedenen Sorten in kleinen Gruppen, um eine bessere Farbwirkung zu erzielen. Neben vielen wärmeliebenden Gräsern, zum Beispiel *Stipa barbata* oder *Helictotrichon sempervirens*, harmonieren Staudenpflanzen wie Schafgarbe *(Achillea millefolium)*, Ochsenzunge *(Anchusa officinalis)*, Karthäuser-Nelke *(Dianthus carthusianorum)*,

Diese breite Staudenrabatte ist nach englischem Vorbild in harmonischen Farbtönen sowie zur Hecke hin höhengestaffelt angelegt.

Rabatten säumen häufig einen Weg oder schließen sich direkt an eine Rasenfläche an. Durch eine feste Begrenzung wird das Mähen erleichtert und verhindert, daß Gras ins Beet wächst.

Sommerliches Staudenbeet in Grau-Weiß-Tönen mit Strauchmargeriten *(Argyranthemum frutescens)*, filigranem Silberblatt *(Senecio bicolor)*, Hornklee *(Lotus corniculatus)* und den kräftigen Blattrosetten der Königsherzen *(Verbascum pulverulentum)*.

Flockenblumen *(Centaurea)*, Perlkörbchen *(Anaphalis triplinervis)*, Zwergalant *(Inula ensifolia)* und viele andere Sonnenstauden.

Der sonnige Gehölzrand

Am sonnigen Gehölzrand können Sie zum Beispiel den Brennenden Busch *(Dictamnus albus)* und die dekorative Schmuckstaude *Acanthus* pflanzen und ihnen Akeleien *(Aquilegia)*, Fingerhut *(Digitalis)*, Mädesüß *(Filipendula)* und Wildastern (*A. linosyris*, *A. ericoides*), sowie das blaugrüne, kleine Gras *Koeleria glauca* zugesellen.

Die gemischte Rabatte

In kleinen Gärten spielt die gemischte Rabatte eine große Rolle. Für sonnige bis halbschattige Lagen kommen vor allen Dingen Rosen und/oder kleinere attraktive Ziersträucher wie *Weigelia* 'Purpurea' oder *Spiraea* 'Antony Waterer' in Frage. In deren Schlagschatten können Sie dann Fingerhut, Astilben, Glockenblumen, Akeleien und Zwiebelgewächse pflanzen. An den warmen, sonnigen Rändern finden niedrige Polsterstauden oder sich flach ausbreitende Bodendecker (→ Seite 126) ihren Platz.

Stauden, sonnig: →Seite 124
Gräser: →Seite 128
Stauden, schattig: →Seite 130

PFLANZPLAN

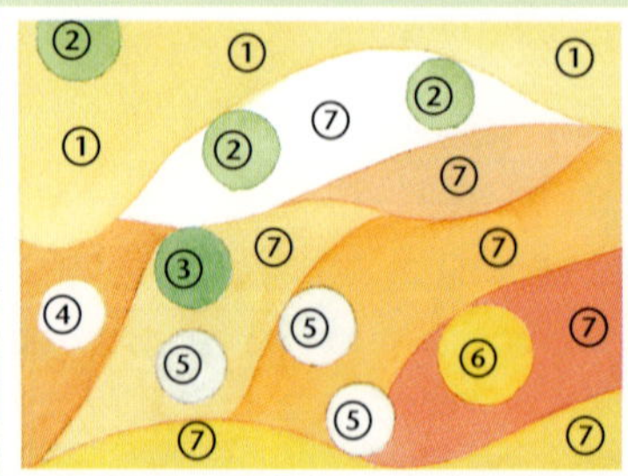

Beetgröße
2,5 x 3 m

Einkaufsliste

① **7-10 Sonnenblumen** ***(Helianthus annuus)***
② **3 Ziermais** ***(Zea mays)***
③ **1 Lampenputzergras** ***(Pennisetum alopecuroides)***
④ **1 Schnee auf dem Berg** ***(Euphorbia marginata)***
⑤ **3 Königskerzen** ***(Verbascum bombyciferum)***
⑥ **1 Strauchmargerite** ***(Argyranthemum frutescens)***
⑦ ***Zinnia, Tagetes, Gazania, Lavatera***

SONNIGE SOMMERBLUMENBEETE

Üppig bunte Blumenbeete und immerwährendes Blühen sind der Wunschtraum eines jeden Gartenliebhabers. Dieses Ziel läßt sich zumindest über einige Monate hinweg mit Hilfe von Sommerblumen oder Stauden erreichen.

Sommerblumen sind fast alle Sonnenkinder und überwiegend einjährige Pflanzen, die in unserem Klima nicht frosthart sind. Wenn die frostempfindlichen Pflanzen nach den Eisheiligen Ende Mai als Sämlinge oder im Gewächshaus vorgezogene Jungpflanzen ins Freie kommen, dauert es ca. 4-6 Wochen bis sie voll entwickelt sind. Doch dann halten viele von ihnen bei entsprechender Pflege bis zu den ersten Frösten im Oktober aus.

Ähnliche Ansprüche an Sonne, Wärme und gute Ernährung stellen auch die kurzlebigen Stauden wie Lupinen, Akeleien, Bartfaden *(Penstemon)* und die nicht winterharten Stauden wie Sommermargerite *(Argyranthemum frutescens)*, Heliotrop und Wandelröschen *(Lantana)*, die auch über Jahre als Kübelpflanzen gehalten werden können und mit zunehmenden Alter stattliche Größe erreichen.

Sommerblumenbeete werden ebenso komponiert wie Staudenpflanzungen (→ Seite 56), das heißt es müssen Höhenstaffelung, passende

Pflanzabstände je nach Wuchskraft sowie Farbkonzepte berücksichtigt werden. In unserem Beispiel wurden alle Höhenabstufungen verwendet, von den niedrigen bodenbedeckenden Gazanien bis hin zu riesenhaften Gestalten wie Sonnenblume und Mais, und es wurde fast ausschließlich die Farbe Gelb verwendet. Braune, rote und violette Farbtöne erscheinen als winzige kontrastierende Punkte. Weiße Blüten und silbriges Laub geben mit dem Grün der Blätter die nötige Spannung.

Sie könnten dieses Bild – eventuell im nächsten Jahr – leicht abwandeln, indem Sie einen Teil der im Vordergrund und in der Mitte stehenden gelben Blumen durch stärkere Kontraste in Blau, Violett oder Rot ersetzen.

► Kontraste in Blau und/oder Violett bringen Heliotrop, Salbei-Arten *(Salvia farinacea, S. patens)*, Verbenen, wie *Verbena rigida* und die meterhoch werdende *V. bonariensis*, die sich wie ein Schleier sehr locker einfügen läßt.

► Auch warme Rottöne harmonieren gut mit dem sonnigen Gelb. Hier eignen sich vor allem Scharlach-Salbei *(Salvia coccinea)* und roter Bartfaden *(Penstemon)*. Zinnien in Dunkelorange und Rot passen ebenfalls zu dieser Pflanzung. Leuchtend orangefarbene Punkte setzen Sie mit *Tithonia*, die bis zu 150 cm hoch werden und ihren Platz vor den Sonnenblumen finden.

► Sehr dunkles Rot können Sie mit dem aparten Fuchsschwanz *(Amaranthus caudatus)*, dem niedrigen Ziertabak *(Nicotiana x sanderae)*, der Schwarznessel *(Perilla)* und der Buntnessel *(Coleus)* einbringen. Sie ergänzen sich auch wunderschön mit dem silbrigen Laub von Königskerzen *(Verbascum)* und Silberblatt *(Senecio bicolor)*.

► Wenn Sie lieber weniger kleinteilig pflanzen möchten, sei als weitere gelbe Alternative der dankbare einjährige Sonnenhut *(Rudbeckia hirta)* genannt. Er wird 40-60 cm hoch und bildet kräftige Horste. Streuen Sie dazu einige Sommerzypressen *(Kochia)* ein. Sie blühen zwar nicht, haben aber feines hellgrünes Laub, das sich im Herbst rot verfärbt.

TIP

Als besonderer Blickfang lassen sich auch Kübelpflanzen in ein Sommerblumen- und Staudenbeet integrieren. Sie sollten in ihren Gefäßen verbleiben oder im Container eingesenkt werden, damit sie im Herbst wieder problemlos ins Haus genommen können.

TIP

Gestalterisch ansprechender wird die Pflanzung, wenn das Wechselspiel von hohen Solitär- und niedrigen Flächenstauden von verschiedenen Gräsern unterbrochen wird, zum Beispiel Lampenputzergras (Pennisetum), Rutenhirse (Panicum), Pfeifengras (Molinia), Chinaschilf (Miscanthus), Gartensandrohr und Rauhgras (Achnatherum).

Oben: Rot ist die dominierende Farbe in dieser Rabatte: feuerrote, rostrote und orangefarbene Blüten kontrastieren mit rotem und grünem Laub.

Unten: Diese Ton-in-Ton-Kombination bezaubert auch noch durch die gekonnte Anordnung und Staffelung verschiedener Wuchsformen.

Sommerblumen: Lückenfüller und Farbträger

Sommerblumen sind die idealen Partner in Staudenbeeten. In neu angelegten Staudenbeeten füllen sie die noch großen Zwischenräume aus, die sein müssen, um die Dauerhaftigkeit einer Staudenpflanzung zu sichern (zu eng gesetzte Stauden behindern sich bald gegenseitig!). Der Sommerflor in der Übergangszeit bietet darüber hinaus die Möglichkeit, mit Pflanzen und Farben spielerisch umzugehen und in aufeinanderfolgenden Jahren Verschiedenes auszuprobieren. Die besten Ergebnisse können Sie dann später immer wieder in Ihre Staudenrabatte aufnehmen, indem Sie niedrige als Vorpflanzung oder in lockeren Tuffs zwischen den Stauden auch höhere Einjährige setzen.

SONNIGE STAUDENBEETE

Bereits im Frühjahr können Sie auf dem Beet mit gelben und orangefarbenen Stauden und Zwiebelgewächsen Schwerpunkte setzen. Wählen Sie Gemswurz *(Doronicum)*, Trollblumen *(Trollius)*, Nelkenwurz *(Geum)* und Narzissen. Später kommen Schafgarbe *(Achillea)* und Nachtkerzen *(Oenothera)* hinzu.

Im Sommer zählen zu den sonnenliebenden Stauden Sonnenblume *(Helianthus)*, Sonnenauge *(Heliopsis)*, Sonnenbraut *(Helenium)*, Sonnenhut *(Rudbeckia)*, Goldrute *(Solidago)* und Mädchenauge *(Coreopsis)*. Von all diesen Gattungen existieren viele verschiedene Sorten, das Farbspiel der Gelbtöne reicht von zartem Hellgelb über Gold- und Orangetöne bis hin zu Kupfer und Rotbraun. Im Hochsommer übernimmt die Sonnenbraut mit ihren zahlreichen Sorten eine Leitfunktion. Schon ab Juli öffnen die frühen Sorten ihre Blüten und die

Oben: Lockeres, naturhaftes Frühsommerbeet, dessen helle Blüten vor dem dunklen Hintergrund besonders gut zur Geltung kommen.

Unten: Sehr schöne Farb- und Formenkombination, eingebettet in hellen Kies, der die Blütenfarben noch mehr leuchten läßt.

späten halten bis Oktober aus. Zu den Dauerblühern zählen *Heliopsis scabra* und *Rudbeckia fulgida* var. *sullivantii* 'Goldsturm'.

Kontraste setzen

Reizvolle Kontraste zu den Gelbtönen liefern das ganze Jahr sparsam eingestreute blauviolette Farbtöne von Sommersalbei *(Salvia nemorosa)*, Feinstrahl *(Erigeron)* und viele Storchschnabel-Arten *(Geranium)*. Aber auch die violette Ähre der Prachtscharte *(Liatris spicata)* und die dunklen Farbtöne der Indianernessel *(Monarda)* mit düsteren Sortennamen wie 'Gewitterwolke' und 'Donnerwolke' setzen Kontrapunkte.

Im Herbst übernehmen die verschiedensten Aster-Arten und -Sorten die farbliche Ergänzung, von niedrigen Kissenastern *(Aster dumosus)* zur Vorpflanzung über kleinblütige Schleierastern wie *A. divaricatus* und *A. ericoides* bis zu den bekannten hohen Glatt- und Rauhblattastern *(A. novi-belgii, A. novae-angliae)* für den Beethintergrund.

Der sonnige Gehölzrand

Eine der wichtigsten Leitstauden im Garten ist die Taglilie *(Hemerocallis)*. Sie übernimmt diese Funktion nicht nur im Staudenbeet und in der Rabatte, sondern auch am son-

Bewährte Sommerblumen fürs Staudenbeet

Botanischer Name	Deutscher Name	Blütenfarbe	Wuchshöhe
Anthirrhinum majus	Löwenmaul	gelb-rot	bis 80 cm
Cleome spinosa	Spinnenblume	weiß/rosa	bis 120 cm
Cosmos bipinnatus	Schmuckkörbchen	weiß/rot	bis 120 cm
Lavatera trimestris	Bechermalve	weiß/rosa	bis 60 cm
Nicotiana sylvestris	Ziertabak	weiß	bis 120 cm
Salvia farinacea	Mehlsalbei	blau	bis 60 cm
Verbena bonariensis	Schleiereisenkraut	blauviolett	bis 120 cm
Verbena rigida	Eisenkraut	rotviolett	bis 40 cm
Zinnia elegans	Zinnie	verschieden	bis 100 cm

nigen Gehölzrand. Gemeinsam mit hübschen Blattschmuckstauden (→ Seite 130), Gräsern (→ Seite 128) und ebenfalls lichten Schatten vertragenden Blütenstauden wie hohen Glockenblumen *(Campanula lactiflora, C. latifolia, C. persicifolia)*, gelben und weißen Felberich-Arten *(Lysimachia punctata, L. clethroides)*, blauem Eisenhut *(Aconitum)*, blauem Ehrenpreis *(Veronica)* und rostrotem Dost *(Eupatorium)* kommen Taglilien hier hervorragend zur Geltung.

BODENDECKER FÜR SONNIGE PLÄTZE

Bodenbedeckende Pflanzen führen zwar im Vergleich zu den prächtigen Solitär- und Leitstauden ein untergeordnetes Dasein, aber im Zusammenspiel aller Gartenpflanzen kommt ihnen eine wichtige Rolle zu.

Flächenbegrünung – einmal anders

Für kleinere Gärten hat eine flächenhafte Bepflanzung stärkere Bedeutung: Sie verleiht dem Grundstück Großzügigkeit und Weite. Eine Miniatur-Rasenfläche und viele kleine Beete zerstückeln den Garten unnötig; eine großflächige Begrünung, die durch einige Solitärpflanzen, eine Findlingsgruppe oder eine Skulptur akzentuiert ist, erweitert den Garten optisch. Als Grünfläche dient aber nicht nur Rasen, auch Bodendecker können diese Funktion übernehmen. In 2-3 Jahren hat sich die Fläche geschlossen und kann sogar ab und zu betreten werden – für eine Dauerbelastung allerdings eignet sie sich nicht!
Gerade unter den sonnen- und trockenheitverträglichen Formen befinden sich viele graulaubige Gewächse, die auch in grau-grünen und blau-grauen Schattierungen vorkommen. Auch dunkelrotes Blattwerk hebt sich wirkungsvoll ab.

Zwergstauden für sonnige Lagen
(alle bis 30 cm hoch werdend)

Alchemilla- Arten	Frauenmantel
Anaphalis triplinervis	Perlkörbchen
Artemisia schmidtiana 'Nana'	Edelraute
Campanula garganica	Glockenblume
Dianthus gratianopolitanus	Pfingstnelke
Iberis sempervirens	Schleifenblume
Oenothera missouriensis	Teppich-Nachtkerze
Saxifraga x *arendsii*	Moos-Steinbrech
Stachys byzantina	Wollziest
Veronica spicata ssp. incana	Silbergrauer Ehrenpreis

Rasenbildende Bodendecker

Zu den rasenbildenden Arten gehören Stachelnüßchen *(Acaena)*, Silberwurz *(Dryas)* und niedrige Fetthennen *(Sedum)*. Besonders empfehlenswert ist das wintergrüne *Sedum spurium* mit seinen rotblättrigen Sorten 'Fuldaglut' und 'Purpurteppich'. Die Teppiche werden nicht höher als 15 cm und sind alle ausgesprochen anspruchslos.
Flache Rasen bilden auch Teppichphlox *(Phlox subulata)* und verschiedene Thymian-Arten.

Polsterstauden

Auch einige polsterförmig wachsende Pflanzen aus dem Steingartenbereich, wie zum Beispiel das weißfilzige Hornkraut *(Cerastium tomentosum)*, eignen sich zur Bodenbegrünung. In der Gemeinschaft mit leuchtenden Frühlingsblühern wie Blaukissen *(Aubrieta)*, Gänsekresse *(Arabis)*, Seifenkraut *(Saponaria)* und Polsterphlox macht es sich besonders gut zwischen Steinen und Platten.

Dieser bunte Pflanzenteppich aus verschiedenfarbigen Thymian-Sorten deckt eine große sonnige Fläche pflegeleicht ab.

Bodendeckende Gräser und Zwerggehölze

Niedrige Gräser, vor allem die Schwingel-Arten, zum Beispiel das hellgrüne Bärenfellgras *(Festuca gantieri)* oder die blaugrauen For-

Auch mit Gräsern und flächig wachsenden Stauden läßt sich eine abwechslungsreiche, pflegeleichte Bodendecke gestalten.

men wie *F. ovina, F. amethystina* und *F. cinerea,* sind zwar keine ausgesprochenen Bodendecker, erfüllen diese Aufgabe aber – in kleinen Gruppen dazwischengepflanzt – in Form hügeliger Polster.
Auch teppichbildende Kleingehölze gehören zur Auflockerung in diese Gemeinschaft. Empfehlenswert sind *Cotoneaster dammeri* in den Sorten 'Streibs Findling' und 'Radicans' – immergrüne und ganz flach am Boden streifende Zwergmispeln, die im Mai/Juni weiße Blütchen tragen und ab August rote Früchtchen ausbilden. Auch *Potentilla fruticosa* 'Arbuscula' und 'Goldteppich', die zwergwüchsigsten unten den Fingersträuchern passen neben Kriechwacholdern und Zwergkiefern in solch einen Pflanzenteppich.

Raritäten in Blau

Zur großflächigen Verwendung eignen sich auch die Chinesische Bleiwurz *(Ceratostigma plumbaginoides)* und der Steinsame *(Buglossoides purpurocaerula)*. Besonders auffallend wirkt die Bleiwurz durch ihr kupferfarbenes Herbstlaub und die daraus hervorstechenden enzianblauen Blütchen.

TIP

Je kleinteiliger und bodennäher das Blattwerk der Bodendecker ist, desto ausgeprägter ist die Flächenwirkung. Durch die Kombination verschiedener Arten und Sorten ergibt sich ein Pflanzenteppich mit lebendigem Muster.

BLICKFANG GRÄSER

Durch ihren Formenreichtum, ihr Wuchsverhalten, das von flachen Polstern bis zu riesenhaften Pflanzen reicht und ihre unterschiedlichen Standortansprüche können Gräser im Garten sehr viele Aufgaben erfüllen und bieten zahllose Kombinationsmöglichkeiten mit anderen Pflanzen. Ihr graziles Linienspiel hebt sie von kompakteren Pflanzen ab, es bildet hübsche Kontraste zu üppigen Blütenstauden, Rosen und Sommerblumen. Ob in Einzelstellung, gruppenweise, als Gliederungselement oder Bodendecke, Gräser sind Partner auf sonnig-trocknen, schattigen oder feuchten Plätzen und am Wasser.

Hier kontrastieren Wuchscharakter (lockere Gräserrispen, steife Edeldisteln) und Farbe (unterschiedliches Grün, rote Vexiernelke) sehr stark.

Gräser als Solitärpflanzen

Die hohen, teilweise in Einzelstellung zu verwendenden Gräser können in kleinen Gärten sogar Gehölze ersetzen. Für diesen Zweck besonders geeignet sind:

Bambus *(Phyllostachys-Arten)*
Pampasgras *(Cortaderia selloana)*
Riesenpfeifengras *(Molinia arundinacea)*
Chinaschilf *(Miscanthus sinensis)*
Rutenhirse *(Panicum virgatum)*

Schön zu allen Jahreszeiten

Zu fast allen Jahreszeiten bieten Gräser einen erfreulichen Anblick, und eine ganze Anzahl von ihnen ist sogar wintergrün. Im Frühjahr sprießen frischgrüne Halme, es bilden sich dichte Horste, die auch gut geeignet sind, vergilbende Zwiebelgewächse und Frühjahrsstauden, die ihre Vegetationszeit bereits beenden, wie Mohn *(Papaver)* und Tränendes Herz *(Dicentra)*, zu verbergen. Im Sommer, wenn sich die ährentragenden Halme teilweise weit über die Blattthorste hinausschieben, verändern sie ihr Gesicht und übernehmen oft eine Führungsrolle. Ein Höhepunkt wird erreicht, wenn sich im Spätsommer und Herbst die Pflanzen gelb, rötlich oder silbrig verfärben und gemeinsam mit leuchtend bunten Stauden, dem Herbstlaub oder auch allein vor dunklem Koniferenhintergrund zur Geltung kommen. Herbst und Winter zaubern mit mildem Licht, Schnee und Rauhreif noch einmal neue Effekte hervor.

TIP

Gräser nicht zu dicht pflanzen und vor allem die größeren nur locker in eine Pflanzung einstreuen oder aber einzeln setzen damit sich ihre Schönheit voll entfalten kann.

Voller Spannung ist auch diese Kombination aus einjährigen Pflanzen, die durch farbliche und strukturelle Unterschiede hervorgerufen wird: schmale Blütenstände (Lampenputzergras) und feines Laub stehen flächigem, großem Laub (Rhizinus) gegenüber.

SCHATTIGE UND HALBSCHATTIGE BEETE

Auch schattige Gartenpartien haben ihren Reiz, besonders der häufige Wechsel des Lichtes sorgt für schöne Stimmungen.

Der Begriff Schatten ist sehr vielschichtig. Die Bepflanzung wird unterschiedlich ausfallen, je nachdem, ob es sich um tiefen oder lichten Schatten handelt, die Pflanzfläche den ganzen Tag im Schatten liegt oder nur einige Stunden.

Pflanzen, die mit weniger Licht auskommen, stammen in den meisten Fällen aus Waldregionen oder dem Gehölzrandbereich. Sie lieben das diffuse Licht und sind dankbar, wenn die Sonnenstrahlen sie morgens und nachmittags erreichen – in praller Sonne nehmen sie leicht Schaden. Die Toleranzgrenze der einzelnen Arten ist dabei sehr unterschiedlich.

Dort, wo kein Sonnenlicht hinfällt, bleibt der Boden feucht und kühl – Kriterien, die die Auswahl geeigneter Pflanzen für diesen Standort sehr einschränken.

Wintergrüne Farne für schattige Bereiche

Botanischer Name	Deutscher Name	Wuchshöhe
Blechnum spicant	Rippenfarn	25-40 cm
Dryopteris affinis	Goldschuppenfarn	bis 100 cm
Dryopteris atrata	Elefantenrüsselfarn	bis 100 cm
Dyropteris erythrosora	Rotschleierfarn	bis 50 cm
Phyllitis scolopendrium	Hirschzungenfarn	30-60 cm
Polypodium vulgare	Engelsüß	20-40 cm
Polystichum aculeatum	Glanzschildfarn	bis 80 cm
Polystichum conchitis	Lanzenfarn	20-50 cm
Polystichum setiferum	Weicher Schildfarn	30-100 cm

Blattschmuckstauden

Schattenpflanzen sind meistens in ihrer Farbigkeit weniger spektakulär – mit Ausnahme der Astilben – als sonnenhungrige Pflanzen. Ihre meist gelben oder weißen Blüten sind bei genauerem Hinsehen aber durchaus wirkungsvoll und kommen gerade im dunkleren Umfeld wunderbar zur Geltung. Schattige Bereiche werden beispielsweise aufgehellt durch die weißen Blütenrispen des Waldgeißbartes *(Aruncus)*, die leuchtend gelben Blütenstände der Ligularien oder weiß- oder hellviolettblühende Funkien *(Hosta)*. Die Schönheit der meisten Wald- und Schattenstauden liegt jedoch häufiger in ihrem Habitus, in Form, Farbe und Struktur ihres Laubes.

Farne und Gräser

Mit schattenliebenden Farnen und Gräsern, die durch ihr filigranes Blattwerk und die verschiedenen Grüntöne auffallen, lassen sich selbst Stellen, an denen andere Stauden nicht mehr gut gedeihen, schön und ausdrucksvoll gestalten. Sie eignen sich aber auch zur Auflockerung zwischen Schattenstauden. In kleinen Gruppen oder als Solitärpflanzen können sich Gräser und Farne aus einer niedrigen Bodendecke herausheben und die ruhige einheitliche Fläche wirkungsvoller gestalten. Einzelne Arten wie die Riesensegge *(Carex pendula)* oder der Goldschuppenfarn *(Dryopteris affinis)* können allerdings einen beachtlichen Umfang annehmen. Die dichten Seggen-Horste mit ihren weit überhängenden, blütentragenden Halmen beanspruchen fast

Funkien *(Hosta)* gehören zu den dankbarsten Schattenstauden. Die Variationsbreite ihres Laubes – farblich wie größenmäßig – ist immens.

Formal angelegter Garten mit Schnitthecke und streng begrenzten Staudenrabatten. Trotzdem entsteht ein lockerer Eindruck.

Wintergrüne Gräser für schattige Bereiche

Botanischer Name	Deutscher Name	Wuchshöhe (Horst, Blüte)
Carex x digitata 'The Beatles'	Schopfsegge	20/35 cm
Carex hachijoensis 'Evergold'	Japansegge	20/30 cm
Carex morrowii 'Variegata'	Weißbunte Japansegge	30/35 cm
Carex pendula	Riesensegge	50/100 cm
Carex plantaginea	Breitblattsegge	20/25 cm
Carex sylvatica	Waldsegge	20/60 cm
Carex umbrosa	Schattensegge	20/30 cm
Luzula nivea	Schneemarbel	20/40 cm
Luzula pilosa	Haarmarbel	10/25 cm
Luzula sylvatica 'Hohe Tatra'	Waldmarbel	30/50 cm

einen Raum von einem Quadratmeter. Sie sollten nur punktuell zwischen die flächig wachsenden Bodendecker gesetzt werden.

Funkien und Partner: →*Seite 135*
Vorgärten: →*Seite 203*
Innenhöfe: →*Seite 228*

PFLANZPLAN

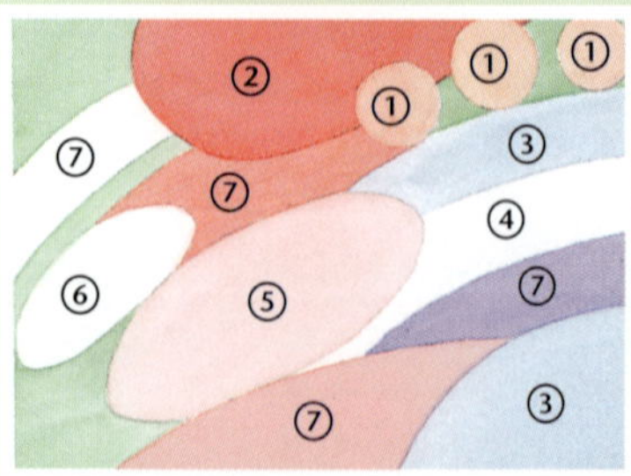

Beetgröße
2,5 x 3 m

Einkaufsliste

① 3 Rosen *(Rosa, z.B. 'Queen Elisabeth')*
② 7 Indianernesseln *(Monarda*-Hybride)
③ 5-10 Ehrenpreis *(Veronica longifolia)*
④ 3 Schlangenkopf *(Chelone obliqua)*
⑤ 3 Fetthennen *(Sedum telephium)*
⑥ 1-3 Funkien *(Hosta*-Hybride)
⑦ *Astilbe, Filipendula, Aster, Geranium*

HALBSCHATTIGE STAUDENBEETE

Unser Bild zeigt eine Gehölzrandsituation, wie sie in jedem Garten vorkommen kann: eine Grenzlage zwischen sonniger und schattiger Partie. Kräftig blühende und farbige Beetstauden sind einerseits mit sonnenliebenden Rosen kombiniert, andererseits geht die Pflanzung mit gerade in Blüte stehenden weißen Funkien *(Hosta)* und niedrigen Begleitpflanzen wie Kaukasusvergißmeinnicht *(Brunnera)*, Elfenblume *(Epimedium)* und Nelkenwurz *(Geum)*, am vorderen und linken Rand in nicht mehr blühendem Stadium, bereits in schattigere Bereiche über. Die wirkungsvollen sommerblühenden Blütenstauden wie Ehrenpreis *(Veronica)*, Mädesüß *(Filipendula)* und Indianernessel *(Monarda)* gehören zu denjenigen Blütenstauden, die schon etwas lichten oder stundenweisen Schatten vertragen. Die erst im Spätsommer und Herbst blühenden *Sedum*-Horste und Wildastern halten das ebenso aus. Auch die sogenannten Schattenpflanzen sind lichttolerant, solange sie nicht an trockenen, warmen Plätzen stehen und der prallen Sonne ausgesetzt sind.

Leitstauden im Gehölzschatten

Neben den Indianernesseln *(Monarda)* gehören vor allen Dingen die ebenfalls im Sommer blühenden

Astilben und vorzugsweise die Wildformen der Taglilien *(Hemerocallis)* zu den wichtigen Leitstauden auf Beeten in halbschattiger Lage.

In ihrer Doppelfunktion als Blüten- und Blattschmuckstauden eignen sich aber auch Pflanzen wie Ligularien, Rodgersien und auch Funkien *(Hosta)* hervorragend als Solitärs, zum Beispiel im schattigen Vorgarten vor einer Mauer oder Hecke oder im Winkel eines Gebäudes. Am schönsten kommen sie aber auch hier zur Geltung, wenn ihnen passende Begleitpflanzen zugesellt werden.

Zu den besonders dankbaren höheren Blütenstauden gehören die weiß-, rosa- oder rotblühenden Herbst- oder Japananemonen *(Anemone*-Hybriden*)*, die Silberkerze *(Cimicifuga)*, deren cremefarbene schlanke Blütenrispen über schönem Blattwerk stehen, der Goldfelberich *(Lysimachia punctata)* und die Sterndolde *(Astrantia major)*. Alle genannten Arten zeichnen sich durch starke Leuchtkraft zwischen oder unter dunklen Gehölzen aus.

Schattenliebende Waldstauden

Noch mehr Schatten vertragen Waldstauden wie der mannshoch werdende Geißbart *(Aruncus dioicus)* und die Liliengewächse Salomonsiegel *(Polygonatum)* und Schattenblume *(Smilacina)*, die zusammen mit größeren Farnen (→ Seite 130) und niedrigen Bodendeckern (→ Seite 136) sehr natürliche Pflanzungen ergeben.

Zu den auf den ersten Blick weniger spektakulären Waldpflanzen gehören auch die Christrosen *(Helleborus)* mit vielen Sorten und Farbvarianten. Diese Frühjahrsblüher wünschen allerdings kalkhaltigen Boden. Zusammen mit den blauen Leberblümchen *(Hepatica)* und rötlichem bis weißem Lerchensporn *(Corydalis cava)* ergeben sie eine herrrliche Frühjahrspflanzung.

Besonderheiten für den Schatten

Zahlreich sind die Pflanzenkostbarkeiten, die sich im halbschattigen und schattigen Bereich und in der Gesellschaft von Gehölzen wohlfühlen.

► Im Frühsommer erblühen die zierliche Goldglocke *(Uvularia grandiflora)*, ein apartes niedriges Liliengewächs mit gelben hängenden Blütenglöckchen, und die Scheinanemone *(Gillenia trifoliata)* mit zartweißen, lockeren Blütenrispen. Durch die rot-gelbe Färbung ihres Laubes im Herbst hat diese Pflanze doppelten Zierwert.

► Auch die Wachsglocke *(Kirengeshoma palmata)* ist hier zu nennen.

Diese im Herbst blühende Staude trägt spitzgelapptes, frischgrünes Blattwerk und nickende, wachsartige, gelbe Blütenglocken. Sie wird 60-80 cm hoch und wirkt, ebenso wie die etwa 60-80 cm hohe Krötenlilie *(Tricyrtis hirta)*, sehr gut in einem Teppich aus niedrigen Schattenstauden.

► Eine andere kostbare Schattenstaude ist der Maiapfel *(Podophyllum peltatum)* mit seinem tiefgelappten Laub, den weißen Blüten und den sich anschließend bildenden Früchten. Da die Pflanze Ausläufer treibt, eignet sie sich auch als Bodendecker.

Oben: Für schattige Plätze sehr gut geeignet sind Waldmeister *(Galium odoratum)* als Bodendecker und Tafelblatt *(Rodgersia)* als Strukturgeber.

Unten: Blütenpracht kann sich auch in etwas schattigeren Gartenbereichen entwickeln. Hervorstechend hier Wald-Geißblatt, Eisenhut und Ziest.

Astilben und Partner

Zu den begehrtesten Blütenstauden für halbschattige Lagen gehören mit Abstand die Astilben, auch Prachtspieren genannt. Prächtig sind sowohl Blütenfülle als auch Farbvariationen. Mit Hilfe zahlreicher Sorten können Sie die gesamte Palette von Rottönen – von zartem Rosa und Lila bis zu dunklem Rot, Violett, Purpur und Karmin – durchspielen und mit lichten, cremefarbenen Sorten Kontraste setzen. Besonders reizvoll wegen ihres geschlitzten Laubes ist *A. simplicifolia*.

Blütenstauden für schattige Bereiche

Botanischer Name	Deutscher Name	Blütenfarbe	Wuchshöhe
Aconitum carmichaelii	Eisenhut	blau	100-140 cm
Anemone hupehensis	Herbst-Anemone	rosa, weiß	80-100 cm
Aquilegia vulgaris	Akelei	blau, rosa, weiß	40-60 cm
Astilbe-Hybriden	Prachtspiere	weiß, rosa, rot	60-120 cm
Campanula latifolia	Wald-Glockenblume	blau, weiß	80-100 cm
Cimicifuga racemosa	Silberkerze	cremefarben	150-200 cm
Digitalis purpurea	Fingerhut	rosa, weiß, purpurn	100-140 cm
Hemerocallis-Arten	Taglilie	gelb, orange, rot	40-110 cm
Hosta-Arten/Sorten	Funkie	weiß, lila	10-120 cm

Eine Ausnahmeerscheinung unter den Astilben ist *A. chinensis* var. *pu-*

Oben: Im lichten Schatten unter Bäumen gedeihen neben Rhododendren auch noch Schlangenknöterich, Storchschnabel und Akeleien.

Unten: Als Blattschmuckstauden für schattige Lagen eignen sich vor allem Funkien *(Hosta),* die es in vielen verschiedenen Sorten gibt.

mila, die Zwergspiere. Sie wird nur etwa 25 cm hoch, bildet durch Ausläufer Teppiche, hat sich auch auf trockeneren Plätzen bewährt und erblüht erst im August/September. Passende, jedoch nur vereinzelt eingesetzte Nachbarn, die gleichzeitig mit den Astilben blühen, sind der rahmweiße Waldgeißbart *(Aruncus parvulus)*, Ligularien oder Rodgersien.

In guter Gesellschaft befinden sich die Astilben, wenn schöne Gehölze aus ihrer ostasiatischen Heimat sie begleiten, etwa verschiedene Schneeball-Arten *(Viburnum)*, Japanischer und Fächer-Ahorn *(Acer japonicum, A. palmatum)*, Hortensien, Bambus, Azaleen und Kolkwitzia. Dunkle Eiben *(Taxus)*, Kirschlorbeer *(Prunus laurocerasus)* und Stechpalmen *(Ilex)* bilden einen ebenso guten Hintergrund wie der dunkellaubige Perückenstrauch (*Cotinus coggygria* 'Royal Purple').

Tip

Mit einer einzigen Riesenfunkie (Hosta elata), einer Blaublattfunkie (H. sieboldiana 'Elegans'), 3-5 Schmalblattfunkien (H. lancifolia) und Lilienfunkien (H. plantaginea var. *grandiflora) sowie 7-10 Wellblattfunkien (H. undulata 'Albomarginata') können Sie äußerst apart eine Schattenfläche von 3-5 m² bedecken.*

Funkien und Partner

Funkien *(Hosta)* gehören aufgrund ihrer herrlichen Blattformen, -farben und -strukturen und ihrer unterschiedlichen Größen mit zu den schönsten Schattenstauden. Die Vielfalt der Arten und Sorten verleitet regelrecht zum Sammeln, und es können äußerst interessante Pflanzflächen entstehen.

Funkien lassen sich sehr schön mit schattenliebenden Farnen und Gräsern (→ Seite 130/131) kombinieren, die aufgrund ihres lockeren Wuchses und der hell- bis graugrünen Farbe für Ausgleich sorgen.

Zum Einstreuen in die von unterschiedlichen Grüntönen geprägte Pflanzendecke kommen höhere Blütenstauden wie Fingerhut *(Digitalis)*, Akeleien *(Aquilegia)*, Nachtviolen *(Hesperis)* und Mondviolen oder Silberblatt *(Lunaria)* in Frage. Mit ihrer unaufdringlichen Farbigkeit und ihrem lockeren Wuchs beleben sie das Feld der Blattschmuckstauden im Gehölzrand und lockern auf.

BODENDECKER IM GEHÖLZSCHATTEN

Schattige Stellen im Garten können sehr gut mit bodendeckenden Stauden bepflanzt werden. Diese Stauden begrünen durch Ausläuferbildung sehr schnell große Flächen. Sie lassen sich allerdings kaum eingrenzen und eignen sich daher eher für freie Pflanzungen. Besonders hübsch präsentieren sich diese Bodendecker im Gehölzbereich in den Frühlingsmonaten, wenn sie gemeinsam mit einer Vielzahl kleiner Zwiebelgewächse, zum Beispiel Schneeglöckchen *(Galanthus)*, Winterling *(Eranthis)*, Blausternchen *(Scilla)* und Anemonen zur Blüte kommen.

Pflegeleichte Bodendecker

Wer auf geschlossene Bestände und weniger auf Vielfalt Wert legt und wenig Pflege investieren möchte, der wählt als Bodendecker am besten Efeu *(Hedera helix)* oder Goldnessel *(Lamiastrum galeobdolon)* aus. Letztere ziert etwas mehr, da sie gelbe Blüten ausbildet und geflecktes Laub besitzt. Die starkwüchsige Sorte 'Florentinum' eignet sich am besten für großflächige Begrünung, 'Variegatum' und 'Silberteppich' eher für kleinere Gärten. Ähnlich verhält es sich mit dem Gundermann *(Glechoma)*. Von ihm gibt es auch eine schwachwüchsigere Sorte mit weißbuntem Laub.

Blühende Frühlingsgesellschaften

► Eine hübsche Gemeinschaft ergibt sich aus Gundermann, blaublühendem Kriechendem Günsel *(Ajuga reptans)* in verschiedenen Sorten, Gefleckter Taubnessel *(Lamium maculatum)* dem unverwüstlichen Waldsauerklee *(Oxalis acetosella)* und dem nahezu immergrünen Veilchen *(Viola odorata)*. Lerchensporn *(Corydalis cava)* und Schneeglöckchen *(Galanthus nivalis)* oder Märzenbecher *(Leucojum vernum)* ziehen nach der Blüte wieder ein.

► Eine andere schöne Kombination besteht aus Haselwurz *(Asarum)*, die sich mit ihrem hübschen rötlich glänzenden Laub ganzjährig im Baumschatten hält, dazu blaublühendes Immergrün *(Vinca minor)*, Waldmeister *(Galium odorata)*, dem Kaukasusvergißmeinnicht *(Brunnera)*, Maiglöckchen *(Convallaria majalis)*, Storchschnabel (*Geranium*-Arten), Farnen und Gräsern.

► Schöne Frühlingsaspekte bilden auch das himmelblaue Gedenkemein *(Omphalodes verna)*, die Schaumblüte *(Tiarella cordifolia)* in weißen und das Lungenkraut *(Pulmonaria)* in blau-rot- und violetten Tönen. Manche Sorten haben zusätzlich silbrig geflecktes Laub, zum Beispiel *P. saccharata* 'Mrs. Moon'. Dazu passen noch die wintergrünen Golderdbeeren *(Waldsteinia ternata)* mit mehr kriechendem Wuchs oder *W. geoides*, die buschig wächst und etwas höher wird. Auch Walderdbeere *(Fragaria vesca)* und Scheinerdbeere *(Duchesnea)* eignen sich für solch eine Pflanzung – erstere liefert obendrein noch schmackhafte Früchte.

► Zu den reizendsten Bodenbegrünern gehören die 20-40 cm hohen Elfenblumen *(Epimedium)*. Im Frühling schmücken sie sich mit cremefarbenen, rosa oder gelben Blütchen, danach ziert ihr lederartiges grünes oder bronzefarbenes Laub den Boden. Es gibt kriechende oder polsterbildende Sorten, einige von ihnen entwickeln eine auffallende Laubfärbung im Herbst, andere sind wintergrün. Die einzelnen Sorten lassen sich sehr gut miteinander kombinieren.

Dschungelartige Anpflanzung aus feuchtigkeits- und schattenliebenden Stauden: Farne, Rodgersien und gelbes Pfennigkraut (Lysimachia nummularia).

Bodendecker für kleine Flächen

Für kleinere Flächen kommen vor allem die schattenliebenden Steinbrech-Arten *(Saxifraga)* in Frage.

Oben: Diese Pflanzenkombination im Halbschatten lebt vom Kontrast zwischen herzförmigem Laub (Funkien) und zarten Blüten (Frauenmantel).

Unten: Der hellgrüne Frauenmantel lockert durch seine zarten Blüten alle Schattenpflanzungen auf – hier mit *Heuchera*-Hybriden.

Zum Beispiel der Moos-Steinbrech *(S.-Arendsii*-Hybriden*)* oder das zarte Porzellanblümchen *(S. umbrosa)*, bei dem sich im Frühsommer über dicht an dicht wachsenden hellgrünen Blattrosetten hochgestielte rosa-weiße Blütenrispen entwickeln. Zu beiden Arten passen Gelber Lerchensporn *(Corydalis lutea)* und das reizende Zimbelkraut *(Cymbalaria muralis)*.

Robust und durchsetzend

Zu den ganz robusten Bodendeckern, die auch unter ungünstigsten Bedingungen im Schatten von Bäumen und Sträuchern überleben, dafür aber andere Pflanzen verdrängen können, gehört der Beinwell *(Symphytum)* – in erster Linie *S. grandiflorum*, eine Wildstaude mit rahmgelben Blüten.

Ebenso widerstandsfähig ist der niedrige Halbstrauch Ysander *(Pachysandra terminalis)*. Seine ledrigen, robusten Blätter sind das ganze Jahr durch grün. Im Frühjahr erscheinen kleine, unscheinbare weiße Blüten, die herrlich duften. Schwachwüchisger sind die panaschierten Formen sowie die Sorte 'Green Carpet'.

Rasenersatz: →*Seite 95*
Bäume, Sträucher: →*Seite 100*
Vorgärten: →*Seite 203*

Ein paar wilde Ecken wird es wohl in jedem Garten geben – sie kommen vor allem Insekten, Vögeln und anderem Kleingetier zugute. In naturnahen Gärten sind sich selbst überlassene Partien eine Selbstverständlichkeit. Dieses Regenfaß zum Beispiel ist von Wildwuchs romantisch umrahmt, ohne unordentlich auszusehen. In naturnahen und bäuerlichen Gärten, aber auch im Nutzgarten ist das Regenfaß ein regelrechtes Muß: Abgestandenes, erwärmtes Wasser ist besonders wichtig für Sämlinge, Neuanpflanzungen und empfindliche Kulturen. Regenwasser ist auch das geeignete Gießwasser für Heidekräuter und Rhododendren.

An kritischen Standorten, zum Beispiel im Schatten von Bäumen und Sträuchern ist eine Bepflanzung oft schwierig und braucht etliche Anläufe, um zu gelingen. Tut man gar nichts, so finden sich mit der Zeit meist ganz von allein reizvolle und malerische Pflanzengesellschaften ein. Hier haben sich rosa, rote und blaue Akeleien angesiedelt, die sich zusammen mit Farnen, Primeln, Gänseblümchen und Narzissen im lichten Gehölzschatten wohlfühlen – ein Gärtner hätte es nicht besser pflanzen können.

In naturnahen Gärten macht selbst ein ungepflegter Steingarten noch einen malerischen Eindruck. In streng formal gestalteten Gärten oder an exponierten Stellen sollte dem Wildwuchs und dem ungezügelten Ausbreiten starkwüchsiger Pflanzen jedoch Einhalt geboten werden. Selbst in naturnahen Gärten gibt es einige Wildpflanzen, die bald den Garten beherrschen würden, wenn man sie einfach wachsen läßt: Auch Maiglöckchen breiten sich manchmal mit ihren unterirdischen Rhizomen sehr schnell aus und überwuchern und verdrängen langsamwüchsigere Pflanzen.

Solch ein bunter Frühlingsgarten unter Gehölzen ist das Werk intensiver gärtnerischer Kunst – wirkt aber trotzdem sehr natürlich und bleibt pflegearm. Blickfang ist die Sternmagnolie mit ihrem ausladenden Geäst, unter dem sich ein interessanter Pflanzenteppich ausbreitet: Hundszahn *(Erythronium)* in unterschiedlichen Sorten mit glänzendem Laub und pagodenförmigen Blüten, Frühlingsknotenblumen *(Leucojum aestivum)* und verblühende Christrosen *(Helleborus niger)* in grüner, gelber und rötlicher Tönung – je nach Lichteinfall.

Auch ein Nutzgarten muß nicht farblos und wenig ansprechend sein. Bunter Zierkohl, Tagetes und Ringelblumen bringen Farbe in die Beete.

Der Nutzgarten

Wer einen Garten hat, möchte in der Regel nicht nur schöne Blütenpflanzen, Bäume und Sträucher um sich haben, sondern auch eigenes Gemüse, Obst und Kräuter anbauen. In einem großen Garten läßt sich das leicht einrichten, aber auch in einem kleinen Garten müssen Sie nicht auf frisches Obst, Gemüse und Kräuter verzichten. Es gibt viele verschiedene Möglichkeiten, innerhalb eines Ziergartens ein Nutzgärtchen anzulegen, entweder auf eigens dafür angelegten Flächen oder in engem Kontakt mit Blumen und anderen Gartenpflanzen. Bunte Bauerngärten, in denen sich seit eh und je das Nützliche mit dem Schönen in idealer Weise verbindet, können hier Pate stehen.

Die Eingliederung der Nutzflächen in den Gesamtgartenraum sollte gründlich durchdacht und geplant sein. Dabei spielen folgende Punkte eine wichtige Rolle:

- Die Nutzpflanzen, vor allem Kräuter sollten vom Haus aus gut erreichbar sein.
- Nutzpflanzen benötigen sehr helle, windgeschützte Plätze mit besonders guten Bodenverhältnissen.
- Zum Nutzgarten gehören oft auch kleine Bauten, wie Frühbeete, Gewächshäuser oder ein Raum zur Geräteaufbewahrung. Und es muß auch mit einem Platz für den Kompost gerechnet werden.

Der getrennte Nutzgarten

Ein eigener kleiner Bereich innerhalb der Gesamtanlage in offener, sonniger Lage, übersichtlich und gut von allen Seiten zugänglich und eventuell durch eine Hecke, eine Sichtschutzwand, Pergola oder eine Mauer vom anderen Garten abgetrennt, ist mit Sicherheit allen anderen Lösungen vorzuziehen. Die Größe der Nutzgartenfläche ist dabei nicht ausschlaggebend für den Ertragsreichtum. Durch Kulturwechsel, richtige Sortenwahl, das Ausnützen der Fläche und Pflegemaßnahmen ist es möglich, selbst auf kleinen Flächen viel anbauen und ernten zu können. Den Übergangsbereich zum Ziergarten können Sie zum Beispiel mit Obstbäumen, Beerensträuchern oder einer Spalierobsthecke gestalten.

Der formal angelegte Nutzgarten

Im formal angelegten Nutzgarten werden die einzelnen Beete meist durch niedrige Hecken aus Buchsbaum (*Buxus sempervirens* 'Suffruticosa'), Lavendel *(Lavandula angustifolia)* oder Edelgamander *(Teucrium chamaedrys)* – alle wintergrün und schnittverträglich – abgegrenzt. Auch niedrige, kissenförmig wachsende Sommerblumen wie Duftsteinrich *(Lobularia maritima)* oder Stauden wie Grasnelke *(Armeria maritima)* eignen sich ebenso zur Begrenzung wie Schnittlauch *(Allium schoenoprasum)* und Petersilie *(Petroselinum crispum)*.

TIP

Ergänzen Sie Ihre Gemüsebeete mit dem leuchtenden Gelb von Ringelblumen (Calendula officinalis), Studentenblumen (Tagetes) oder Kapuzinerkresse (Tropaeolum majus).

Viele phantasievolle Gliederungen sind möglich, so daß zahlreiche kleine Pflanzflächen entstehen, wie folgende Beispiele zeigen:

Gemüse und Blumen in enger Gemeinschaft bieten immer wieder ein reizvolles Gartenbild, vor allem im Sommer. Hier grenzt ein von Tagetes gesäumter Pfad die Beetflächen ab.

- Sie können zum Beispiel die Mitte betonen, indem Sie dort ein Zierbeet mit einem Rosenhochstämmchen anlegen.
- Bei einer sternförmigen Gliederung dagegen kreuzen sich die schmalen Pfade aus Klinker oder Kleinsteinpflaster in der Mitte.
- Wenn Sie bei strahlenförmiger Aufteilung aus dem Kreis ein Achteck machen, entstehen acht Teile, denen Sie einzelne Kulturen zuordnen können. Die Spitzen dieser dreieckigen Beete können Sie, um ihnen eine dekorative Note zu geben, mit Buchskugeln oder -kegeln oder mit jahreszeitlich wechselndem Blumenschmuck betonen.
- Bei allen rasterförmigen Aufteilungen der Beete haben Sie die Möglichkeit, jährliche Fruchtwechsel vorzunehmen und eine Parzelle für Dauerkulturen wie Rhabarber, Erdbeeren und Meerrettich oder auch für ausdauernde Kräuter zu reservieren.

Der „integrierte" Nutzgarten

In einem formal angelegten Garten mit rasterförmiger Gliederung lassen sich sehr gut zwischen Zierpflanzen Flächen mit Gemüse, Obst oder Kräutern einbauen. Durch blühendes Beiwerk wie Sommerblumen und Kräuter können die Nutzflächen auch farblich in das Gesamtbild des Gartens eingebunden werden.

In Gärten, die in freiem Stil angelegt werden, findet sich sicherlich irgendwo im Vorgarten oder im hinteren Gartenteil ein sonniger Platz für Obst und Gemüse. Kräuter können sehr gut in Blumenbeeten und Rabatten untergebracht werden, finden aber auch ihren Platz in Kübeln und Trögen auf der Terrasse oder neben der Haustüre.

In einem naturnahen Garten oder einem Bauerngarten ist das Miteinander von Blumen, Gemüse, Obst und Kräutern von vornherein gewünscht.

TIP

Abgeerntete Flächen können Sie mit Zwischenkulturen wie Radieschen und Kresse schnell wieder begrünen, oder säen Sie auf kahlen Flächen rasch wachsende Blumen wie Gretchen im Grünen (Nigella), Bienenweide (Phacelia) oder Seidenmohn (Papaver rhoeas) aus.

ZIERENDE NUTZPFLANZEN

Wenn der Platz in Ihrem Garten für ein eigenständiges Nutzbeet nicht ausreicht oder die Lage ungünstig ist, dann verwenden Sie die Nutzpflanzen an verschiedenen Stellen einfach wie Zierpflanzen.

Blickfang Obstbaum

Obstbäume am Haus oder als Blickfang und Sichtschutz im Garten können sehr wohl Zier- und Nutzwert vereinen. Apfelbäume zum Beispiel gibt es in allen Größen von Miniatur-Formen für die Gefäßkultur (Ballerinas) über Spindeln, Buschformen bis zu Halb- und Hochstämmen.

Beerentragende Hecken und Spaliere

Häufig lassen sich anstelle von Zier- auch Beerensträucher verwenden. Sie können mit ihnen Staudenrabatten gliedern, einen Sichtschutz anlegen oder mit Hochstämmchen Wege und Ecken betonen. Apfel- und Birnenspaliere lassen sich sowohl als dichte Hecke als auch als niedrige Einfassung der Gemüsebeete oder als Abgrenzung zum Rasen erziehen. Himbeeren und Brombeeren zwischen Pfosten und an Drähten befestigt, ergeben schmale grüne Wände entlang eines Zaunes oder grenzen Gartenräume voneinander ab. Kiwis und Wein beranken Sichtschutzwände und Pergolen.

Eleganter Bauerngarten mit kreuzförmiger Aufteilung. Als Vorbild dienten die alten Klostergärten.

Es dauert mindestens zwei bis drei Jahre, bis ein schön eingewachsener Kräutergarten entsteht.

Nutzpflanzen in Staudenbeeten

Unter den Nutzpflanzen gibt es eine ganze Reihe von Stauden. Die Funktionen von Nutz- und Zierpflanzen verwischen sich ganz besonders im Bereich der Kräuter. Zu den Stauden zählen auch die Dauerkulturen:

► Erdbeeren eignen sich zum Beispiel hervorragend zur Begrenzung von Beeten, als Einfassungspflanzen entlang von Wegen, aber auch zur Bodenbegrünung.

► Rhabarber, der nach der Erntezeit zwar nicht zum Blühen kommen soll, kann sich jedoch vereinzelt zu einer ausgesprochen dekorativen Solitärpflanze entwickeln.

► Auch blühender Meerrettich bildet einen aparten Blickfang.

Ein- und zweijährige Nutzpflanzen

Ein- und zweijährige Gemüse und Kräuter bilden den größten Teil der Pflanzen in einem Nutzgarten. Bei geschickter Auswahl und sorgfältig geplanter Kulturfolge liefert auch ein kleiner Nutzgarten, ja selbst ein einziges Hoch- oder Hügelbeet (→ Seite 146) genügend Erntegut für eine kleine Familie und sieht darüber hinaus auch noch schön aus. Denken Sie nur an die verschiedenfarbigen Salatsorten, an die Kombination von Kohlsorten mit ihren großen derben bläulichgrünen Blättern und dem zarten hellgrünen Möhrenlaub, an die dunkelroten Blätter der Roten Bete und die filigranen Blätter vom Dill oder an verschiedenfarbige Mangold-Sorten.

PFLANZPLAN

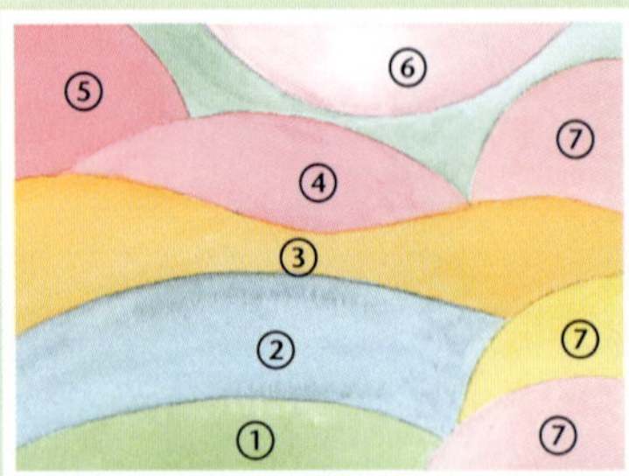

Beetgröße
2 x 2,5 m

Einkaufsliste

① 7-10 Mangold *(Beta vulgaris* var. *vulgaris)*

② 10-15 Lauch/Porree *(Allium porrum)*

③ 20-30 Ringelblumen *(Calendula officinalis)*

④ 10-15 Löwenmäulchen *(Antirrhinum majus)*

⑤ 1-3 Dahlien *(Dahlia*-Hybride)

⑥ 3-5 Flammenblumen *(Phlox-Paniculata*-Hybride)

⑦ Bechermalve *(Lavatera trimestris)* und Tagetes

LIEBENSWERTER BAUERNGARTEN

Dieses Beispiel eines bäuerlichen Gartens läßt sich ebensogut auf kleine städtische Verhältnisse übertragen, denn Gemüse, Kräuter und Blumen – ob Einjährige oder Stauden – können wunderbar miteinander kombiniert und in enger Nachbarschaft angebaut werden. Im engen Hausgarten werden die Reihen etwas kürzer, die Beete etwas kleiner und die Pflanzenauswahl eher darauf ausgerichtet sein, was besonders rar zu kaufen ist oder was frisch geerntet werden sollte – denken Sie nur an taufrische Kräuter oder vollausgereifte Tomaten oder Beeren.

Mehr Ertrag durch geschickte Platzeinteilung

Um den wertvollen Platz gut zu nutzen, sollten Sie so planen, daß zwischen Gemüse mit langer Kulturzeit – wie Tomaten, Bohnen und Kohlarten – solche gesät oder gepflanzt werden, die bereits nach 6-8 Wochen erntereif sind – zum Beispiel Pflücksalate, Kresse, Rettich und Radieschen.

Zwischen breitausladendes Gemüse wie Kohl und Kopfsalat passen Wurzelgemüse wie Möhren und Rettiche oder schmale Gemüsesorten wie Lauch und Zwiebeln.

Flach- und Tiefwurzler wie Erbse oder Radieschen und Möhre ergänzen sich ebenfalls bestens.

TIP

Gestalten Sie Ihren kleinen Nutzgarten nicht nur nützlich, sondern auch farbig. Wählen Sie besonders attraktive Sorten aus, zum Beispiel Mangold mit rubinroten Stielen, und setzen Sie ihn neben den grünen mit weißen Stielen. Rot- und Weißkohl oder verschiedenfarbige Blattsalate lassen sich zu schönen Mustern kombinieren.

- Zu den Starkzehrern mit hohem Nährstoffbedarf zählen fast alle Kohlarten, Tomaten, Sellerie, Lauch, Gurken, Paprika, Mangold, Zucchini und Kürbis.
- Mittelzehrer sind Möhren, Kohlrabi, Rote Bete, Schwarzwurzeln, Zwiebeln, Fenchel, Auberginen, Spinat und alle Blattsalate.
- Schwachzehrer mit niedrigem Nährstoffbedarf sind Erbsen und Bohnen, Radieschen, Kresse und alle Kräuter.

Fruchtwechsel: das heißt abwechselndes Anbauen verschiedener Gemüsearten auf ein und derselben Fläche, verhindert einseitiges Auslaugen des Bodens und fördert die Gesundheit von Boden und Kulturen.

Erfolg durch Mischkultur

Die Mischkultur basiert auf uralten Regeln und Erfahrungswerten, die sich mit der gegenseitigen positiven und negativen Beeinflussung der Pflanzen befassen. Gerade zwischen Gemüsepflanzen und Kräutern gibt es intensive Wechselwirkungen, sei es durch Wurzelausscheidungen im Boden oder durch ätherische Öle hervorgerufene Duftstoffe, mit deren Hilfe die Schädlingsabwehr funktioniert.

Die Prinzipien der Mischkultur stützen sich auf:

Fruchtfolge: Der Nährstoffbedarf von Gemüsepflanzen ist ganz unterschiedlich. Bezogen auf ihren Stickstoff-Bedarf unterscheidet man zwischen Stark-, Mittel- und Schwachzehrern. Sie werden auf ein und derselben gut gedüngten Parzelle nacheinander angebaut, so daß der Nährstoffvorrat im Boden optimal genützt, die Versorgung dem Bedarf der Pflanzen angepaßt wird.

Ungünstige Partner im Gemüsebeet

Bohnen	Erbsen/Fenchel/Lauch/Paprika/Zwiebeln
Erbsen	Bohnen/Lauch/Zwiebeln
Gurken	Radieschen/Rettich/Tomaten
Kohlarten	untereinander/Zwiebeln
Lauch	Bohnen/Erbsen/Rote Bete
Möhren	Sellerie
Rote Bete	Lauch/Spinat
Salate	Sellerie
Tomaten	Erbsen/Fenchel/Gurken
Zwiebeln	Bohnen/Erbsen/Kohlarten/Radieschen/Rettich

HÜGEL- UND HOCHBEETE – KLEIN, ABER ERTRAGREICH

Hügel- und Hochbeete eignen sich ganz besonders für kleine Gärten und überall dort, wo die Bodenverhältnisse eine Gemüsekultur ausschließen.

Das Hügelbeet ist ca. 90 cm hoch und 180 cm breit, seine Länge richtet sich nach dem vorhandenen Platz. Der günstigeren Belichtung wegen sollte es in Nordsüd-Richtung angelegt werden. Durch die gewölbte Form haben Sie auf einem Hügelbeet etwa 1/3 mehr Anbaufläche zur Verfügung als auf einem Flachbeet mit gleicher Grundfläche. Durch den Aufbau des Beetes (40-50 cm hoher Kern aus grob zerkleinerten Ästen und Zweigen oder Stroh, darüber 15-20 cm dicke Schichten aus frischem Kompost, Laub, reifem Kompost, Gartenerde) entsteht im Innern des Beetes durch Verrottung Wärme, die eine mehrfache und reiche Ernte ermöglicht.

Das Hochbeet wird nach dem gleichen Prinzip angelegt, seitlich jedoch mit Holzbrettern oder -palisaden oder auch Steinmaterial befestigt, die dem Beet mehr Halt und Stabilität verleihen.

Bauerngartenblumen für den Frühsommer

Deutscher Name	Botanischer Name	Blütenfarbe
Glockenblumen	*Campanula persicifolia*	blau, weiß
Rittersporn	*Delphinium*-Hybriden	blau, weiß
Bartnelken	*Dianthus barbatus*	rot, rosa, weiß
Fingerhut	*Digitalis grandiflora*	rot
Schwertlilien	*Iris-Barbata*-Hybriden	blau, gelb, weiß
Margeriten	*Leucanthemum-Maximum*-Hybriden	weiß
Feuerlilie	*Lilium bulbiferum*	orangerot
Madonnenlilie	*Lilium candidum*	weiß
Brennende Liebe	*Lychnis chalcedonica*	rot
Pfingstrosen	*Paeonia lactiflora*	rosa, rot, weiß

Oben: Ein Gemüsegarten im Herbst ist besonders reizvoll. Farbenprächtig und dekorativ heben sich vor allem Rotkohl und rotstieliger Mangold von ihrer Umgebung ab.

Unten: Solch ein Kräutergärtchen mit unterschiedlich hohen und verschiedenfarbigen Kräutern, eingefaßt mit geschnittenem Buchs, paßt selbst in einen ganz modernen Garten.

Bepflanzungsbeispiel

Wählen Sie Tomaten als Hauptkultur, die oben auf den Hügel gepflanzt werden. Als ideale Vorkultur säen Sie bereits im Oktober Spinat oder Feldsalat aus, die bis April geerntet werden können. Ende Mai kommen dann die Tomaten ins

Oben: In einem richtigen Bauerngarten sind Obst, Kräuter, Gemüse und Blumen miteinander kombiniert – was gar nicht unschön aussehen muß, wie dieses Beispiel zeigt.

Unten: Ein solches Hügelbeet – mit verschiedenen Gemüsen bepflanzt – paßt in jeden noch so kleinen Garten zu jedem Gartenstil und ist selbst in einem reinen Blumengarten denkbar.

Beet. Die Seiten des Beetes können Sie ab März mit Salaten und Kohlrabi besetzen. Wenn der Salat abgeerntet ist, kommen an seine Stelle Buschbohnen, die ab Juli gelegt werden. Säen Sie gleichzeitig Bohnenkraut! Nach dem Abernten der Bohnen und Tomaten können Sie wieder Spinat, Feldsalat, Kresse oder Winterportulak aussäen.

Achten Sie auch beim Hügel- oder Hochbeet auf Fruchtfolge und Fruchtwechsel (→ Seite 145), günstige und ungünstige Partner.

BLUMEN IM NUTZGARTEN

Ebenso wichtig wie frisches Obst und Gemüse sind für viele Gartenliebhaber Blumensträuße im Haus. Auf den Schmuckrabatten rund um den Wohnbereich werden nur ungern Blumen für die Vase abgeschnitten. Ein buntes Schnittblumenbeet im Nutzgarten oder Sommerblumen zwischen Obst und Gemüse gesät helfen da ab.

Solche Blumenbeete können sehr gut als Rahmen für den Nutzgarten dienen oder als Trennfläche zu Weg oder Wohngarten.

Im Frühling blühen hier als erstes Tulpen, Traubenhyazinthen, Narzissen und Kaiserkronen zwischen Stiefmütterchen, Maßliebchen, Vergißmeinnicht und Goldlack.

Im Frühsommer wird diese erste Pracht von den beliebten Bauerngartenstauden (→ Seite 146) abgelöst, aus denen sich herrliche Blumensträuße schneiden lassen. Dekorative große Sträuße lassen sich aus Rittersporn, Pfingstrosen, Margeriten und Iris zusammenstellen.

Im Hochsommer eignen sich die gelben Sonnenstauden (→ Seite 124) gut zum Schnitt. Vor allem die langstieligen Sorten von *Rudbeckia nitida* in einfacher und gefüllter Form sind sehr haltbar und bilden auch auf dem Beet durch ihre Größe einen schönen Blickfang. In dieser Jahreszeit dürfen natürlich die einjährigen Sommerblumen (→ Seite 122-125) nicht fehlen. Auch Kräuter wie Dill, Fenchel und Borretsch eignen sich gut für bunte Bauernsträuße.

Im Herbst ist Erntezeit für Trockenblumen wie *Helichrysum* und *Limonium,* und es blühen Dahlien, Astern und Chrysanthemen.

Oben: Trog- oder Hochbeete in Betonringen anzulegen, ist eine gute Idee, wenn beispielsweise der Boden für Gemüseanbau nicht tauglich oder nicht genügend Platz vorhanden ist.

Rechts: In diesem bunten Nutzgarten gibt es keine scharfe Trennung zwischen Obst, Gemüse und Blumen, auch wenn die Rabatten am Weg den Zierpflanzen gewidmet sind.

KRÄUTER IM GARTEN

Wenn Sie in Ihrem Garten auch kein Obst und Gemüse kultivieren wollen, für Gewürzkräuter, Heil- und Duftpflanzen findet sich immer ein Plätzchen: Sie können Kräuter entweder anderen Pflanzen zuordnen oder aber ein Beet, eine Rabatte oder sogar ein eigenes kleines Gärtchen anlegen. Solch ein Kräutergärtchen sollte dann möglichst im Sitzplatz- oder Eingangsbereich liegen, um den Duft und das Aroma dieser Pflanzen auch ständig um sich herum zu haben und einatmen zu können. Eine dritte Möglichkeit ergibt sich, wenn Sie die Kräuter – getrennt nach ihren Ansprüchen – in Gefäße setzen und damit Ihre Terrasse und andere Plätze in Hausnähe schmücken.

Das Kräuterbeet

Besonders stattliche Exemplare wie Artischocke *(Cynara)*, Liebstöckel *(Levisticum)* oder Fenchel *(Foeniculum)* werden in den Hintergrund gerückt oder erhalten als Solitärpflanzen einen Sonderplatz. Teppichartig wachsende Arten wie Thymian *(Thymus)* und Tripmadam *(Sedum reflexum)* dienen als Vorpflanzung und zur Einfassung des Kräuterbeetes, mittelhohe Kräuter wie graublättriger Salbei, Origanum, Basilikum in Grün und Rot, Weinraute, verschiedenfarbige Minze-Sorten, Zitronenmelisse und Beinwell bilden den Hauptteil des Kräuterbeetes gefolgt von höheren Arten wie Estragon, Dill und Wermut.

Das Kräutergärtchen

Sie können Ihr Kräutergärtchen nach althergebrachten Mustern des Klostergartens anlegen – entweder mit zentraler Mitte, sternförmig

Wuchsformen, Blattstrukturen und -farben der Kräuter bieten allerhand Kombinationsmöglichkeiten.

Die Kräuterspirale

Auf kleinstem Raum lassen sich verschiedene Gewürzkräuter, sowohl trockenheits- als auch feuchtigkeistliebende Arten und Sorten in der sogenannten Kräuterspirale oder Kräuterschnecke anbauen. Diese kreisförmig angelegte Fläche besteht aus einer flach ansteigenden Trockenmauer, die sich spiralförmig in die Höhe schraubt und die dicht beieinanderliegend ganz unterschiedliche Standorte bietet. Der an der Spitze liegende, trockene, nährstoffarme Standort eignet sich für mediterrane Kräuter, in den abfallenden, nährstoffreicheren Bereichen gedeihen Kerbel, Estragon und Beifuß und am Fuß der Spirale, dem nährstoffreichsten und feuchtesten Teil, finden Petersilie, Schnittlauch, Pfefferminze und Zitronenmelisse ihren Platz.

Kleinere Alternativen

- Ein Trogbeet vor dem Haus oder auf der Terrasse bietet genügend Platz für die wichtigsten Küchenkräuter und dient darüber hinaus als Raumteiler oder Blickfang.
- Töpfe, Kübel und andere dekorative Pflanzgefäße können ebenfalls Kräuter beherbergen und an sonnigen Stellen am Eingangsbereich oder auf der Terrasse plaziert werden.
- Steingärten und Trockenmauern sind beliebte Standorte für mediterrane Kräuter wie Lavendel, Rosmarin, Thymian, Oregano (Dost) und Ysop.
- Treppen und Fugen im Plattenbelag bieten sich an für kissenbildende, trockenheitsliebende Kräuter wie Thymian und Tripmadam.

oder in verschiedene Raster unterteilt oder aber frei, romantisch, vielleicht als Begrenzung der Terrasse oder als Beet oder Rabatte im Eingangsbereich. Die verschiedenen

Kinder sollten ein eigenes Beet im Garten besitzen, wo sie nach eigenem Gutdünken etwas anbauen und ernten können. Besonders geeignet sind Pflanzen, die schnell wachsen, damit die Kinder recht bald einen Erfolg ihrer Bemühungen sehen.

SITZPLÄTZE

Was wäre ein Garten ohne einen oder zwei Sitzplätze zum Genießen im Freien – allein, zu zweit oder zu mehreren.

Die weiße Bank im Schutz der Hauswand ist nicht nur Blickfang, sondern auch Ruheplatz für gemütliche Minuten oder Stunden.

Sitzplätze am Haus

Wer einen Garten besitzt, möchte sich auch, so oft es die Witterung erlaubt, im Freien aufhalten und im Grünen wohnen. Beinahe alle Tätigkeiten lassen sich bei schönem Wetter nach draußen verlagern, ob Essen, Lesen, Schreiben, Spielen, überdies jegliches gesellige Beisammensein mit Familie und Freunden.
Verschiedene Sitzplätze – nahe beim Haus und/oder im Garten – bieten diese Möglichkeiten.

Eine Terrasse direkt am Haus erfüllt viele Voraussetzungen. Positiv sind vor allem die kurzen Wege, alles bleibt in erreichbarer Nähe. Ein Sitzplatz im Garten bietet sich eher als Rückzugs- und Ruhegelegenheit an und bildet den Gegenpol zur Hausterrasse.

DIE TERRASSE – WOHNRAUM IM GRÜNEN

Die Terrasse am Haus ist in den Sommermonaten der eigentliche Wohnraum im Grünen. Sie sollten ihn so großzügig wie möglich bemessen, denn außer der Familie müssen Freunde und Gäste dort untergebracht werden (→ Tabelle Seite 154). Die Terrasse ist in den meisten Fällen dem Wohnbereich zugeordnet, hat einen direkten Zugang vom Wohnraum oder der Küche und ist in südliche Richtung gelegen.

► Auf der Sonnenseite heizt sich die Terrasse im Hochsommer stark auf. Schutz gewähren hier am besten Markisen, Sonnensegel und Schirme. Auch eine teilweise gedeckte Pergola, die sich an die Hauswand anlehnt oder ein Dachvorsprung bieten dauerhaften Schutz bei ungünstiger Witterung oder starkem Sonnenschein.

► Eine große Terrasse kann mit Hilfe von Kübelpflanzen, einer Sichtschutzwand, einem Paravent oder einem hochgelegenen Zierteich in kleinere Bereiche untergliedert werden.

► Sicht- und Windschutz von den Seiten bieten Mauerscheiben, Holzwände, Hecken und Spaliere. Reine Rankelemente brauchen jedoch einige Jahre bis sie eingewachsen sind.

► Wenn es die Situation Ihres Gartens zuläßt, sollten Sie noch ein Extraplätzchen auf der Ostseite zum Frühstücken und eines auf der Westseite, um die letzten Sonnenstrahlen zu genießen, einrichten.

► Es gibt Situationen, in denen die Terrasse nicht die gewünschte Exposition hat. Dann kann es durchaus sinnvoll sein, sie zugunsten eines größeren Sitzplatzes im Garten zu begrenzen (→ Planskizze Seite 52, hier wurde das Holzplankendeck in Südlage schmal gehalten und dafür der Gartensitzplatz unter einer Pergola erweitert).

TIP

Verwenden Sie für den Belag Ihrer Sitzplätze möglichst nur ein Material für den gesamten Bereich, eventuell ein zweites zur Gliederung und/oder Einfassung. Optimal ist es, wenn die Beläge in den Garten überleiten.

Dieser Sitzplatz im schmalen Gartenhof wurde auf einem Rondell angelegt und erhält durch das halbrunde Mäuerchen besondere Betonung.

Terrassenbeläge

Der Wohnraum im Freien steht in enger Beziehung zum häuslichen Wohnbereich. Darum kommt der Auswahl von passenden Materialien bei der Ausstattung der Terrasse große Bedeutung zu. Einen nahtlosen Übergang erreichen Sie, wenn innen und außen derselbe Belag (Marmor, Fliesen) gewählt wird.

TIP

Längs- oder quer verlaufende Pflaster- oder Plattenverbände verlängern oder verbreitern die Flächen optisch. Auch kreisförmige und quadratische Muster wirken raumvergrößernd.

Natursteinplatten sind wesentlich teurer als andere Materialien, dafür aber sehr edel und haltbar. Sie bestehen meist aus Granit, Sandstein, Schiefer oder Travertin/Marmor. Der Preis variiert je nach Material, Herkunft, Oberflächenbehandlung und Art des Verlegens. Im Außenbereich muß der Belag frosthart sein.

Betonsteinplatten sind viel preiswerter als Natursteinplatten und in vielen Formen, Farben und Oberflächenstrukturen erhältlich. Edler sind Betonsteinplatten mit Natursteinvorsatz, bei denen auf die Oberfläche eine Schicht aus gemahlenem natürlichem Gestein aufgepreßt wird.

Flächenbedarf für eine Terrasse (Mindestfläche)	
Sitzbank (2 m lang)	ca. 3 m^2
quadratischer Tisch (80 x 80 cm) + 4 Stühle	ca. 10 m^2
rechteckiger Tisch (160 x 80 cm) + 6 Stühle	ca. 12 m^2
runder Tisch (ø 120 cm) + 8 Stühle	ca. 15 m^2
Sitz- und Liegeterrasse	ca. 30 m^2
Sitz- und Liegeterrasse + Grillgelegenheit	ca. 35 m^2

Natursteinpflaster ist griffig, haltbar und läßt das Oberflächenwasser gut versickern. Durch seine Unebenheit stehen Sitzmöbel allerdings nicht immer stabil, und in den Fugen bleiben Tisch- oder Stuhlbeine oft stecken. Es wird vor allem zur Gliederung größerer Flächen und als Belag für Restflächen genutzt. Das kleine Format eignet sich gut für Rundungen, Kurven und Ecken.

Plätze werden zum Beispiel sehr gerne rund oder halbrund gestaltet. Mit Kleinsteinen (8-10 cm) oder Mosaiksteinen (4-6 cm) in unterschiedlichen Farben lassen sich auch aufwendige Ornamente gestalten. Vor allem dort, wo Terrasse oder Sitzplatz in Wege übergehen sind Muster angebracht.

Betonpflaster ist billiger und im Gegensatz zu Natursteinpflaster leichter zu verlegen, weil der Kunststein gleichmäßiger ausgebildet ist. Sie bekommen es in verschiedenen Farben und mit unterschiedlicher Oberflächenstruktur.

Klinkerpflaster besitzt einen etwas rustikaleren Anstrich und wird vor allem in ländlichen Bereichen und überall dort eingesetzt, wo Klinker auch beim Hausbau verwendet wurden. Es kann sehr gut mit Kleinpflaster kombiniert und in ganz verschiedenen Mustern verlegt werden. Quadratische Pflasterklinker wirken – ähnlich wie Fliesen – etwas großzügiger.

Holzdecks sind in naturnahen Gärten eine preiswertere Alternative zu Naturstein und bieten sich vor allem an, wenn die Terrasse aufgeständert wird oder als Deck über einen Teich ragt.

Holzpflaster gibt es als Rundholz- oder Kantholzpflaster, das in verschieden großen, runden oder kantigen Holzabschnitten erhältlich ist und ebenfalls in Mustern verlegt werden kann. Als Terrassenbelag ist Holzpflaster nicht unbedingt zu empfehlen, da es zu uneben ist und große Fugen hat, was die Standfestigkeit der Gartenmöbel sehr beeinträchtigt. Holzbeläge nicht an schattigen, feuchten Stellen verlegen – sie werden rutschig und setzen Algen an.

Rundungen charakterisieren diesen Garten. Blickfang ist der rundgepflasterte Sitzplatz, dessen Kreisform noch durch geschnittene Gehölze betont wird.

Oben: Dieser idyllische Sitzplatz – umrahmt von blühenden Gehölzen, Stauden und Kübelpflanzen – ist durch eine Hainbuchenhecke gut abgeschirmt.

Unten: Dieser kleine Gartenhof bietet unterschiedliche Sitzgelegenheiten, wobei der Blick immer auf den im Zentrum liegenden Teich fällt.

Kosten verschiedener Beläge

Belag	Materialkosten pro m²	Einbaukosten pro m²
Kunststein (Beton)	45.- bis 65.- DM	25.- bis 45.- DM
Klinker	70.- bis 90.- DM	40.- bis 60.- DM
Natursteinplatten	200.- bis 400.- DM	70.- bis 120.- DM
Holzplankenbelag (Lärche gehobelt, 10x3 cm)	70.- bis 90.- DM	40.- bis 70.- DM
Unterkonstruktion für Holzbelag (Vierkant ca. 6x8 cm)	12.- bis 16.-DM	10.- bis 15.- DM
Einfassung mit Betonkeil (überdeckt mit Humus)	Material und Einbau	10.- bis 65.- DM
Einfassung mit Großstein auf Mörtel	30.- bis 65.- DM	35.- bis 60.- DM
Tragschicht mit Verdichtung	10.- bis 15.- DM	15.- bis 30.- DM

Wege: →Seite 62
Beläge: →Seite 68
Sitzplätze im Garten: →Seite 168

Deutlich abgegrenzt vom Garten wird dieser vollsonnige Sitzplatz am Haus durch eine Trockenmauer aus Natursteinen. Ein Streifen Kalkschotter trennt Mauerbereich und Rasen.

Übergang Terrasse – Garten

Sind Wohnraum, Terrasse und Garten niveaugleich miteinander verbunden, entsteht ein Gefühl der Weitläufigkeit. Doch nicht überall sind solch günstige Verhältnisse gegeben. Vorhandene Höhenunterschiede werden am besten durch flach ausgezogene Böschungen oder möglichst breit angelegte, flache Stufen ausgeglichen. Wenig vorteilhaft sind dagegen steile, kurze Böschungen, über denen die Terrasse dann wie auf einem Präsentierteller liegt. Als bessere Lösung erweist sich hier ein Sitzplatz, der wie bei einem Hanggrundstück (→ Seite 208) von einer Stützmauer abgefangen und in Sitzhöhe begrenzt wird. Solch eine niedrige Einfriedung vermittelt Geborgenheit, grenzt das Gebäude aber klar vom Garten ab. Auf und vor das Mäuerchen können Sie dann Blumentöpfe und Kübelpflanzen als Ersatz für das fehlende Terrassenbeet stellen.

Ein hübscher Aspekt ergibt sich auch, wenn die Terrasse ein bis zwei Stufen tiefer als der Garten liegt und eine niedrige Trockenmauer (→ Seite 76) den Sitzplatz umgibt. Lassen Sie in so einem Fall ruhig hie und da niedrige Strauchrosen oder andere lockere Gewächse über die Mauerkante in die Terrasse hereinhängen.

Als Übergang zum Garten bietet sich im Anschluß an eine sonnige Terrasse ein Blumenbeet als Blickfang an – ob in der Ebene oder in mehr oder weniger leichter Hanglage richtet sich nach den Gegebenheiten.

TIP

Eine Terrasse ist sogar als freitragende Plattform denkbar, die sich auf Stützen gestellt über den Garten erhebt. Solch eine leichte Konstruktion – meist aus Holz und Stahlrohr – sollten Sie nur mit wenigen Kübelpflanzen schmücken und versuchen, durch kleine Bäume und Sträucher, die von unten und den Seiten her die Terrasse eingrünen, Terrasse und Garten zu verbinden.

Begrenzt von duftenden Rosen

Duftende rote, rosa oder gelbe Rosen eignen sich für romantische oder nostalgische Gärten am ehesten. Niedrige Beetrosen – etwa 50-60 cm hoch – bilden den Schwerpunkt der terrassenbegrenzenden Pflanzung. Bei einer etwas steileren Böschung können auch ausschließlich Bodendecker-Rosen verwendet werden. Kombinieren Sie die Rosen mit graulaubigen oder blaublühenden Pflanzen (→ Seite 114). In den trockeneren Randbereichen und in der Übergangszone vom Stein- oder Holzbelag der Terrasse zum Beet sind niedrige Gewächse wie Wollziest *(Stachys byzantina)*, Ehrenpreis *(Veronica incana)*, Thymian *(Thymus)* und Schleierkraut *(Gypsophila repens)* die idealen Begleiter. Wer es noch blauer mag, kann Lavendel *(Lavandula)*, Salbei *(Salvia)*, Katzenminze *(Nepeta)* und Bartblume *(Caryopteris)* einzeln oder in kleinen Gruppen zwischen die Rosen setzen.

Vermittelnde Stauden

In freigestalteten und naturhaft angelegten Gärten übernehmen Wiesenstauden eine gute Vermittlerrolle zwischen Terrasse und Garten, vor allem wenn das Gelände frisch und feucht ist oder sich in Terrassennähe ein Teich befindet. Den Schwerpunkt der Pflanzung bilden Wieseniris *(Iris sibirica)* und Taglilien *(Hemerocallis)*, beides Pflanzen mit grasartigem Laub, das über Monate hinweg seine Form und Schönheit behält. Diese Stabilität ist gerade im Terrassenbereich, der ja ständig den Blicken ausgesetzt ist, von besonderer Wichtigkeit. Ergänzen Sie die Pflanzung mit Margeriten *(Leucanthemum)*, Glockenblumen *(Campanula)*, Hahnenfuß *(Ranunculus)*, Himmelsleiter *(Polemonium)* und Storchschnabel *(Geranium)* und einigen wenigen lockerwachsenden Gehölzen wie Fächer-Ahorn *(Acer palmatum)*, Eberesche *(Sorbus aucuparia)* oder Flieder *(Syringa)*.

Steine und Zwerggehölze

Die Terrassenrandbepflanzungen werden in hängigem, aber auch in ebenem Gelände nicht selten steingartenähnlich gestaltet (→ Seite 214) – eine gute Lösung für sonnige und trockene Standorte. Die Terrasse geht zunächst ebenerdig in eine Fläche über, in die einige größere Gesteinsbrocken – passend zum Belag – eingesenkt werden. Daran angelehnt werden kleinere Laubgehölze und Zwergkoniferen gepflanzt, zum Beispiel Kriechkiefer (*Pinus mugo* var. *pumilio*), Nestfichte (*Picea abies* 'Nidiformis') oder Kriech-Wacholder (*Juniperus communis* 'Hornibrookii'), der unregelmäßige Polster bildet und dessen Zweigspitzen leicht bogig wachsen. Etwas Besonderes ist der ebenfalls kriechende Zwerglebensbaum *(Microbiota decussata)*. Zwischen den kleinen Gehölzen finden dann farbenfrohe Steingartenstauden und Zwiebelgewächse ihren Platz.

Im formalen Garten bieten niedrige geschnittene Hecken eine hübsche Terrassenbegrenzung. Die Verbindung zum Garten kann passend dazu durch einen Rosenbogen hergestellt werden.

Der sonnige Sitzplatz auf der Reihenhaus-Terrasse wird durch eine verputzte Mauerscheibe wirkungsvoll vom Nachbargrundstück abgegrenzt. Die helle Wand vergrößert optisch die Terrasse. Der daran anschließende Holzzaun ist dicht mit Knöterich bewachsen, so daß der Sichtschutz eine grüne Wand bildet, die jedoch nicht zu viel Platz in der Tiefe benötigt. Untypisch für einen kleinen Reihenhaus-Garten ist der direkt an die Terrasse anschließende Teich mit üppiger Ufervegetation.

Diese Terrasse wird von Gehölzen und Staudenbeeten farbenfroh eingerahmt – ihr besonderer Reiz liegt jedoch in den zahlreichen Kübel-, Trog- und Topfpflanzen, die links und rechts des Sitzplatzes verteilt sind und ganz unterschiedliche Pflanzen und Pflanzengruppen beherbergen. Teilweise handelt es sich um Zimmerpflanzen, die in den Sommermonaten ihr Quartier im Freien bekommen – auf der Terrasse sind sie gut aufgehoben.

Leicht erhöhter, gepflasterter Terrassensitzplatz in einem formal angelegten Garten. Die gepflasterten Rondelle aus Kleinsteinmosaik reihen sich kunstvoll aneinander und beleben den Sitzplatz auch in den Wintermonaten. Die Bepflanzung ist passend zum Stil des Hauses elegant in Grau, Rosa und Weiß gehalten. Zwei immergrüne Hochstämmchen flankieren die Terrassentür, ihr Pendant bilden die beiden graulaubigen weidenblättrigen Birnen-Hochstämmchen, die den Übergang von der Terrasse zum Garten markieren.

Hier stehen Haus und Terrasse wie Pfahlbauten im Wasser. Das moderne und nach ökologischen Gesichtspunkten errichtete Haus mutet etwas asiatisch an. Verstärkt wird dieser Eindruck durch die Findlinge im Wasser und den immergrünen Bambus. Während Haus und Terrasse streng grafisch gestaltet sind, wurden Garten und Teich eher natürlich angelegt und bilden nun einen nicht uninteressanten Kontrast. Terrasse und Haus scheinen über der Wasserfläche zu schweben und sind unmittelbar in den Naturraum mit einbezogen. Sogar das Dach wurde zur Grünfläche.

SCHÜTZENDE KLETTERPFLANZEN

Kletterpflanzen sind unverzichtbar, wenn es darum geht, sich durch Grün relativ rasch den Blicken aus der Nachbarschaft zu entziehen. Ganz besonders in kleinen Gärten sind sie willkommen, weil sie entsprechend ihrem Wuchscharakter wenig Platz am Boden beanspruchen und sich willig nach Bedarf leiten lassen.

Wichtige Voraussetzung für eine Begrünung mit Kletterpflanzen sind die Art der Unterlage, die Gebäudesituation, der Standort und das Ziel, das Sie mit der Pflanze erreichen möchten. Das Wuchsverhalten entscheidet wiederum über die Art der Kletterhilfen. Kletterpflanzen besitzen kein eigenes steifes Gerüst aus Stamm und Ästen, man muß ihnen künstlich einen Weg bahnen.

Einjährige Kletterpflanzen

Einen schnellen, allerdings nur saisonalen Sichtschutz erhalten Sie, wenn Sie Holz- oder Metallgerüste mit einjährigen Kletterpflanzen wie Japanhopfen *(Humulus scandens)*, Zierkürbis *(Cucurbita pepo)* oder Feuerbohne *(Phaseolus)* begrünen. Mit diesen Pflanzen können Sie innerhalb einer Vegetationsperiode dichte grüne oder buntblühende Wände errichten und einen ausgezeichneten Sicht- und Windschutz schaffen.

Mehrjährige Kletterpflanzen

Einen andauernden Sichtschutz erhalten Sie mit mehrjährigen Kletterpflanzen, die mit der Zeit immer dichter und höher werden und von denen eine ganze Anzahl durch sehr schöne Blüten oder besonders schönes Herbstlaub auffällt. Immergrün sind Efeu *(Hedera helix)*, Kletterspindel *(Euonymus fortunei* 'Vegetus'*)* und Geißblatt *(Lonicera henryi)*.

Duftende Kletterpflanzen

Nicht nur Sichtschutz sondern auch noch zarten Duft liefern Ihnen außer den Kletter-Rosen noch die Blüten von Geißblatt *(Lonicera periclymenum)*, Jelängerjelieber *(Lonicera caprifolium)* und Geißschlinge *(Lonicera* x *heckrottii, L.* x *tellmanniana)*.

Leichte Gittergerüste eignen sich hervorragend als Raumteiler und Sichtschutz. Je nach Konstruktion und Art der Bepflanzung sind sie transparent oder vollkommen blickdicht.

Mit Kletterpflanzen – ob einjährig oder ausdauernd – an Spalieren oder in mobilen Kästen lassen sich für Terrasse und Sitzplätze praktische Abgrenzungen schaffen, die je nach Art der Bepflanzung für alle Gartenstile geeignet sind.

Mit transparenten Stahlgittergerüsten, an denen Kletterpflanzen emporwachsen, lassen sich einfach und vielseitig am Haus oder im Garten geschützte Sitzplätze einrichten.

Ausdauernde Kletterpflanzen

Deutscher Name	Botanischer Name	Blütenfarbe	Blütezeit
Strahlengriffel	*Actinida arguta*	weiß	VI-VII
Akebie	*Akebia quinata*	purpur	IV-V
Pfeifenwinde	*Aristolochia macrophylla*	gelbgrün	VI-VIII
Trompetenblume	*Campsis radicans*	gelborange	VII-IX
Waldrebe	*Clematis*-Arten	verschieden	IV-X
Knöterich	*Fallopia aubertii*	weiß	VII-X
Hopfen	*Humulus lupulus*	grünlich	VII-VIII
Kletterhortensie	*Hydrangea petiolaris*	weiß	VI-VII
Wilder Wein	*Parthenocissus*-Arten	gelbgrün	VI-VII
Blauregen	*Wisteria sinensis*	blau, weiß	IV-V

Pergola: →*Seite 70*
Zäune: →*Seite 76*
Kleinarchitekturen: →*Seite 82*
Hausbegrünung: →*Seite 220*

PFLANZPLAN

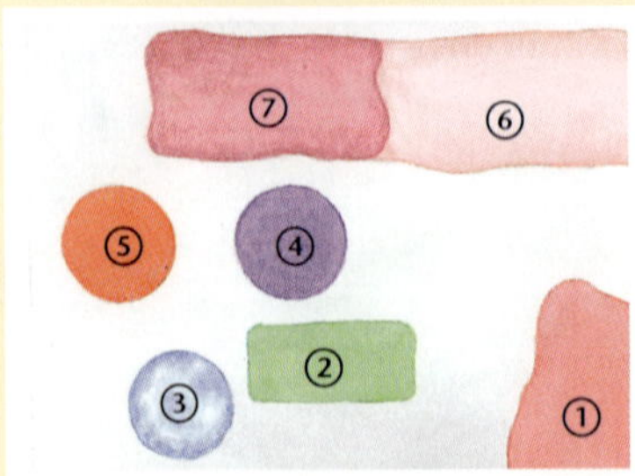

Größe
2 x 2,5 m

Einkaufsliste

① **5 Ziertabak *(Nicotiana x Sanderae)***
② **10-20 Basilikum *(Ocimum basilicum)***
③ **5-7 Stiefmütterchen *(Viola x wittrockiana)***
④ **5-7 Leberbalsam *(Ageratum houstonianum)***
⑤ **5 Hängegeranien *(Pelargonium peltatum)***
⑥ **7-10 Schmuckkörbchen *(Cosmos bipinnatus)***
⑦ **3-5 Dahlien *(Dahlia-Hybriden)***

TERRASSEN-BEGRÜNUNG

Diese Terrasse ist vollständig eingerahmt von bunten Blumen, die verwendeten Pflanzgefäße, vor allem die Terrakotten, vermitteln ein südliches Flair.

Auf einer Seite der Terrasse bringt eine Spalierwand den gewünschten Sichtschutz. Hier können sowohl ausdauernde als auch einjährige Schlingpflanzen verwendet werden. In unserem Beispiel sind es blaublühende Winden *(Ipomoea tricolor)*, die allerdings ihre Blüten nur bei voller Sonne in den Vormittagsstunden öffnen.

Schmale Pflanzstreifen um die Terrasse herum können mit Beetstauden oder Sommerblumen in verschiedenen Farben bepflanzt werden. Verschiedene Geranien-Sorten *(Pelargonium)* in Töpfen nehmen die Rottöne noch einmal auf. Die Schale mit Stiefmütterchen verrät, daß diese Frühjahrsblüher noch lange nicht am Ende sind. In einem gesonderten Kasten finden auch noch Kräuter Platz.

TIP

Ist die Terrasse großzügig bemessen, dann ist es wichtig, die Fläche zu untergliedern. Hier können große Pflanzgefäße, ein Zierbecken oder ein Kamin zum reizvollen dauerhaften Blickfang werden.

Tip

Besondere Attraktivität verleihen auch geschnittene Gehölze in Kübeln (→ Seite 112). Paarweise können sie Eingänge ins Haus oder Übergänge in den Garten flankieren, aufgereiht eine große Terrasse unterteilen oder Sichtschutz bieten, gruppenweise eine Ecke verschönern.

Kübelpflanzen – für jede Geschmacksrichtung etwas

Pflanzen in Gefäßen sind für jeden Garten unverzichtbare Schmuckelemente, eignen sich aber ganz besonders zum Begrünen von Terrassen, Atriumgärten oder Innenhöfen (→ Seite 228). Der Pflanzenauswahl sind fast keine Grenzen gesetzt, denn nahezu alle Pflanzen wachsen in Töpfen, entwickeln sich jedoch nicht so stark wie ausgepflanzte Gewächse, da ihren Wurzeln nur ein begrenzter Raum zur Verfügung steht. Entscheidend für die Pflanzenauswahl ist der Zweck, den Sie mit den Kübelpflanzen verfolgen wollen und welche Überwinterungsmöglichkeiten Sie den nicht frostharten Pflanzen bieten können.

Blickfang übers Jahr

Suchen Sie nach dauerhaften Strukturen auf Ihrer Terrasse, dann bieten sich Solitärpflanzen aus der Gruppe der Koniferen und immergrünen Laubgehölze an. Kombinieren Sie zum Beispiel Kiefern *(Pinus)*, Wacholder *(Juniperus)*, Stechpalme *(Ilex)* und Buchsbaum *(Buxus)* mit Laubgehölzen, die das Erscheinungsbild auflockern. Einen zarten Blütenschleier im Frühling breiten zum Beispiel Zierapfel *(Malus)* und Zierkirsche *(Prunus)* oder Schneeball-Arten *(Viburnum)* aus. Leuchtendrotes oder -gelbes Herbstlaub bieten verschiedene Ahorn-Arten *(Acer)*. Auch Rhododendren eignen sich hervorragend zur Kübelbepflanzung, sie verbinden sogar immergrünes Blattwerk mit leuchtendem Blütenflor im Frühjahr. Eine exotische Wirkung verbreiten verschieden hohe Bambus-Arten *(Phyllostachys)*.

Je nach Jahreszeit können Sie mit Frühjahrs-, Sommer- oder Herbstblühern in entprechenden Töpfen und Schalen sowie Farben Ihrer Wahl ergänzen.

Für den Frühling wird bereits im Herbst vorgesorgt, wenn Narzissen- und Tulpenzwiebeln gemeinsam mit Stiefmütterchen *(Viola)*, Maßliebchen *(Bellis)* und Vergißmeinnicht *(Myosotis)* in Gefäße gepflanzt werden. Für die Herbstpflanzung eignen sich kleinblütige Stiefmütterchen besser als die großblumigen Hybriden, die müßten Sie dann erst im Frühjahr dazupflanzen.

Sommerliche Blütenpracht

Viele bunte Blumentöpfe zu einer Gruppe zu arrangieren, ist nicht unbedingt vorteilhaft. Es kommt in erster Linie darauf an, die Pflanzen höhenmäßig zu staffeln und farblich aufeinander abzustimmen.

Ein repräsentatives, etwas nostalgisches Arrangement bilden eine Palme *(Phoenix)*, Bananenstaude *(Musa)*, Yucca, einige *Canna*-Pflanzen oder ein Hochstämmchen, die in den Mittelpunkt eines großen Gefäßes gesetzt werden. Als Unterpflanzung in den großen Gefäßen eignen sich alle niedrigwachsenden Balkonpflanzen, aber auch einjährige Sommerblumen.

Zu einem eher ländlichen Stil passen zum Beispiel rote Geranien *(Pelargonium)*, gelbe Pantoffelblumen *(Calceolaria)*, blaue Männertreu *(Lobelia erinus)* und weiße Margeriten *(Argyranthemum frutescens)*.

Als Bindeglieder zwischen hohen und niedrigen Pflanzen eignen sich Ziertabak *(Nicotiana* x *sanderae)*, diverse Salbei-Arten *(Salvia farinacea, S. coccinea)*, Köcherblümchen *(Cuphea ignea)*, einjähriger Sonnenhut *(Rudbeckia hirta)* und die reizende blaue Kapaster *(Felicia amelloides)*.

Wenn Sie sehr elegante, also ruhigere und strengere Arrangements lieben, dann versuchen Sie es doch

Kübelpflanzen

für sonnige Standorte (nicht winterhart)

Seidenpflanze	*Asclepias curassarica*
Bougainvillee	*Bougainvillea*-Arten
Gewürzrinde	*Cassia*-Arten
Hammerstrauch	*Cestrum*-Arten
Strauchmargerite	*Argyranthemum frutescens*
Zitrusgewächse	*Citrus*-Arten
Roseneibisch	*Hibiscus rosa-sinensis*
Wandelröschen	*Lantana-Camara*-Hybride
Oleander	*Nerium oleander*
Bleiwurz	*Plumbago auriculata*
Granatapfel	*Punica granatum*
Tibouchina	*Tibouchina urvilleana*

für halbschattige Plätze (nicht winterhart)

Engelstrompete	*Brugmansia*- Arten
Fuchsien	*Fuchsia*-Sorten
Neuseeländer Flachs	*Phormium tenax*
Klebsame	*Pittosporum tobira*
Bambus	*Pseudosasa japonica*
Sternjasmin	*Trachelospermum jasminoides*
Nachtschatten	*Solanum*-Arten

Oben: Asiatisch anmutender Sitzplatz am Haus. Sichtschutz bietet ein hübscher Flechtzaun aus Holz, vor dem der grazile Bambus und die rosarot blühenden Rhododendren besonders gut zur Geltung kommen.

Unten: Sitzplätze lassen sich besonders interessant gestalten, wenn sie mit Pflanzen – Gehölzen, Stauden und Sommerblumen – in Töpfen bestückt sind, die je nach Jahreszeit in Form und Farbe variieren.

Oben: Herbstlicher Sitzplatz, den die Farben Grau und Rosa prägen und der durch die hübschen Terrakotten mit graulaubigen Pflanzen, wie Lavendel und Wermut, eine gewisse südländische Atmosphäre ausstrahlt.

Unten: Ganz mediterran wirkt diese Terrasse, auf der vor einer weißen Hauswand alle möglichen sukkulenten Pflanzen, wie Aloe, Agaven, Dickblattgewächse und Euphorbien, in verschiedenen Gefäßen plaziert sind.

einmal mit Töpfen gleichartiger Pflanzen, etwa den Liebesblumen *(Agapanthus)*, die mit ihren lilienartigen blauen oder auch weißen Blütenschöpfen hoch über riemenartigem Laub stehen. Oder stellen Sie Töpfe mit gleichfarbigen Blütenpflanzen oder Blütenpflanzen Ton-in-Ton zusammen.

Eine zurückhaltende Variation in Grau-Blau und Grau-Grün bieten Töpfe und Kästen, in denen Kräuter gedeihen, zum Beispiel Lavendel, Salbei, Rosmarin und Thymian. Sie sind Duftspender, Bienenweide und Gewürz zugleich. In Terrakotten gepflanzt, bekommt das Ganze mediterranen Charakter.

Eine romantische Bepflanzung erreichen Sie mit verschiedenen, oft sogar auch noch duftenden Topfrosen in Rot, Rosa und Weiß, denen Sie Lavendel, Katzenminze *(Nepeta)* und Schleierkraut *(Gypsophila)* beifügen können.

TIP

Bei der sommerlichen Bepflanzung sollten Sie vor allem auf duftende Gewächse Wert legen. Weiße und pastellfarbene Pflanzen am Rand der Terrasse entfalten ihre Wirkung besonders in der Dämmerung.

Fernöstliches Flair

Mit Hilfe von Paravents oder einfachen Schilfmatten können Sie sich Wind- und Sichtschutz verschaffen. Pflanzen in schönen chinesischen Keramikgefäßen davorgestellt, bringen fernöstliches Flair auf die Terrasse. Typisch für die asiatische Stilrichtung sind Kiefer, Bambus, Zierkirsche und der dem Buchsbaum ähnliche *Ilex crenata*. Als stilvolle Besonderheit können Sie noch eine Bonsai-Pflanze ins Blickfeld rücken.

Rosen: → Seite 116
Nutzgarten: → Seite 140
Kräuter: → Seite 148

DER TRAUM-SITZPLATZ

Voraussetzung für einen solchen Traumsitzplatz ist genügend Sonneneinstrahlung. Pralle Hitze läßt sich leicht durch eine Pergola und Zugluft durch Wände oder Hecken abfangen. Wandelemente aus Stein oder Holz speichern die Sonnenwärme bis in den Abend hinein. In solch einem mediterran anmutenden Kleinklima gedeihen vor allem sonnenhungrige und wärmeliebende Kübelpflanzen prächtig und verbreiten südliche Atmosphäre.

Gemütlicher kleiner Gartensitzplatz erhöht auf einer Holzplattform vor bezaubernder Kulisse.

Schöne Tongefäße (Terrakotten) verstärken diesen Eindruck noch. Damit der Sitzplatz das ganze Jahr über Farbe zeigt, sollten größere Töpfe und Schalen mit jahreszeitlich wechselndem Blumenschmuck gefüllt werden. Für den Frühling bieten sich in erster Linie Tulpen, Hyazinthen und Narzissen an, verbunden mit ausdauernden kleinen Gehölzen wie etwa *Viburnum carlesii* oder Duftschneeball *(Viburnum farreri)*, der seine Blüten bereits ab November öffnet. Setzen Sie diesen Strauch am besten an den Rand des Sitzplatzes, damit Sie ihn auch vom Wohnraum aus im Blickfeld haben.

TIP

Vollendete mediterrane Stimmung entsteht, wenn Sie als Belag frostbeständige Terrakottafliesen wählen. Steht genügend Platz zur Verfügung, können Sie am Rand der Terrasse kleine Kräuterbeete anlegen, in denen die wichtigsten und wärmebedürftigsten Arten gut erreichbar wachsen.

Ab Mitte Mai, nach den Eisheiligen, halten Kübelpflanzen und Sommerblumen Einzug. Umgeben Sie Ihren Traumsitzplatz nicht nur mit blühenden, sondern auch duftenden Pflanzen. Oleander und Heliotrop duften nach Vanille, den imposanten Engelstrompeten *(Brugmansia)* und den in allen Regenbogenfarben leuchtenden Blüten der Wunderblume *(Mirabilis jalapa)* entströmt ein süßlicher Geruch. Wer es furchtiger mag, wählt Zitrusfürchte oder duftende Blattpelargonien. Wenn Sie genügend Platz haben, dann umgeben Sie Ihren Sitzplatz mit Wicken, Levkojen, Goldlack, Nelken und Reseda. Auch duftende Rosen mit Madonnen- und Königslilien in einem Teppich von weißem Duftsteinrich *(Lobularia maritima)*, der nach Honig riecht, trägt einen Sommer lang zu Ihrem Wohlbefinden bei. Viele Duftpflanzen verbreiten ihren Geruch vor allem bei Wärme in der Dämmerung und nachts, so daß der Sitzplatz an warmen Sommerabenden besonders zum Träumen einlädt.

Dieser Sitzplatz wird sicherlich häufig benützt werden: Er liegt sonnig, durch immergrüne Nadelgehölze vor nachbarlichen Einblicken geschützt, umgeben von blühenden Pflanzen und mit Blick auf einen kleinen Teich.

Wirkungsvoll hebt sich dieser intime kleine Sitzplatz auf einem Holzrondell von der Rasenfläche ab und fügt sich auch in den kleinsten Garten ein.

Sitzplätze im Garten

Auch in kleinen Gärten ist es sinnvoll und schön, neben der Terrasse am Haus, einen zusätzlichen Gartensitzplatz einzurichten – zumindest aber mobile Sitzgelegenheiten zu schaffen.
Gartensitzplätze werden nach ganz anderen Gesichtspunkten ausgewählt. Sie sollen eine Alternative zur Terrasse am Haus darstellen und können weniger komfortabel ausgestattet sein. Bei der Material- und Farbwahl sind Sie freier und nicht so sehr an den Stil des Hauses gebunden. Sie können entscheiden, ob sich die Sitzgruppe harmonisch und unauffällig in die pflanzliche Umgebung einpassen oder als Blickfang dienen soll.

Der Sitzplatz im Garten wird häufig als Gegenpol zur Terrasse angelegt – ausgesprochen schlicht oder als repräsentativer Pavillon.
In formal gestalteten Gärten behält auch der Zweitsitzplatz einen achsialen Bezug zum Haus und der übrigen Anlage. Damit ergeben sich gleichzeitig klare Blickbeziehungen. In frei gestalteten Gärten kann dieser Bezug hergestellt werden, muß aber nicht.

Dauerhafte Gartensitzplätze

Wählen Sie einen Standort aus, der Ihnen als Ergänzung zum Terrassensitzplatz dient – beispielsweise eine sonnige Frühstücksecke oder einen Platz, der die Nachmittags- und Abendsonne einfängt, einen Ort zum ungestörten Sonnenbaden oder aber ein romantisches Schattenplätzchen für den Hochsommer. Optimal ist ein Standort, der Geborgenheit vermittelt und doch Ausblicke in den Garten und auf das Haus zuläßt.
Besonders wichtig ist ein Hintergrund, der sowohl optischen Halt als auch praktische Rückendeckung gibt. Vorhandene Mauern, Zäune oder Hecken bieten sich an. Am besten geeignet sind Nischen oder Winkel, von zwei oder drei Seiten umschlossene Plätze, die guten Wind- und Sichtschutz genießen. Dieser Schutz läßt sich auch nachträglich durch den Bau einer Laube mit begrünten Seiten- und Rückwänden (→ Seite 88/89) schaffen.
Die Größe des Sitzplatzes richtet sich nach den Nutzungsgewohnheiten Ihrer Familie und nach den vorhandenen Platzverhältnissen. Die Ausstattung des Sitzplatzes hängt wiederum von seiner Größe und dem Stil des Gartens ab.

Der Grillplatz – ein Platz zum Feiern
Wenn Sie gerne feiern und die Größe Ihres Gartens es zuläßt, sollten Sie sich in etwas Entfernung vom Haus oder den angrenzenden Nachbarn einen Grillplatz einrichten. Wärme und Windschutz erreichen Sie, wenn der Platz abgesenkt wird. Das Erdreich können Sie mit Holzpalisaden abfangen, die entstandene Kuhle mit weichem Rindenschrot auffüllen. Zum rustikalen Stil passend sind Sitzgelegenheiten aus Baumstammabschnitten. (Um die Feuerstelle herum ist allerdings Steinmaterial vorzuziehen.)
Wenn Sie in größerem Rahmen feiern, wäre als Alternative eine Rahmung des Platzes durch Sitzmäuerchen angebracht. Hier finden genügend Leute Platz und der Abstand vom Grill ist groß genug, um vor

Lauschiger Gartenwinkel mit schlanker Pergola und schmaler Holzbank zum kurzen Verweilen. Die Pergola gibt den Blick in den dahinterliegenden Gartenteil wie durch einen Bilderrahmen frei.

Funkenflug sicher zu sein. Holzroste ergeben eine wärmende Unterlage und bilden gleichzeitig Abstellmöglichkeiten. Legen Sie auf jeden Fall einen festen und sicheren Weg vom Haus zum Grillplatz an, damit sie stets trockenen Fußes und ohne zu stolpern bei Tag und Nacht hin- und hergehen können.

Ein Platz mit Weitblick – der erhöhte Sitzplatz

Sitzplätze können auch etwas erhöht auf einer Plattform angelegt werden. Der Reiz liegt dann im Blick über den Garten oder in die freie Landschaft. Um den Sitzplatz zugfrei zu halten, sollten Sie an zwei oder drei Seiten feste Sichtschutzwände, die mit stark wachsenden Kletterpflanzen berankt werden aufstellen. Mit einem Pavillon (→ Seite 88) schaffen Sie die besten Voraussetzungen und gleichzeitig einen Blickfang.

Ein Platz zum Spielen

Sie können Ihren Gartensitzplatz auch im Schachbrettmuster anlegen (mit hellen und dunklen Platten im Format 40x40 cm) und damit gleichzeitig einen „Spielplatz" in größerem Format haben. Der feste Belag eignet sich außerdem zum Tischtennisspielen und für vieles mehr. Wird nicht gespielt, können Sie die Fläche wie jeden anderen Sitzplatz zum Ruhen, Lesen, Essen und Trinken benutzen.

Dieser multifunktionale Bereich ist sicherlich kein Blickfang und sollte durch Hecken oder Blütengehölze etwas abgeschirmt werden.

Mobile Sitzplätze im Garten

Mobile Gartensitzplätze haben dann ihren Reiz, wenn sie je nach Jahreszeit und wechselnden Blühhöhepunkten eingerichtet werden. Im späten Frühjahr und Frühsommer etwa vor halbschattigen Gehölzpartien, wo Azaleen, Fingerhut und Akelei blühen, im Hochsommer bei den Stauden und Rosenrabatten oder im Herbst in einer geschützten Ecke mit Blick auf gold- und silberfarbene Gräserhorste, durchwirkt von den letzten kräftigen warmen Rot- und Blautönen spätblühender Stauden wie Astern und Fetthennen.

Mobile Sitzgelegenheiten für größere Gesellschaften bieten zum Beispiel Biertischgarnituren. Sie sind leicht zusammenlegbar und brauchen wenig Platz.

Gleich zwei Sitzgelegenheiten wurden in diesem Obstgarten integriert, eine offene und eine überdachte. Beide wirken leicht und passen sich sehr gut der Umgebung an.

Einfassungen und Abgrenzungen aus Steinblöcken verlieren durch immergrüne Gewächse wie Efeu und Spindelstrauch etwas von ihrer Härte.

Kleine Sitzgelegenheiten

Sitzplätze im Garten müssen nicht unbedingt aufwendig gebaut sein. Im Gegenteil, oft wünscht man sich ein wenig Mobilität und rückt die Bank, den Stuhl, Sessel oder die Liege, hin und her – je nach Sonnenstand, Jahreszeit oder Stimmung.

► Tisch und Bank im Schutz einer Mauer oder Böschung sind reizvolle

Sitzgelegenheiten im Garten, denn sie bieten eine natürliche Rückendeckung.

► Für kleine Sitzplätze geeignet sind auch platzartige Erweiterungen von Wegen.

► Einfache Sitzplätze ergeben sich, indem Sie eine kleine Bank oder einen Sessel inmitten von Blumenbeeten postieren, um sich ganz unmittelbar in das Betrachten der Blüten versenken zu können.

► Sitzplätze am Wasser (→ Seite 188) sind ganz besonders prädestiniert, die Natur betrachten und erleben zu können.

TIP

Sonnensegel sind leicht montierbare Schattenspender für wechselnde Sitzplätze. Es gibt sie in verschiedenen Farben und Größen, so daß für jeden Gartenstil das Passende dabei ist.

► Auf einer Hausbank im Eingangsbereich können Sie gute nachbarschaftliche Kontakte pflegen.

► Auch im Nutzgarten ist eine Bank nützlich und dekorativ. Sie können alles mögliche darauf ablegen, sich aber auch zwischendurch einmal ausruhen. Sogar ein Tisch ist

Oben: Dieser Grillplatz wurde rund um die Feuerstelle mit Naturstein gepflastert und mit Holzpalisaden gerahmt, die gleichzeitig als Sitzgelegenheiten dienen können.

Unten: So ein kleines Festzelt kann sehr einfach auf jeder Rasenfläche auf- und abgebaut werden. Die bunten Blumenkästen schmücken und sorgen für das nötige Raumgefühl.

nützlich, um Sämereien auszubreiten oder Erntegut schon etwas vorzubehandeln.

▶ Reizvoll ist eine Rundbank, die sich beispielsweise an den Stamm eines alten Baumes schmiegt.

▶ Sitzsteine können an vielen Stellen des Gartens zum Ausruhen und zum näheren Betrachten einladen.

▶ Niedrige Mäuerchen eignen sich ebenso wie Treppenstufen als spontane Sitzgelegenheiten.

▶ Jahrhundertealte Tradition haben Rasen- oder Duftbänke. Die Sitzflächen solch phantasievoller Installationen mit oder ohne Rückenlehne sind mit Rasensoden und Wildblumen und/oder duftenden Kräutern bepflanzt, die beim Hinsetzen ihre Wohlgerüche verströmen.

Gartenmöbel

Eine Terrasse, ein Pavillon oder ein Gartensitzplatz strahlen dann eine bestimmte Atmosphäre aus, wenn das ganze Umfeld, der Bodenbelag und das schmückende Beiwerk gut miteinander harmonieren. Je nach Auswahl von Belag und Mobiliar können Sie dem Sitzplatz eine moderne, rustikale, zeitlos klassische oder nostalgische Note verleihen.

Holz ist ein Werkstoff, der sich überall gut integrieren läßt, und auch mit jedem Bodenbelag harmoniert. Unbehandelt oder nur lasiert vermittelt es Wärme und Natürlichkeit. Weiße Möbel wirken elegant, schwarze oder farbig lackierte Möbel passen in einen modernen Garten, rotlackierte Holzmöbel eignen sich vor allem für einen Japangarten. Achten Sie jedoch darauf, daß sich das Rot nicht mit dem Rot der Azaleen und Rhododendren „beißt".

Metall, ob Gußeisen, Schmiedeeisen, Stahlrohr oder Flechtwerk, ist ein Material, das Stabilität meist mit optischer Leichtigkeit verbindet. Die Möbel besitzen sehr viel Transparenz und können vor allem im Gartenbereich gut eingesetzt werden. Schmiedeeisen paßt zum Beispiel sehr gut zu einer Rosenlaube oder in einen nostalgischen oder romantischen Gartenbereich.

Stein ist stabil, schwer und absolut pflegeleicht. Er ist daher am besten für den stationären Einbau kleiner Sitzgelegenheiten im Garten geeignet. Steinbänke erhalten mit der Zeit eine Patina und bilden einen schönen Blickfang im Staudengarten oder in der Baumlaube.

Diese alte, üppig blühende Zierkirsche wird für wenige Wochen zum Standort für einen von Duft und Blüten umgebenen Traumsitzplatz.

Was Sie unbedingt beachten sollten

▶ Stationäre Tische und Sitzgelegenheiten, die ganzjährig im Freien stehen, müssen aus stabilem, witterungsbeständigem Material, zum Beispiel Stein oder Holz, hergestellt sein. Sie eignen sich vor allem für kleine Sitzgelegenheiten.

▶ Stühle, Tische und Bänke, die auf Rasenflächen benutzt werden, sollten mit Kufen ausgestattet sein oder zumindest mit größeren Scheiben unter den Beinen verstärkt werden, damit sie nicht im weichen Boden einsinken. Sie sollten öfter umgestellt werden.

▶ Gartenmöbel stellen häufig einen Blickfang auf Terrasse und im Garten dar, achten Sie daher unbedingt auf die Farbgebung. Natur-, Grau- , Braun- und Grüntöne sowie Schwarz sind unauffällig und passen sich ihrer jeweiligen Umgebung bestens an. Weiße Möbel stechen stark hervor. Sie bilden Blickfänge, wirkungsvolle Kontraste und hellen schattige Plätze auf.

▶ Holzmöbel sollten auf jeden Fall aus Hartholz bestehen oder kesseldruckimprägniert sein.

Oben: Weiß-blaues Ambiente inmitten saftig grüner Vegetation. Diese Sitzgruppe strahlt in ihrer Farbigkeit sehr viel Frohsinn und Heiterkeit aus.

Unten: Die weiße Sitzbank ist nicht nur Schmuckstück und Blickfang am Teich, sondern bietet, vor allem im Frühjahr, auch einen herrlichen Sitzplatz.

Kunststein, vor allem Beton, läßt sich in alle möglichen Formen gießen. Sie können damit Bänke und Tische fertigen, Nischen mit Eckbänken füllen oder Sitzgelegenheiten direkt in eine Wand integrieren. Fertigteile lassen sich zu Sitzmäuerchen kombinieren und als Sitzsteine verwenden. Das Material ist pflegeleicht, wirkt aber kühl und sollte gut mit Pflanzen kaschiert werden.

Kunststoff ist haltbar und pflegeleicht, vor allem aber leicht zu transportieren. Gartenmöbel aus diesem Material sind überall dort einsetzbar, wo mobile Sitzplätze bestückt werden oder kleinere Sitzgelegenheiten ergänzt werden müssen. Weiße Kunststoffmöbel mit entsprechenden Stoffkissen oder -auflagen versehen, bieten immer wieder ein anderes Aussehen und können den verschiedenen Gartensitzplätzen oder Terrassenbepflanzungen farblich angepaßt werden.

Korbmaterial und Rattan sind leicht und vermitteln eine wohnliche Atmosphäre, sind jedoch nur für gedeckte Sitzplätze geeignet oder müssen nach dem Gebrauch geschützt aufbewahrt werden.

Familiengarten: → Seite 22
Beläge: → Seite 68
Kleinarchitekturen: → Seite 82
Wasser im Garten: → Seite 175

WASSER IM GARTEN

Wasser bereichert jeden Garten, ob als Teich, Bachlauf, Brunnen oder Wasserspiel.

Ein winziger Folienteich ist zwar noch kein echtes Biotop, aber Tränke für Vögel und Insekten und obendrein eine Augenweide.

Zier- oder Naturteich?

Wasser ist eines der attraktivsten Gestaltungsmittel und stets ein Blickfang. Es kann stehen, fließen, sprudeln, plätschern oder in die Höhe steigen. Unübertroffen sind die Farben und Lichtreflexe oder die reizvollen Spiegelungen auf der Wasseroberfläche. Zu jeder Jahreszeit bietet Wasser eine andere Stimmung und Szenerie. Seine spezielle Flora und Fauna machen das Wasser und das Ufer überdies zum lebendigen und vielfältigen Lebensraum.

Möglichkeiten, Wasser in den Garten zu bringen, gibt es unzählige. Für kleinere, formale und moderne Gärten eignen sich in erster Linie streng geometrische Wasserbecken, für naturnahe Gärten eher frei gestaltete Wasserflächen mit verschiedenen Wassertiefen und einer mehr oder weniger breiten Uferzone. Platzverhältnisse, Gartenstil, Ihre Wünsche und nicht zuletzt die Kosten sind ausschlaggebend, welche Art von Wasser Ihren Garten beleben soll:

- ein großer oder kleiner Zierteich im Garten oder direkt am Haus,
- ein Naturteich mit Sumpfzone,
- ein Bachlauf mit oder ohne Wasserfall,
- erhöhte Wasserbecken, Springbrunnen, Sprudelsteine oder Wasserspiele.

BLICKFANG ZIERTEICH

Zierteiche sind in erster Linie dekorative Elemente, die selbst noch auf kleinster Fläche Platz finden. Sie werden mit wenigen, ausgewählt schönen Wasser- und Uferrandstauden bepflanzt, die jedoch aufgrund ihres meist starken Wachstums regelmäßige Eingriffe nötig machen.
Je nach Geschmack und Gartengröße können Sie den Zierteich frei oder formal gestalten, größer oder kleiner anlegen, die Randbereiche unterschiedlich ausbilden oder sogar mehrere kleine Wasserbecken miteinander verbinden. Zwischen reinen Zierbecken und naturnahen Zierteichen gibt es die verschiedensten Übergangsformen ebenso wie Mischformen von formaler und freier Gestaltung – der Phantasie sind keine Grenzen gesetzt.
Streng geformte runde, rechteckige oder quadratische Wasserbecken mit klaren Einfassungen sind immer ein wirkungsvolles Gestaltungsobjekt und in nahezu allen Gärten einsatzfähig, nicht nur in klassischen und konventionellen, sondern auch in modernen Anlagen und ganz besonders dort, wo die architektonische Linienführung dominiert. In einem von üppiger Vegetation geprägten Garten wirken die klaren Formen beruhigend. Sie lenken die Blicke stärker auf die Lichtspiegel- und Bewegungseffekte, die das Wasser hervorzaubert.

TIP

Je kleiner der Teich ist, desto weniger Pflanzen dürfen in und an ihm wachsen, da sonst die Wasserfläche nicht mehr genügend zur Wirkung kommt.

Dieser kleine runde Zierteich ist nur sparsam bepflanzt, so daß die Wasserfläche gut zur Geltung kommt.

Formaler oder frei gestalteter Zierteich?

In relativ kleinen Gärten sollten Sie den geometrischen Formen den Vorzug geben, auch wenn der restliche Garten frei gestaltet wurde. Die schwingenden Linien der Randbepflanzung überspielen rasch die harten Kanten eines Beckens.

Streng geometrische Zierteiche – bodennah oder mit erhöhtem Rand – wirken besonders gut auf ebenen Flächen, die mit Kies, Platten oder Pflaster ausgelegt sind, aber auch in kurzgeschnittenem Rasen und niedrigen Pflanzungen. Wollen Sie die klare Linienführung Ihres Wasserbeckens – ob rund oder eckig – besonders betonen, dann müssen Sie es völlig freistellen, in eine Rasenfläche, auf einen kleinen Platz, in ein Wegekreuz oder ans Ende eines Weges. Mit einer Wasserfontäne läßt sich die Wirkung noch erhöhen.

TIP

Durch eine Skulptur am Rande des Beckens oder ein besonders schönes Solitärgehölz – einen Fächer-Ahorn (Acer palmatum), einen Blumenhartriegel (Cornus kousa), eine Azalee (Rhododendron) oder eine Scheinbuche (Nothofagus antarctica) – verschaffen Sie diesem Blickfang noch mehr Geltung.

Sehr schön sind Zierteiche und Wasserbecken, die direkt an die Terrasse anschließen oder gar mitten in oder auf der Terrasse untergebracht sind. Sie sind nicht nur Blickfang, sondern können die Terrasse untergliedern oder mit dem Gartenraum verbinden. Ein längliches Wasserbecken, das anschließend an die Terrasse seitlich angebaut und zum Garten hin in eine bestehende vorgelagerte Pflanzung eingreift, kann Ihren Garten optisch vergrößern.

Eine lebhafte und spannungsreiche Gestaltung erreichen Sie immer durch den Kontrast – in diesem Fall einer klaren Linienführung der Teichränder und lockerem Pflanzenwuchs. Ergänzend können Fontänen, Wasserstrahlen und Figuren die Geometrie von Zierteichen unterbrechen, während strenge Hecken- und Beetformen im Umfeld des Wassers die formalen Elemente noch stärker betonen.

Frei gestaltete Zierteiche mit bewegten Uferlinien, sanften Böschungen, aber auch steilen Ufern sind überall dort angebracht, wo auch Rasenflächen, Gehölzpflanzungen und Beete durch schwungvolle Linien geprägt sind oder alles ganz naturbelassen bleibt.

Das A und O – die Randgestaltung

Wie der Rand eines Beckens oder Teiches ausgestaltet wird, davon hängt im wesentlichen die Wirkung der Wasserstelle ab. Am einfachsten ist es dort, wo klare Kanten den Teich begrenzen, am schwierigsten ist es, eine natürliche Uferzone wie beim Naturteich zu entwickeln.

Bei der Verwendung eines Fertigteiches aus Kunststoff muß der harte, wulstige Rand überspielt werden. Bringen Sie von innen Pflanzen in Jutetaschen an und kaschieren Sie von außen den Rand mit Steinen oder Kies, Wurzeln, Bodendeckern oder kriechenden Pflanzen.

Bei einem Folienteich, bei dem die

Von einem Holzdeck über der Wasseroberfläche läßt sich ein Teich gut beobachten. Das Deck selbst eignet sich hervorragend zur Unterbringung schöner Schmuckgegenstände.

Dieser Garten wurde zu einer Wasserlandschaft gestaltet. Holzstege verbinden die Terrasse mit den übrigen Gartenteilen.

Teichfolie am Rand etwa 10 cm nach oben stehen sollte, damit das Wasser nicht vom umliegenden Erdreich aufgesogen wird, gibt es verschiedene Möglichkeiten:
Sie decken die überstehende Folie mit großen Steinen oder Kies ab, belegen den Rand mit begehbaren Platten oder legen ein kleines Sumpfbeet an. Entweder verwenden Sie gleich im Anschluß an den

Blühende Sumpfpflanzen

Deutscher Name	Botanischer Name	Wuchshöhe	Blütenfarbe	Blütezeit
Froschlöffel	*Alisma plantago-aquatica*	70 cm	weiß-rosa	VI-IX
Schwanenblume	*Butomus umbellatus*	50-100 cm	rosa	VI-VIII
Sumpfkalla	*Calla palustris*	10- 20 cm	weiß	V-VII
Sumpfdotterblume	*Caltha palustris*	30 cm	gelb	IV-VI
Sumpfschwertlilie	*Iris pseudacorus*	60-80 cm	hellgelb	V-VI
Fieberklee	*Menyanthes trifoliata*	bis 30 cm	weiß-rosa	V-VI
Sumpfvergißmeinnicht	*Myosotis palustris*	bis 40 cm	hellblau	V-IX
Hechtkraut	*Pontederia cordata*	60-80 cm	blau	VI-VIII
Pfeilkraut	*Sagittaria sagittifolia*	50 cm	weiß	VI-VII
Bachbunge	*Veronica beccabunga*	40 cm	blau	V-IX

Teich die überstehende Folie oder Sie legen es gesondert mit einer flachen Kunststoffwanne an.

Bei kleinen Zierteichen werden am besten Böschungsmatten bepflanzt. Decken Sie die Ränder der Matten mit Rollkies und einigen größeren Findlingen ab. Unterbrechen Sie den „Steingürtel" immer wieder mit Pflanzen oder verwenden Sie unterschiedliche Steingrößen oder Materialien und lockern Sie das Ufer mit punktueller Bepflanzung auf. Holzstege oder eine kleine Brücke haben ebenfalls auflockernde Wirkung. Böschungen können mit einer Mauer oder Palisaden abgefangen werden, die direkt ins Wasser ragen.

Zierbecken besitzen oft einen erhöhten umlaufenden Rand, der sich als Sitzstufe eignet. Hier finden auch Souvenirs – kleine Skulpturen aus fernen Ländern, selbst gesammelte schöne Steine und andere Ziergegenstände – einen guten Platz.

Kosten unterschiedlicher Teichtypen

Folienteich mit 50 m² Wasserfläche		
Aushub für freie Teichform:		25–32.– DM/m²
Sandausgleichsschicht:		6–12.– DM/m²
Faservliesmatte (250 g/m²):		7–9.– DM/m²
Teichfolie (ca. 100 m²):	PVC 1mm	20–28.– DM/m²
	PE	31–42.– DM/m²
Teich mit Lehm-/Tonschicht, ca. 50 m² Wasserfläche		
Lehmschlag (15–25 cm Materialdicke):		20–35.– DM/m²
Einbauaufwand mit Verdichtung:		35–45.– DM/m²
Teich mit Fertigschale Volumen ca. 0,5 m³ (=3,5 m²)		
Kunststoffschale (500 l):		500–600.– DM/m²
Aushub mit Handarbeit:		250–300.– DM/m²
Aushub mit Maschinen:		500–600.– DM/m²

TIP

Achten Sie bei der Gestaltung der Uferzone darauf, daß die dem Haus zugewandte Seite nicht mit hochwachsenden Pflanzen verstellt wird, damit sie einen freien Blick auf den Teich haben.

NATURTEICHE – PARADIES FÜR TIERE

Wenn Sie zu den Naturfreunden gehören, die ihren Garten in erster Linie als Biotop betrachten, und mehr als 20 m² Ihres Gartens für eine Wasserstelle erübrigen können, dann kommt natürlich nur ein Naturteich in Frage.

In größeren Gärten kann auch das Umfeld des Naturteiches ganz natürlich angelegt werden. Dann kann das Gewässer teilweise in eine Sumpflandschaft übergehen und sich nahtlos in andere Gartenteile einfügen, zum Beispiel in Staudenbeete oder eine Wiese.

Die größere Wasserfläche eignet sich auch hervorragend für Seerosen, die einen relativ großen Platzbedarf haben oder Rohrkolben *(Typha)*, Binsen *(Juncus)* und Seggen *(Carex)*.

Bei einem kleineren Gartengelände ist es oft nötig, das Umfeld des Teiches künstlich zu gestalten. Hier bietet es sich an, mit dem Aushub des Weihers einen flachen Hügel als Rahmen und Hintergrund zu schieben und dort als Kontrast eine Flora der Trockenstandorte (→ Seite 120) oder einen Steingarten (→ Seite 214) anzulegen.

Steilere Stellen können Sie mit einer Trockenmauer (→ Seite 76) oder Holzpalisaden abfangen und davor einen geschützten, warmen Sitzplatz anlegen.

Der großzügig gestaltete Naturteich bietet eine wundervolle Kulisse für den Sitzplatz, allerdings ist er von dort aus nur schwer einzusehen.

Brücken und Stege

Damit Sie Ihren Teich, seine Vegetation und Bewohner auch direkt und aus nächster Nähe betrachten können, sollten Sie den Teich mit einer Brücke oder einem Steg überspannen. Ist der Naturteich relativ groß, so kann der Steg recht breit sein und dann sogar noch Platz für eine Bank, einen Liegestuhl oder eine kleine Sitzgruppe bieten.

Oben: Dieser naturnah gestaltete Seerosenteich vermittelt zwischen Haus mit Terrasse und Pergola und dem dahinterliegenden ländlichen Raum.

Unten: Der Naturteich wird von schilfartigen hohen Gräsern dicht gefaßt. Schwanenblume und Blutweiderich bringen Farbe ins Bild.

Was Sie unbedingt beachten sollten

- Legen Sie den Naturteich möglichst immer an der tiefsten Stelle des Grundstücks an, wo sich auch auf natürliche Weise das Wasser sammelt.
- Der Teich sollte so gelegen sein, daß er im Sommer mindestens 6 Stunden Sonne pro Tag erhält.
- Vermeiden Sie einen Standort in der Nähe eines Baumes, Sie müssen sonst stets gegen das Falllaub ankämpfen (Düngewirkung).
- Ein Teich, in dem große Seerosen wachsen sollen, muß mindestens 80 cm tief sein.
- Vermeiden Sie bei kleineren Teichen eine zu starke Ausbuchtung des Ufers, das wirkt leicht unruhig und künstlich.
- Sind Kleinkinder im Haus, sollten Sie auf jeden Fall ein Schutzgitter anbringen.
- Damit der Teich keine Falle für kleine Tiere wird, sollte er eine Flachwasserzone zum Herauskrabbeln erhalten.

Trockenmauer: → *Seite 75, 215*
Sitzplatz: → *Seite 188*
Steingarten: → *Seite 214*

Wasser ist das zentrale Thema dieses Gartens. Auffällig sind die sparsame Verwendung von Wasserpflanzen und die strenge Gestaltung mit horizontalen und vertikalen Elementen. Die großflächigen Holzdecks und die die Senkrechte betonenden Pergolenstützen, Gehölze sowie punktuell einige Binsen im Wasser lassen einen ruhigen und intimen Gartenraum entstehen. Der vorhandene Baumbestand wurde hervorragend in die Fläche integriert. Der rotblättrige Fächer-Ahorn im Vordergrund lockert die streng formale Gestaltungsform etwas auf und bildet einen Blickfang.

Bei diesem Gartenteich am Hang wird ein Teil des Geländesprungs mit schlichten Holzpalisaden, der andere mit Hilfe von grobem Gestein abgefangen. Die streng wirkenden Palisaden werden vom Wasser her mit hochaufstrebenden Pflanzen wie Sumpfiris und Pfeilkraut kaschiert, von oben hängt locker ein zeitig im Jahr blühender Jasmin herab. Als Vermittler zwischen den unterschiedlichen Materialien und Höhen dient der langsam in die Breite wachsende filigrane Fächer-Ahorn.

Eine harmlose, aber für Kinder trotzdem interessante Möglichkeit mit Wasser umzugehen, bietet diese Miniteich-Anlage. Drei kleine Seen sind durch Kanäle verbunden und mit einem Mini-Wasserfall belebt. Die Seen bestehen aus Mörtelwannen, die Kanäle aus PVC-Rohren, die aufgeschnitten und mit den Wannen verbunden sind. Eine Springbrunnenpumpe bringt das Wasser in Schwung. Wannen und Kanäle sowie das umliegende Gebiet sind mit Kies aufgefüllt, diverse Pflanzen sorgen für das notwendige Grün.

Ein Sitzplatz am Wasser, inmitten von Grün und Blütenpracht hat immer wieder besondere Anziehungskraft. Wer keinen Platz für größere Teichanlagen besitzt, dem bieten Mini-Teiche, Brunnen oder Sprudelsteine schon die notwendige Atmosphäre. Die zerstäubenden Wassertropfen sorgen für erhöhte Luftfeuchtigkeit, das Plätschern des Wassers wirkt beruhigend. Solche kleinen Wasserstellen lassen sich in jedem Garten und auf jeder Terrasse unterbringen.

PFLANZPLAN

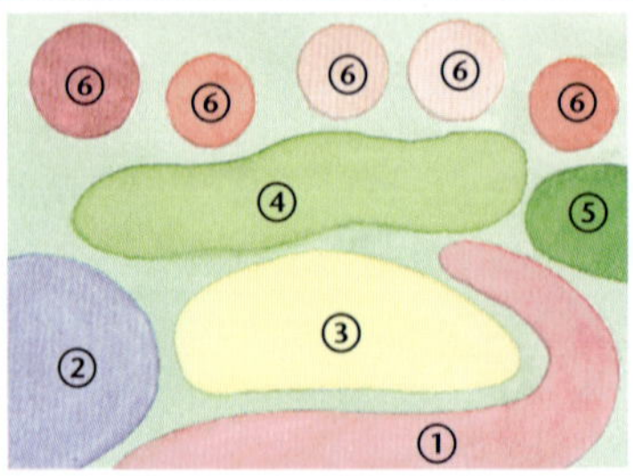

Ufer
3 x 4 m

Einkaufsliste

① 20-30 Etagenprimeln (*Primula japonica* und verwandte Arten)
② 3 Wieseniris (*Iris sibirica*)
③ 5-7 Sumpfiris (*Iris pseudacorus*)
④ 3-5 Taglilien (*Hemerocallis*-Hybriden)
⑤ 1-3 Funkien (*Hosta*-Hybriden)
⑥ 5 Gartenazaleen (*Rhododendron*-Hybriden)

UFERBEPFLANZUNG

Effektvoll, aber in sehr harmonischer Farbabstufung ist hier das Ufer des Teiches gestaltet. Der Frühlingsaspekt bildet den Höhepunkt der Pflanzung. Die Stimmung wird ruhiger, wenn im Frühsommer gelbe und blaue Iris folgen und später dann noch die Taglilien *(Hemerocallis)* in gelb-orange Tönen. Im Herbst entzündet das Laub der Azaleen noch einmal ein buntes Feuerwerk.

TIP

Um die Wasseroberfläche noch wahrnehmen und als Gestaltungsmittel im Garten einsetzen zu können, sollte mindestens ein Drittel der Wasseroberfläche frei von Pflanzen bleiben.

Pflanzen für Wasser- und Uferbereiche

Die einzelnen Pflanzenarten des Wasser- und Uferbereiches stellen unterschiedliche Ansprüche an die Höhe des Wasserstandes bzw. den Feuchtigkeitsgehalt des Bodens. Die Übergänge sind dennoch häufig fließend und die Pflanzen tolerant. Grob werden drei Gruppen unterschieden:

Uferstauden – sie wünschen feuchte oder wechselfeuchte Standorte, vertragen oft aber auch zeitweise Trockenheit.

Sumpfpflanzen – sie gedeihen am besten in Flachwasserzonen mit einem Wasserstand von 5-30 cm.

Leuchtend buntes Ufer

Die Farbe Gelb ist am Wasser besonders hervorstechend. Im zeitigen Frühjahr beginnt der Reigen mit der leuchtendgelben Sumpfdotterblume *(Caltha palustris)*, bald darauf folgen die hellgelbe heimische Sumpfschwertlilie *(Iris pseudacorus)*, Gauklerblume *(Mimulus luteus)* und Pfennigkraut *(Lysimachia nummularia)*.

Gelborange, Rot und Violett erblühen vom Frühjahr bis in den Sommer hinein eine Vielzahl von Primeln, wie Kugelprimel *(Primula denticulata)*, Etagenprimeln *(P. beesiana, P.x bullesiana)* und Orchideenprimel *(P. vialii)*. Am besten pflanzen Sie gleich mehrere Pflanzen einer Art, dann ist die Wirkung größer.

Blaue Farbtöne können Sie mit verschiedenen *Iris*-Arten und -Sorten verstärken. Besonders attraktiv sind Wieseniris *(Iris sibirica)*, Japanische Sumpfiris *(Iris kaempferi)* sowie die ebenfalls in Fernost beheimatete *Iris laevigata*. Ihre Farbschattierungen reichen bis hin zum dunklen Violett. Auch Sumpfvergißmeinnicht *(Myosotis palustris)*, Bachbunge *(Veronica beccabunga)* und Hechtkraut *(Pontederia)* blühen in hellen und dunklen Blautönen.

Schwimm-, Schwimmblatt- und Unterwasserpflanzen – sie benötigen Wasserstände ab 30 cm aufwärts.

Blütenpracht im Zierteich

Während im und am Naturteich nur heimische Pflanzen ihren Platz finden sollten, bieten sich für einen Zierteich unendlich mehr Pflanzen mit zahlreichen Zuchtformen an.

Auf die Wasseroberfläche läßt sich vor allen Dingen mit dem riesigen Sortiment von Seerosen *(Nymphaea)* Farbe zaubern. Es gibt Sorten für jede Wassertiefe (zwischen 20 cm und über 1 m). Die Züchtungen sind häufig sehr farbintensiv. Achten Sie darauf, daß die Blütenfarbe mit der Uferbepflanzung harmoniert: Die wüchsige, in 40–90 cm Tiefe lebende, intensiv rosa gefärbte 'James Brydon' zum Beispiel empfiehlt sich, wenn am Uferrand Blutweiderich *(Lythrum)* und Wasserdost *(Eupatorium)* wachsen.

Gehölze für den Teichrand

Acer palmatum 'Dissectum'	Fächer-Ahorn
Betula pendula 'Youngii'	Hängebirke
Buddleja alternifolia	Sommerflieder
Prunus subhirtella/P. serrulata	Zierkirschen
Pyrus salicifolia	Weidenblättrige Birne
Salix rosmarinifolia	Rosmarinweide
Salix 'Tortuosa'	Korkenzieher-Weide
Tamarix-Arten	Tamariske

Rhododendron – ein Hauch Fernost am Zierteich

Besonders attraktive Aspekte im Frühjahr liefern Rhododendren und Azaleen mit ihren immer- und sommergrünen Varianten. Wenn Sie diese Gehölze am Teichrand in unterschiedlichen Höhen und abgestimmten Farben (Gelb bis Orange oder Rosa bis Rot) zusammen mit dunklen Nadel- und immergrünen Laubgehölzen komponieren, dann werden Sie einen zauberhaften, leicht fernöstlich gestimmten Gartenbereich erhalten. Ganz besonders dann, wenn im Mai/Juni die Irisblüte am und im Teich beginnt, und gelbe und blau-violette Farben die Rhododendren- und Azaleenblüte ergänzen oder ablösen.

Blattschmuck im Halbschatten

Dort, wo die Teichzone nicht in voller Sonne liegt, gedeihen die meisten großblumigen Blütenpflanzen nicht mehr. Dennoch muß es hier keineswegs trist aussehen. Halbschatten ist das Domizil für viele verschiedene Blattschmuckstauden und farbenfrohe Prachtspieren *(Astilben)*. Großformatiges und ganz

Oben: Zwischen den Kieseln haben sich Wildstauden wie *Geum rivale* ausgebreitet und geben dem Ufer einen natürlichen Charakter. Die straffen Iris stehen in schönem Kontrast zu den großblättrigen Rodgersien.

Unten: Diese Wasserfläche ist fast vollständig von Seerosen bedeckt, zu denen die Rispen der Riesensegge *(Carex pendula)* und die imponierenden Horste von *Ligularia przewalskii* einen guten Kontrast bilden.

Blühende Uferstauden

Deutscher Name	Botanischer Name	Wuchshöhe	Blütenfarbe	Blütezeit
Sumpfgarbe	*Achillea ptarmica*	80-100 cm	weiß	VI-IX
Wasserdost	*Eupatorium purpureum*	75-180 cm	rosa-rot	VII-IX
Mädesüß	*Filipendula ulmaria*	50-150 cm	weiß	VI-VIII
Goldfelberich	*Lysimachia punctata*	60-70 cm	gelb	VI-VIII
Blutweiderich	*Lythrum salicaria*	50-120 cm	karminrot	VII-IX
Gauklerblume	*Mimulus luteus*	20-40 cm	gelb	V-VIII
Knöterich	*Polygonum bistorta*	20-100 cm	rosarot	V-VIII
Tradeskantie	*Tradeskantia andersoniana*	40-60 cm	blau	VI-VIII
Trollblume	*Trollius europaeus*	50-80 cm	gelb	V-VI

Oben: Das formale Wasserbecken ist nur noch andeutungsweise zu sehen, denn sein Rand ist überwuchert von blaublühendem Hechtkraut *(Pontederia cordata)* und violettblühendem Blutweiderich *(Lythrum salicaria)*.

Unten: Im kleinen Folienteich wachsen Binsen, Hechtkraut und Schwanenblume, deren zartrosa Blütendolden über einer stahlblauen Funkie schweben. Ein starker Kontrast auch zu den überhängenden Rispen der Astilbe am Ufer.

unterschiedlich geformtes Blattwerk zeichnet vor allem die Ligularien *(Ligularia)* und Rodgersien *(Rodgersia)* aus. Da auch ihre Blattfarben von Sorte zu Sorte variieren, können Sie mit mehreren verschiedenen Pflanzen Farbe in den Halbschatten bringen. Die Gelb- und Weißtöne ihrer Blütenstände, sowie die Rosa- und Rottöne der Astilben harmonieren zudem sehr gut mit dem Blattwerk. Besonders attraktiv am Teichrand ist auch der Zierrhabarber *(Rheum palmatum)*.

Feuchtigkeitsliebende Farne

Im feuchten und halbschattigen Milieu gedeihen auch Farne prächtig. Ihre hellgrünen, zarten Wedel beleben jedes Ufer und eignen sich bestens als Vorpflanzung von Gehölzen. Passende Arten sind Hirschzunge *(Phyllitis scolopendrium)*, Rippenfarn *(Blechnum spicant)*, Wurmfarn *(Dryopteris filix-mas)* und Königsfarn *(Osmunda regalis)*.

Gräser lockern auf

Gräser sind wie geschaffen für die Uferbepflanzung. Mit ihrem aufrechten, graziösen Wuchs sorgen sie für Auflockerung oder vermitteln zwischen den Binsen- und Röhrichtzonen des Wassers und anschließendem Rasen oder Wiese. Besondere Kontraste erzielen Sie mit schmalen Binsen und grasartigen Gewächsen wie Iris oder Rohrkolben im Wasser und groß-, rund- oder breitblättrigen Stauden – etwa niedrigen Bergenien und *Hosta*-Arten – am Rande des Teiches.

Gehölze zur Uferbepflanzung

Zum Abschirmen des Teiches eignen sich neben Bambus, Rhododendron und asiatischen Ahorn-Arten vor allem kleinere, leicht überhängende Gehölze (→ Tabelle Seite 185). An sonnigen, trockeneren Ufern wachsen Hängebirke, Zierkirschen und Tamariske. Für den feuchten Uferrand wie geschaffen sind Korkenzieherweide, Moorbirke und Grauerle.

Gräser: →*Seite 128*
Farne: →*Seite 130*
Halbschattenstauden: →*Seite 132*

EIN SITZPLATZ ZUM TRÄUMEN

Wer Wasser in seinem Garten besitzt, und sei es auch in noch so kleiner Form, möchte es auch genießen. Ein Sitzplatz am Wasser hat viele Vorzüge:

Die *Gunnera* hinter dem Liegestuhl bildet eine wunderbare Rückendeckung – für kleine Gärten allerdings wird sie viel zu groß.

Ein Teich beherbergt vielseitiges pflanzliches und tierisches Leben und lädt ganz besonders zum Beobachten ein. Das Plätschern, Sprudeln, Gluckern des Wassers trägt zur Entspannung bei und vermittelt Ferienstimmung im eigenen Garten. Außerdem hat die Nähe von Wasser immer eine Verbesserung des Kleinklimas zur Folge. Allein die Verdunstung bringt Erfrischung und Abkühlung. Noch günstiger ist es, wenn Sie in direkter Nachbarschaft eines kleinen Wasserfalls den feinen, mit Sauerstoff angereicherten Nebel einatmen können. In vielen Fällen genügt schon eine Bank, ein Liegestuhl oder Sessel, um sich nach Lust und Laune den Ruheplatz oder Beobachtungsposten einzurichten. Auch Findlinge und Sitzsteine sind geeignete Plätzchen am Rand des Wassers und lassen sich bereits bei der Teichanlage mit einplanen.

Wasser auf der Terrasse

Sitzplätze in Verbindung mit Wasser auf einer Wohnterrasse sind besonders attraktiv, weil am häufigsten zu nutzen und genießen.

- Kleine Wasserbecken oder -spiele auf oder am Rand der Terrasse tragen zum Wohlbehagen bei und sind darüber hinaus geschätzter Blickfang. Sie können entweder auf die vorhandene Oberfläche aufgesetzt oder es müssen kleine Schächte ausgehoben werden.
- Eine reizvolle Lösung ergibt sich, wenn die holzbeplankte Terrasse in strenge Stege übergeht, die ein oder mehrere Wasserbecken an ein bis zwei Stellen überbrücken und weiter in den Garten führen.
- Besonders bei einem etwas geneigten Grundstück kann die Terrasse die Wasseroberfläche wie eine Ansichtsplattform überragen. Der Rand der Terrasse muß jedoch durch ein Geländer und/oder bepflanzte Tröge geschützt werden.
- Eine Variante für kleine, schmale Gärten, deren Schwerpunkt jedoch Wasser bilden soll, bietet ein der Terrasse vorgelagerter Teich in nahezu voller Breite des Grundstücks.
- Für kleinere Terrassen bieten sich Brunnen, Springbrunnen, Sprudelsteine oder Mini-Teiche an.

Dieser Sitzplatz am Goldfischteich kann auch an heißen Sommertagen gut genutzt werden: das Wasser spendet Feuchtigkeit, die vielen umrahmenden Gehölze Schatten.

Beläge: →Seite 68, 154
Sitzplätze: →Seite 152

Zu den großformatigen grauen Sandsteinplatten paßt das steinerne Brunnenbecken mit dem Wasserspeier ausgezeichnet. Die farblich intensive Frühlingspflanzung hebt sich gut davon ab.

Wasserläufe und Wasserspiele

Fließendes Wasser schafft eine zusätzliche Erlebniswelt im Garten. Die Wasseroberfläche ist in Bewegung. Sanfte Wellen oder sich überschlagendes Wasser rufen wieder andere Lichtreflektionen und Geräusche hervor als stehende Gewässer. Und das reizvolle Zusammenspiel von Wasser und Pflanzen wird durch schön gestaltete Uferpartien noch verstärkt.

Ein Wasserlauf im Garten bietet sich in erster Linie an, wenn ein natürliches oder durch Bodenmodellierung und Aufschüttung künstlich entstandenes Gefälle vorhanden ist. Die Niveauunterschiede werden genützt, um das Wasser in Bewegung zu versetzen – kleinste Höhenunterschiede genügen bereits. Je steiler die Geländeabschnitte und je größer die Wassermenge, um so dynamischer und stärker gestaltet sich der Wasserlauf.

Das Wasser kann sich bachähnlich durch den Garten schlängeln, in formal angelegten Kanälen fließen, über Steine hinabplätschern, aus Steinen hervorsprudeln, wasserfallähnlich von Speicherbecken zu Speicherbecken rinnen. Selbst in noch so kleinen Gärten finden Springbrunnen und Sprudelsteine, Wasserspeier und andere Wasserspiele noch Platz und bringen Abwechslung in den Garten.

Quelle und Mündung

Der Ursprung eines Wasserlaufs kann geheimnisvoll im Dunkel eines Gebüsches liegen oder wie in der Natur aus einem Wiesenhang quellen und zwischen Gesteinsbrocken hervortreten. Als Quelle können aber auch ein Sprudelstein oder ein Wasserspeier dienen. Formal angelegte Wasserläufe oder naturnahe Wasserfälle „entspringen" aus einem höher gelegenen Speicher und werden in einem tiefer liegenden Becken über oder unter der Erde wieder aufgefangen.

Natürlicherweise mündet ein Bach in einen Fluß oder See. In den wenigsten Fällen erlaubt es die Größe eines Gartens allerdings Bach und Teich anzulegen, obwohl dies eine ideale Kombination darstellt. Als Alternative kann ein Bach aber auch in einem Sumpfbeet enden und dort versickern.

NATÜRLICH GEPRÄGTE BÄCHE

Je nach Größe des Gartens können Bachläufe kurz oder lang, schmal oder breit sein, sich gerade oder in Windungen durch den Garten ziehen. Je nach Gefälle wird das Wasser schneller oder langsamer fließen – auf jeden Fall aber bringt ein Bachlauf Bewegung und Leben in den Garten.

Plätschernder Gebirgsbach

In etwas hängigem Gelände erhält ein Bachlauf einen ganz natürlichen Charakter, wenn er in einem Steingarten um Felsblöcke in engen

Dieser Bachlauf am steilen Hang ist rechts und links mit rosa und rotem Knöterich (*Polygonum affine* 'Superbum') übersät. Reizvolle Kontraste bilden die dazwischengepflanzten Farne.

Oben: Zwischen großen Findlingen springt das Bächlein hangabwärts und mündet in einen natürlich angelegten Seerosenteich.

Rechts: Dieser naturnahe Bachlauf wurde mit flachen, unregelmäßigen Sandsteinblöcken gestaltet, eine überdimensionale Platte als Brücke ausgebildet.

Kurven herumgeführt wird und über Gesteinsbrocken springt – so wie dies im Gebirge passiert. Kleine Gehölze und Polsterpflanzen säumen seinen Weg. Bei stark hängigem Gelände können Sie kleine Wasserfälle in Ihren Bachlauf einbauen und damit noch mehr Dynamik erzielen. Im kleinen Garten werden Sie vielleicht mehrere Staustufen einbauen müssen, um dem Wasser mehr Fließgeschwindigkeit zu verleihen. Es gibt aber auch Situationen, in denen das Wasser nur eine Stufe zu überwinden hat, etwa im Wurzelbereich eines Strauches entspringt, über ein paar Steine herabfällt und zwischen Efeu, Farnen und anderen Schattenstauden versickert.

Der ruhig fließende Wiesenbach

Viel ruhiger fließt ein Bach dagegen durch nahezu ebenes Gelände. Er kann sich durch Gehölzgruppen schlängeln, am Rand von Staudenbeeten oder mitten durch die Grünfläche fließen. Seine Strömungsgeschwindigkeit ist nur gering – ein Plus für Sumpf- und Wasserpflanzen, die sich nahezu problemlos überall an seinen Rändern ansiedeln lassen. Durch unterschiedliche Tiefe und Breite des Bachbettes bieten sich die vielfältigsten Möglichkeiten der Gestaltung und Bepflanzung.

► Der Bach kann als schmales Rinnsal durch den Garten mäandrieren, gefaßt von Holz, Steinmaterial oder Weidengeflecht, ohne die typische Uferflora, sondern mit Gras, Stauden und Gehölzen besetzt, wie sie in den angrenzenden Gartenbereichen vorkommen.

► Wie ein langgestreckter Teich wirkt ein breiteres Bachbett. Der

Uferbereich kann sich weiten oder auf der anderen Seite wieder verengen.

► Felsblöcke können einen Teil des Ufers halten, Gras und Staudenpflanzungen sowie Gehölze befestigen es dagegen an anderer Stelle.

Links und rechts des Baches

Bewegtes Wasser trägt neben seinem ästhetischen Reiz noch wesentlich stärker als stehendes dazu bei, die Luftfeuchtigkeit im Umfeld zu erhöhen und damit das Klima für viele Pflanzen in Ufernähe zu verbessern – seien dies die Uferstauden, wenn sie auf trockenen Plätzen in normalem Gartenboden wachsen oder auch Gehölze – besonders die Immergrünen. Das Kleinklima an wassernahen Standorten ist immer etwas ausgeglichener und deshalb auch für manche frostgefährdeten oder empfindlichen Pflanzen vorteilhaft.

An Bachläufen in naturnahen Gärten fühlen sich viele heimische Pflanzen wohl: neben Sumpfdotterblumen *(Caltha palustris)*, Himmelsschlüssel *(Primula veris)*, Trollblumen *(Trollius europaeus)* und Sumpfvergißmeinicht *(Myosotis palustris)* auch Bachwurz *(Geum rivale)*, Kuckuckslichtnelken *(Lychnis flos-cuculi)*, Jakobsleiter *(Polemonium)*, Wiesenknöterich *(Polygonum bistorta)* und Wiesenstorchschnabel *(Geranium pratense)*. Zu dieser Feuchtwiesengesellschaft zählen auch das heimische Mädesüß *(Filipendula ulmaria)* und der Hahnenfuß *(Ranunculus)*. Auch seltene Wildpflanzen aus aller Welt (in Spezialgärtnereien zu beziehen) wie Sumpfgladiole *(Gladiolus palustris)*, Lungenenzian *(Gentiana pneumonanthe)*, Schwalbenwurz-Enzian *(Gentiana asclepiadea)* und Wollgras *(Eriophorum)* finden ihren Platz am Gewässerrand.

An Wasserläufen, die stärker gärtnerisch geprägt sind, werden meist Zuchtformen und Pflanzen fremder Herkunft verwendet. Sie sind häufig farbintensiver und teilweise sogar haltbarer als die Wildarten.

Ein Bach im Garten wirkt besonders natürlich, wenn er über Steine springen kann. Bepflanzen Sie die Ränder abwechselnd mit schmal- und breitblättrigen Uferpflanzen, so daß auch nach der Blüte noch Spannung herrscht.

FORMALE WASSERLÄUFE

In modernen kleinen Gärten sind geometrisch angelegte Wasserläufe häufig eine sehr gute Lösung. Die gerade Linienführung wird dabei auf die Architektur bezogen, wie dies in formalen Gärten üblich ist. Sie können mit einer Wasserachse ähnliche Wirkungen erzielen, wie mit einem Weg, wobei die Spiegelung der Wasserfläche besonders reizvoll wirkt.

TIP

Zum Überspielen der Kanten eignen sich besonders gut der niedrige grün- oder rotblättrige, geschlitzte Fächer-Ahorn (Acer palmatum 'Dissectum') oder auch Gräser wie beispielsweise die Riesensegge (Carex pendula).

Wassertreppen, Kanäle und Kaskaden lassen sich als einfache Elemente und in passenden Dimensionen in jedem noch so kleinen Hausgarten verwenden. Die strenge Linienführung korrespondiert mit einfachen und edlen Materialien wie Beton oder auch poliertem Naturstein, sogar Edelmetall. Ruhig und gleichmäßig oder über unterschiedlich hohe Stufen rinnt das Wasser, oder es läuft von einer Schale oder einem Becken ins nächste.

Was Sie unbedingt beachten sollten

- Alle künstlichen Wasserläufe benötigen einen großen Auffangschacht. Von dort aus wird das Wasser mit Hilfe einer Tauchpumpe wieder zur Quelle transportiert.
- Der ständige Wasserverlust ist bei sehr bewegten Wasserläufen groß und muß per Hand oder automatisch ausgeglichen werden.
- Wenn es um Wasser und Strom geht, beauftragen Sie aus Sicherheitsgründen immer einen Fachbetrieb!

Wasser im Gefälle

Wassertreppen und Kaskaden lassen sich überall dort besonders gut einsetzen, wo das Gelände schon stufig angelegt ist. Die Kaskaden können beispielsweise parallel zu einer Treppe oder einem Weg verlaufen und deren Linienführung noch betonen. Hier ist abendliche Beleuchtung von besonderem Reiz. Je höher die Stufen, desto stärker das Rauschen des Wasservorhangs.
Wollen Sie einen mehr naturhaften Eindruck vermitteln, dann legen Sie die Wasserstufen unregelmäßig hoch an und belegen sie mit Flußkieseln, die sich im unteren Teil der Stufen häufen. Mit Hindernissen – größere Steinblöcke oder Findlinge – engen Sie den Wasserlauf ein und erreichen in weniger starkem Gefälle eine kräftigere Wasserbewegung.

Streng geführtes Wasser

Ein Kanal, ob kurz, lang, schmal oder breit, hat mit seinem strengen Verlauf in einer ebenen Fläche eine klare Funktion als Abgrenzung oder Verbindung verschiedener Gartenbereiche oder aber als gliederndes Element von Bodenstrukturen auf einer größeren Platzfläche – einem Innenhof oder Vorplatz etwa. Die Strenge kann entweder durch eine seitliche Begrenzung mit geschnittenen Hecken noch verstärkt oder aber durch sporadische Bepflanzung inner- und außerhalb des Wassers aufgelockert werden.
Auch Innenhöfe lassen sich mit einem strengen Wasserlauf beleben und gliedern. Der Wasserlauf kann zum Beispiel aus einem Brunnen in der Wand gespeist werden. Schön ist es auch, wenn das Wasser wie ein Vorhang herabfallen kann. Oder es zieht sich eine flache Rinne aus poliertem oder schiefrigem Gestein durch den Hof. Es genügt bereits eine geringe Überflutung, um die Schönheit der Steine zu steigern.

Fernöstliche Stilelemente (rotlackierte Rahmen und Pergola, Bambusrohr als Wasserzulauf, geschnittene immergrüne Gehölze) werden hier zwar nur angedeutet – bestimmen jedoch die Atmosphäre des Gartens.

Dieses kunstvolle Detail zeigt eine im Wasser stehende Granitstele, deren leicht geneigter Zulauf von einer Kugel betont wird. Für ein tropisches Ambiente sprechen Strelitzien, Palmen, Muschelblume und Wasserhyazinthe.

Dekorative Pflanzen im Wasser

Deutscher Name	Botanischer Name	Wuchshöhe	Wasserstand
Buntkalmus	*Acorus calamus* 'Variegatus'	60-75 cm	5-20 cm
Zypergras	*Cyperus longus*	60-120 cm	bis 30 cm
Süßgras	*Glyceria maxima* 'Variegata'	40-90 cm	bis 20 cm
Sumpfeibisch	*Hibiscus moscheutos*	50-100 cm	bis 10 cm
Jap. Schwertlilie	*Iris kaempferi*	50-100 cm	bis 10 cm
Lobelie	*Lobelia*-Arten	60-80 cm	bis 10 cm
Scheinkalla	*Lysichiton americanus*	30-50 cm	bis 5 cm
Seerose	*Nymphaea*-Arten/-Sorten	10-30 cm	20-200 cm
Rohrkolben	*Typha*-Arten	50-200 cm	bis 30 cm
Wassernuß	*Trapa natans*	5-20 cm	20-50 cm

Uferbepflanzung: →Seite 184
Innenhöfe: →Seite 228

WASSERSPIELE

Kleine Wasserspiele – gleich welcher Art – sind Accessoires, die auch winzigen Gärten eine persönliche Note verleihen und sie beleben. Sie finden in formalen Gärten inmitten geometrischer Anlagen ebenso Verwendung wie als freie Formen, die asymmetrisch innerhalb eines Teiches, einer Pflanzung oder auf einer Terrasse plaziert sind.

Springbrunnen

Je kleiner ein Springbrunnen, umso näher sollte er am Haus oder Sitzplatz plaziert sein. Weiter entfernt liegende brauchen einen Hintergrund, vor dem die Fontäne ihre Wirkung entfalten kann – eine Mauer, Hecke oder Sichtschutzwand lassen den Springbrunnen zum Blickfang werden.

Welche Form der Strahlen und Fontänen Sie wählen ist Geschmacksache. Effektvoll ist nicht nur hoch aufsteigendes und wieder fallendes Wasser, auch Sprudler und Wasserglocken haben ihren Reiz. Überraschungseffekte können Sie erzielen, wenn aus einer ruhig daliegenden Wasserfläche in Intervallen Springstrahlen in die Höhe spritzen. Hübsch sind auch etagenförmig angeordnete Schalen, über die das Wasser in das Becken herabrinnt und Wasserspeier jeder Art.

Springbrunnen sind meist sehr künstlerische Gebilde. Sie eignen sich deshalb auch nur für ein Zierbecken und nicht für den Naturteich. Schwimmblattpflanzen reagieren negativ auf den dauernden Spritzwasserregen, während nur leicht sprudelndes Wasser oder eine Fontäne mit niedrigem Strahl weniger stören.

TIP

Eine ausgediente Sandkiste kann zu einem kleinen Seerosenteich für Zwerg-Seerosen umfunktioniert werden oder ein interessantes Sumpfbeet ergeben. Verkleiden Sie einen Teil des Randes mit großen Steinen und Wurzeln, der Rest bleibt zum Sitzen.

Schöpfbrunnen

Schöpfbrunnen stellen die einfachste Art eines Wasserbeckens dar.

- Ein Wasserfaß wird zu einem praktischen Gegenstand, wenn Sie es an die Regenrinne anschließen.
- In einem streng geometrischen Bauerngarten kann ein gemauerter oder aus Naturstein gehauener Trog zum Mittelpunkt werden.
- Etwas aufwendiger ist es, wenn Schöpfbrunnen mit einem dekorativen Zulauf oder einer Pumpe kombiniert werden. Solche Brunnen in verschiedenen Formen sind beispielsweise dezente Wasserspiele für Innenhöfe, weil sie sich auch als Wandbrunnen verwenden lassen.

Mini-Teiche

Ein Innenhof, eine Terrasse oder ein Balkon, ein abgelegener Sitzplatz, der kleine Vorgarten oder ein Kleinstgarten hinter dem Haus können mit Mini-Teichen in kleinen Becken, Wannen, Kübeln, Fässern und Trögen ebenfalls mit Wasser belebt werden.

Damit die Wasserfläche auch noch wirken kann, darf die Bepflanzung nur sparsam sein. Auf das Format abgestimmt, kommen vor allem kleinwüchsige Wasserpflanzen in Frage, zum Beispiel Zwerg-Seerosen, Zwergbinsen oder kleine Rohrkolben-Formen wie *Typha minima*, die nur 50-80 cm hoch wird.

Hier wurde ein romantischer Sitzplatz am Sprudelbecken eingerichtet, inmitten von hübsch arrangierten blühenden Topfpflanzen, umrahmt von einem halbhohen Mäuerchen.

Vogeltränken

Vogeltränken haben eine wichtige ökologische Bedeutung, bilden aber auch hübsche Blickfänge.

- Eine einfache Schale genügt bereits. Legen Sie ein paar Steine hinein, um auch kleinen Vogelarten Gelegenheit zum Baden und Trinken zu geben.
- Auch ein Findling mit einer

Oben: Diese Vogeltränke steht besonders gut – hoch über den Pflanzen und in unmittelbarer Nähe eines geeigneten Anflugplatzes (Hibiskus), von dem aus die Lage sondiert werden kann.

Unten: Sprudelsteine müssen nicht einzeln stehen, dieser hier wird zum Blickfang in einem kleinen Teich, dessen Ränder schon stark eingewachsen sind.

natürlichen oder behauenen Vertiefung bietet eine geeignete Trink- und Bademöglichkeit.

► Nostalgisch und schön wirken Gefäße, die auf einem hohen Sockel schweben. Inmitten einer Pflanzung ist die Wasserschale über Blätter und Blüten erhaben und für Katzen unerreichbar.

TIP

Sie können mehrere verschieden tiefe Gefäße bepflanzen und wie Kübelpflanzen gruppieren. Hier können Sie dann auch Raritäten einsetzen, wie Wasserhyazinthe (Eichhornia crassipes), Muschelblume (Pistia stratiotes) und Zypergras (Cyperus), die Sie allerdings frostfrei überwintern müssen.

Sprudelsteine

Sprudel- oder Quellsteine zählen zu den beliebtesten Wasserspielen im Garten. Sie können sowohl für sich allein in einem Kiesbett, einer einfachen Auffangschale oder in einem gesonderten Becken stehen. Sie können aber auch in einer Pflanzung oder auf der Terrasse untergebracht werden. Kunstvolle Gebilde aus edlem Stein sind ebenso verbreitet wie naturbelassene Findlinge, die nur durch eine einfache Bohrung zum Sprudelstein werden. Auch alte Mühlsteine eignen sich hervorragend dafür.

BESONDERE GESTALTUNGSIDEEN

Je extremer eine Gartensituation, je kleiner ein Grundstück, um so schwieriger werden Gestaltung und Problemlösung.

Dieser Eingangsbereich ist wie ein Vorhof gestaltet. Große und kleine, teilweise immergrüne und winterharte Kübelpflanzen sorgen für Üppigkeit.

Vorgarten und Eingangsbereich

Der Vorgarten, der Raum zwischen Straße und Haus, ob groß oder klein, schafft den Übergang zwischen öffentlicher und privater Sphäre und vermittelt den ersten Eindruck von Haus und Garten und seinen Bewohnern. Vorgärten können das Haus ins rechte Licht rücken, seinen Charakter unterstreichen oder ein wenig ansprechendes Gebäude kaschieren.

Vorgärten gibt es in jeder Größe und Form, sie lassen sich geometrisch, ornamental oder ganz frei gestalten. Die Bepflanzung allerdings ist stets von der Größe und Tiefe des Grundstücks, der klimatischen Lage und den Bodenverhältnissen des Vorgartens abhängig.

Ob offener oder geschlossener Vorgarten, formale oder freie Gestaltungsweise, alle Formen lassen sich miteinander kombinieren.

Visitenkarte Vorgarten

Ganz grob können die folgenden Typen eines Vorgartens unterschieden werden:

Offen gestaltete Vorgärten

Von besonderem Charme sind Vorgärten ganz ohne Zaun und Einfriedung. Ein offen gestalteter Vorgarten ohne Umzäunung oder mit nur niedriger Bepflanzung als Abgrenzung demonstriert Großzügigkeit, optisch wird Raum gewonnen, Haus und Eingang ins Blickfeld gerückt. Ein offener Vorgarten setzt allerdings immer auch eine großzügige Einstellung voraus, denn Hunde und Straßenschmutz lassen sich hier nicht ausgrenzen.

Wenn das Gelände und die Bebauung es erlauben, dann ist es sehr wirkungsvoll, wenn mehrere benachbarte Vorgärten im gleichen Stil angelegt werden. Das kann eine schlichte, nur leicht modellierte Rasenfläche sein, die sich im Frühling durch Zwiebelgewächse auflockern läßt. Ein mittelgroßer Hausbaum, eine oder mehrere hübsche Strauchgruppen im Umfeld der Gebäude genügen bereits als Rahmen und leichter Sichtschutz.

Leicht abgeschlossene Vorgärten

Einen kleinen Kompromiß zwischen ganz offenen und vollkommen abgeschlossenen Vorgärten können Sie durch niedrige Hecken aus dornigen oder stacheligen Pflanzen wie Apfelrose *(Rosa rugosa)* und Sauerdorn (*Berberis*-Arten) erreichen. Solche Hecken geben etwas Schutz und fügen sich meist gut ins Gartenbild ein.

Abgeschlossene Vorgärten

Hohe Mauern und dichte Hecken bilden einen wirkungsvollen Schutz gegen Staub und Schmutz, Lärm und Sicht, schließen den Garten aber auch hermetisch ab und verschatten möglicherweise den dahinterliegenden Gartenteil. Transparente und niedrige Zäune und Hecken verbinden Schutzfunktion und Durchlässigkeit.

Dieser Eingang wirkt durch sein halbhohes Geländer und die bunten Kübelpflanzen fast wie eine Veranda. Bodenbeläge und Pflanzflächen bilden ein ausgewogenes Verhältnis.

Formale Vorgärten

Wenn sich der Vorgarten gut auf die Symmetrie des Hauses beziehen läßt, beispielsweise Eingangstor und Haustür in einer Flucht liegen, Grenze und Baukörper geradlinig und eben verlaufen, dann bieten sich formal gestaltete Vorgärten an. Mit hübsch eingefaßten Beeten, jahreszeitlich geprägtem Blumenschmuck aller Art, Rosen und/oder Stauden links und rechts des Hauptweges oder entlang der Einfahrt, können Sie fast ganzjährig eine einladende Wirkung erzielen. Je nach Größe und Tiefe des Gartens werden die Beete in Rasen oder nur zwischen Wegen eingebettet. Ihre Umrisse dürfen unterschiedliche geometrische oder ornamentale Formen aufweisen.

Was Sie unbedingt beachten sollten

► Der Vorgarten, sofern er sich nicht hinter dicken Mauern, Hecken und Zäunen verbirgt, ist immer auch ein Stück öffentlicher Raum. Dieser Gedanke muß ebenso in Ihre Planung mit einfließen wie etwa historische Bezüge, wenn es sich um ältere Gebäude und denkmalgeschützte Straßenzüge handelt.

► Der Stil von Haus und Umgebung sollte auch immer den Stil des Gartens prägen oder dieser muß sich durch möglichst schlichte Ausstattung der Architektur unterordnen. Beim Vorgarten hat dieser Grundsatz besondere Bedeutung, weil jeder Hausbesitzer zum Erscheinungsbild der gesamten Gegend beiträgt.

► Bevor Sie die ersten gestalterischen Überlegungen anstellen, erkundigen Sie sich bei der zuständigen Baubehörde nach den geltenden örtlichen Vorschriften (Grenzabstand, Materialauswahl). Und nehmen Sie die Nachbarschaft in Augenschein, damit Sie mit Ihren Ideen nicht völlig aus dem Rahmen fallen.

Schmale Vorgärten

Durch niedrige Zäune oder Hecken erscheinen schmale Vorgärten optisch größer. Transparente Zäune oder lichte Hecken werfen keine großen Schatten auf dahinterliegende Anpflanzungen. Vertikale Strukturen, wie sie bei größeren Flächen sonst durch Bäume und Sträucher erreicht werden, lassen sich mit Kletterpflanzen aufbauen – entweder direkt am Haus (→ Seite 220) oder durch Begrünen des Zaunes (→ Seite 78). Eine gute Alternative zum winzigen, meist aber pflegeaufwendigen Rasenstück bieten niedrige Pflanzenteppiche (→ Seite 126, 136). Einige ausgesucht schöne Kübelpflanzen, zum Beispiel Fuchsien- oder Margeriten-Hochstämmchen oder in Form geschnittener Buchsbaum, rechts und links der Haustür und eine klare Gliederung des kleinen Vorgartens lassen auch ihn zu einem Blickfang werden.

Sonnige Vorgärten

Ein sonniger, offener Vorgarten kann mit Zwerggehölzen, Wildrosen und Gräsern in Verbindung mit einigen größeren Steinen (Findlingen) als kleine Heidelandschaft gestaltet werden. Eine kleine Hängebirke (*Betula pendula* 'Youngii') oder eine Eberesche *(Sorbus aucuparia)* eignen sich dabei als Hausbaum.
Eine andere Variante für sonnige und trockene Lagen bieten extensive Bepflanzungen zum Beispiel mit Gras-Kräuter-Mischungen oder Mauerpfeffer *(Sedum)* an (→ Seite 225). Kies- und Schotterflächen, Tuffs aus Zwiebelgewächsen und einige kleinere Gehölze lockern die Pflanzung auf.

Auch ein halbschattiger oder nach Norden orientierter Eingangsbereich kann einladend bepflanzt werden. Im Frühjahr erblühen Rhododendron, Schneeheide und Glyzine. Verschiedenfarbige Fuchsien beleben im Sommer den Eingang.

Dieser offen gestaltete Eingang wird durch die symmetrisch angeordneten Kugelrobinien sehr stark betont.

Schattige Vorgärten

Nach Norden orientierte oder im Schlagschatten von größeren Gebäuden liegende halbschattige bis schattige Vorgärten begrünen Sie am besten mit einem Pflanzenteppich, der aus unterschiedlichen niedrigen und halbhohen Schattenstauden (→ Seite 132) besteht. Akzente setzen einige wenige schattenverträgliche Gehölze (→ Seite 204).

Verschiedene Eingangssituationen

- Tore und Türen, die symmetrisch von zwei kleinen Bäumen, zum Beispiel Kugelahorn (*Acer platanoides* 'Globosum') oder Kugelrobinie (*Robinia pseudoacacia* 'Umbraculifera') flankiert werden, betonen den formalen Charakter einer Gartenanlage. Eingangstor und Haustür sollten sich auf einer Linie befinden.

Symmetrie ist jedoch nicht zwangsläufig an formale Planung gebunden (→ Foto oben).

- Einen ähnlichen Effekt erzielen Sie, wenn größere Kübelpflanzen links und rechts des Hauseingangs oder am Treppenabsatz postiert werden. Auch immergrüne Buchsskulpturen (→ Seite 112) eignen sich sehr gut als flankierende Pflanzen.
- Romantisch wirkt ein von Rosen-Hochstämmchen gesäumter gerader Weg zur Haustüre.
- Soll der Eingang bogenförmig gestaltet werden, dann bieten sich bei hoher Heckeneinfassung in Form geschnittene Bögen an.
- Sie können aber auch einen Bogen aus Metall oder Holz mit Rosen oder anderen Kletterpflanzen von

beiden Seiten her beranken lassen. Solch ein Eingang wirkt malerischer und transparenter als das reine Heckenensemble. Rosenbögen können sich aus einer halbhohen Hecke heraus entwickeln oder in Verbindung mit niedrigen Zäunen aus Metall oder Holz stehen, die ebenfalls locker mit Rosen, Clematis oder Geißblatt bepflanzt sind.

► Eine hübsche Variante zur Bogenkonstruktion am Tor ist der Laubengang (→ Seite 70), der Haustüre und Tor miteinander verbindet. Diese Variante ist vor allem für romantische Gartenanlagen, naturnahe oder ländliche Gärten geeignet. Hier können in der Sonne Glyzine *(Wisteria sinensis)* oder Wein, in schattigeren Lagen Goldregen *(Laburnum anagyroides)* oder die Bergwaldrebe *(Clematis montana)* die Aufgabe übernehmen, die Verbindung zum Haus herzustellen.

► Freigestaltete, umzäunte oder offene Eingangsbereiche erhalten ihre Betonung durch einen kleinkronigen Baum (→ Seite 103), es kann auch eine Kugelform oder ein Großstrauch sein. Solche malerischen Gehölze können einfach im Rasen stehen oder in einem Teppich aus niedrigen Stauden und Zwiebelgewächsen. Immergrüne Gehölze sollten Sie unbedingt mit anderen kleinen Ziersträuchern und Stauden zusammenpflanzen.

► Verstellen Sie auf keinen Fall Ihren Vorgarten mit zu vielen oder zu großwachsenden Gehölzen. Beschränken Sie sich auf wenige schöne Pflanzen, an denen Sie fast das ganze Jahr über Freude haben.

► Wenn es die Möglichkeit gibt, sollten Sie überlegen, auch den Bereich vor dem Tor oder sogar einen Streifen entlang der Einfriedung einzubeziehen und dazu zu nutzen, Grünes und Blühendes in den Straßenraum zu bringen. Gerade bei sehr schmalen Vorgärten oder dort wo eine Betonmauer begrünt werden soll, sind solche Pflanzinseln hilfreich.

► Ein Vorgarten oder Eingangsbereich soll zu jeder Jahreszeit einladend aussehen. Verwenden Sie vor allem hier schöne Materialien für Wege und Plätze und Solitärpflanzen – ausgepflanzt oder in Töpfen und Kübeln.

► Farbenfrohe Zwiebel- und Knollenpflanzen sollten im Frühjahr in keinem Vorgarten fehlen.

► Besonders frühblühende und duftende Solitärsträucher kommen am Eingang zur Geltung, weil man sie dort auch in der kalten Jahreszeit täglich bewundern kann. Zaubernuß *(Hamamelis)*, Duft-Schneeball *(Viburnum farreri)*, Scheinhasel *(Corylopsis)* und Winterjasmin *(Jasminum nudiflorum)* bieten sich hierfür an – wenigstens einer dieser Sträucher sollte im Eingangsbereich stehen.

Tip

Reizvoll ist zum Beispiel ein Essigbaum (Rhus typhina 'Dissectum'). Seine bizarren Äste gehen in die Breite und legen sich förmlich über Mauerbrüstungen oder Zäune. Rhus typhina bildet Ausläufer und sollte daher am besten in einen nach unten offenen Container gepflanzt werden, damit er nicht nach und nach den Vorgarten zuwuchert.

Schattenverträgliche Gehölze

Roter Fächerahorn	*Acer palmatum* 'Atropurpureum'
Hoher Buchsbaum	*Buxus*-Arten/-Sorten
Gewürzstrauch	*Calycanthus floridus*
Gelbbunter Hartriegel	*Cornus alba* 'Spaethii'
Scheinhasel	*Corylopsis pauciflora*
Breite Strauchmispel	*Cotoneaster divaricatus*
Hortensien	*Hydrangea*-Arten/-Sorten
Ranunkelstrauch	*Kerria japonica*
Duftazalee	*Rhododendron luteum*
Schneeball	*Viburnum*-Arten/-Sorten
Weigelie	*Weigelia florida*

Der efeuberankte Bungalow und die Bepflanzung im Eingangsbereich bilden eine Einheit. Bindeglied ist die von einer Alpen-Waldrebe reizvoll umsponnene Waldkiefer.

Kleine frühjahrsblühende Zwiebelpflanzen

Deutscher Name	Botanischer Name	Blütenfarbe
Schneestolz	*Chionodoxa luciliae*	blau
Krokus	*Crocus*-Arten/-Sorten	verschieden
Winterling	*Eranthis hiemalis*	gelb
Schneeglöckchen	*Galanthus nivalis*	weiß
Blauglöckchen	*Hyacinthoides hispanica*	blau
Märzenbecher	*Leucojum vernum*	weiß
Traubenhyazinthe	*Muscari armeniacum*	blau
Zwerghyazinthe	*Puschkinia scilloides*	weiß, hellblau
Blaustern	*Scilla sibirica*	blau
Zwerg-Tulpen	*Tulipa*-Sorten	verschieden

Oben: Nadelgehölze und Rhododendron- Büsche entziehen den Hauseingang dem direkten Blick. Rosen und Stauden sorgen im Vorfeld für die nötige Lockerheit.

Unten: An diesem Haus ergänzen sich formale und freie Gestaltungselemente vortrefflich. Haus und Vorgarten verschmelzen zu einer Einheit.

Einfriedungen: →Seite 72
Bäume, Sträucher: →Seite 100
Hecken: →Seite 110

Wenn im Sommer der Hortensien-Busch in voller Blüte steht, wird dieser gepflegte ländliche Eingangsbereich in halbschattiger Lage zum einmaligen Blickfang. Das Blau der dicht an dicht stehenden Blütenbälle korrespondiert hervorragend mit der Eingangstüre. Das blaue Heliotrop im Topf nimmt den Ton noch einmal auf. Die weißen Sprossenfenster finden ihre Entsprechung in den weißgerandeten Blattschmuckstauden *(Hosta)* und den Margeriten im Topf. Die den Eingang flankierenden dunklen Säuleneiben bilden das Gegengewicht zur Blüten- und Blattfülle.

Elegant und rustikal zugleich wirkt dieser Vorgarten im ländlichen Stil. Den etwas herrschaftlichen Charakter bewirken die geschwungene Doppeltür und die Laterne am Haus. Clematis und Rosen am Haus schaffen eine enge Verbindung zum unmittelbar angrenzenden Garten – der gleichzeitig auch Vorgarten ist. Der Gast wird auf seinem Weg zum Haus links und rechts von blühenden Stauden geleitet. Die schwere Holzbank mit gußeisernem Gestell lädt zum Verweilen ein.

Aus einem Bilderbuch zu stammen scheint dieser ländliche Hauseingang: Reetdach, Klinkerwände, weißgestrichene Tür und Fenster, malerisch umrahmt von rosafarbenen und roten Kletterrosen und hell- und dunkelrosa Stockrosen. Die nostalgische weiße Bank ist der hervorstechendste Blickfang und wirkt sehr einladend.

Auch ein modernes Haus kann mit Hilfe einer Pergola einen lauschigen Eingangsbereich erhalten. Ein blütenschweres Tor aus hellrosa Clematis und blauer Glyzine umschließt im Frühjahr den Vorplatz des Hauses. Das rote Porphyrpflaster harmoniert bestens mit der dunklen Holztür, den Pfosten der Pergola und der angrenzenden Bepflanzung aus Kirschlorbeer, Bambus und Efeu.

Sehr rustikal wirkt dieser Eingang. Kontrastreich heben sich Naturholzrahmen und weiß verputztes Mauerwerk voneinander ab. Vorplatz und Treppe bestehen aus unregelmäßigen Natursteinplatten, zwischen denen auch noch einige Kräuter Platz finden. Sehr liebevoll wirkt die Geranien-Sammlung auf den Treppenstufen. Die vielen verschiedenen Töpfe nebeneinander erinnern an das Flair südlicher Länder.

In diesem flachen Hang bildet der Steinginster *(Genista lydia)* im Mai/Juni leuchtende Blütenpolster.

Garten am Hang

Ein Grundstück in Hanglage zu besitzen, gilt als besonders reizvoll, vor allem wenn damit ein schöner Blick in die Landschaft verbunden ist. Häufig ist die Sonneneinstrahlung am Hang auch höher, und im Gegensatz zum ganz ebenen Garten bieten sich hier viele reizvolle Gestaltungsmöglichkeiten – oft aber auch schwierige Situationen.

Je kleiner das Gelände ist, desto umfangreichere Baumaßnahmen sind bei einem Hanggrundstück erforderlich. Ein größeres Areal bietet die Möglichkeit, auch flach auslaufende Bereiche anzulegen, Mulden und Böschungen natürlicher auszuformen und eine abwechslungsreiche Gartenlandschaft zu gestalten.
Treppenanlagen (→ Seite 66) sind meist ab 7 % Gefälle notwendig. Im natürlich geformten Gelände schlängeln sich die Wege durch den Garten, und es genügt, nur hie und da einige Stufen einzubauen, um Abkürzungen zu ermöglichen, Ruhepunkte zu schaffen oder aus gestalterischen Gründen.
Auf kleinen, steilen Grundstücken dagegen kann der Garten nur über Treppen und durch Terrassierungen erschlossen werden.

Verschiedene Hanggrundstücke

Hanggrundstücke können sehr unterschiedliche Gestalt haben:

<u>Das Haus liegt oberhalb des Hanges</u>
Da bei dieser Konstellation der Blick größtenteils über den eigenen Garten hinweggeht, ist es besonders wichtig, im näheren Umfeld des Hauses Blickpunkte zu schaffen, damit das Auge einen Halt bekommt.
► Legen Sie den Terrassenbereich so großzügig wie möglich an, tief und mit seitlichem Rahmen, einer Pergola oder einem Hausbaum.
► Sie können aber auch die Terrasse durch Mäuerchen fassen und mit Kübelpflanzen oder Beetbepflanzungen den Vordergrund betonen.

<u>Das Haus liegt unter der Böschung</u>
Da der Garten direkt im Blickfeld der Bewohner liegt, sollten Sie ihn gut gliedern und mit Blickfängen durchsetzen.
► Schaffen Sie möglichst für jede Jahreszeit Höhepunkte, die auch auf die Entfernung wirken.
► Achten Sie auf eine gute farbliche Abstimmung, da Sie einen Großteil des Gartens auf einen Blick erfassen können.

<u>Das Haus liegt mitten im Hang</u>
Dies ist der günstigste Fall, denn die Gartenflächen erstrecken sich rund ums Haus nach oben und unten.
► Je nach Situation können Sie verschiedene Sitzplätze anlegen, einen Nutz- und einen Ziergartenbereich, Wasserläufe und einen Teich.
Generell sollten Sie immer versuchen, so viel wie möglich ebene Flächen zu schaffen und damit eine bessere und vielseitige Nutzung zu erreichen.

Fast unbemerkt führt eine geschwungene Treppe durch dichte Bepflanzung und Blumenpracht hinauf zur Terrasse. Ein leichtes Metallgeländer weist den Weg – ohne allzu sehr aufzufallen.

Sitzplätze am Hang

Eine ebenerdige Terrasse vergrößert den Wohnbereich optisch und stellt den besten Bezug zum Garten her. Auf einer zweiten und dritten Ebene können dann weitere Sitzplätze angelegt werden, die sich nach anderen Himmelsrichtungen orientieren, so daß Sie den ganzen Tag über in der Sonne oder im Schatten sitzen können – je nach Belieben. Terrasse und Böschung lassen sich auch miteinander kombinieren.

Sanfte Stufung

Ein gleichmäßig geformter Hang mit geringer Geländeneigung kann durch leichte Modellierung, kleine Mulden und mehrere flache Mäuerchen oder Steinblöcke gegliedert und durch schmale Pfade oder Trittsteine aufgelockert werden. Häufig genügt es auch, eine einzige Stützmauer zu bauen und damit den Garten auf zwei Ebenen zu verlagern. Als Alternative bleibt die ursprüngliche Böschung erhalten.

Flache Terrassierung

Bei stärkerer Geländeneigung können Sie mit Hilfe mehrerer niedriger Mauern den Hang auch stärker terrassieren, das heißt es entstehen flache Stufen. Treppen sorgen für eine Verbindung zwischen den einzelnen Terrassen. Jede dieser Terrassen kann nun anders bepflanzt und genutzt werden. Solche Terrassengärten wirken ästhetisch sehr befriedigend, vor allem wenn die Mäuerchen aus Natursteinen aufgesetzt sind.

Starke Terrassierung

Übersteigt die zu überwindende Höhe jedoch einen Meter oder mehr, muß das Gelände stärker abgefangen werden, da reichen trocken aufgesetzte Steine nicht mehr aus. Je nach Höhe benötigen Sie dann Betonfundamente und armierte Rückenstützen für die festverfugten Steine, oder es genügen auch rein technische Betonkonstruktionen beziehungsweise Holz- oder Betonpalisaden.

HANGBEPFLANZUNG

Die Bepflanzung eines mehr oder weniger stark geneigten Geländes ist immer etwas schwieriger als in ebenen Bereichen – kann aber dennoch sehr reizvoll sein. Das Terrassieren der Böschungen schafft alle Möglichkeiten für eine vielseitige Bepflanzung, sogar für Rasenflächen und Nutzgarten. Stützmauern und Palisaden bieten zusätzlichen Raum für den Bewuchs mit hängenden oder kletternden Pflanzen. Schöne Gartensituationen entstehen auch dort, wo Mauern, Treppen und Böschungen sich abwechseln. Wenn

Dieser alteingewachsene Garten vermittelt sehr viel Charme. Vorhandene und gebrauchte Materialien wurden zur teilweisen Neugestaltung genutzt.

Kostenaufwand für eine Stützmauer

Mauer, ca. 1 m über Geländeoberkante	Dicke	DM pro lfd. m
Trockensteinmauer, Naturstein gering bearbeitete Oberfläche, auf Kiestragschicht	ca. 35 cm	550-640.– DM
Klinkermauer mit Rollschichtabdeckung auf Betonfundament	24 cm	480-580.– DM
Holzpalisaden, Fichte imprägniert mit seitlich eingebrachtem Magerbeton	15-20 cm	280-350.– DM
Stuttgarter Mauerscheiben, Oberfläche gesandet Fundament: Magerbeton	10 cm	320-380.– DM
Betonmauer, Ortbeton, armiert Ansicht bearbeitet, inkl. Betonfundament	ca. 25 cm	300-400.– DM

Ein sehr schöner Kontrast: Helles Kalkgestein, rotblättriger Ahorn und gelbe Blütenteppiche der Gold-Fetthenne.

Verebnungen, Mulden und Erhebungen die Böschung modellieren, ergeben sich facettenreiche Pflanzplätze und ein bewegtes Bild.

► Geneigte Flächen sind immer stärker der Witterung ausgesetzt als ebene. Regen und Wind können auf unbewachsenen Hängen leicht Schaden anrichten.

► Je steiler die Böschung, umso schneller muß die Begrünung und Durchwurzelung erfolgen, damit der kostbare Boden nicht abgeschwemmt wird.

Es bieten sich folgende Möglichkeiten an:

Begrünen mit Rasen und einzelnen Gehölzen

Grundsätzlich sollten Sie sich überlegen, ob das Mähen am Hang auf Dauer nicht zu beschwerlich wird bzw. daß Sie dazu spezielle Geräte (Motorsense) anschaffen müssen.

Als größere Gehölze für die Randpartien eignen sich in trockener Hanglage vor allem Felsenbirne *(Amelanchier)*, Perückenstrauch *(Cotinus)*, Erbsenstrauch *(Caragana)*, Blasenstrauch *(Colutea)*, Feuer-Ahorn *(Acer ginnala)*, Sanddorn *(Hippophae)*, Tamariske *(Tamarix)* und Wildrosen.

Was Sie unbedingt beachten sollten

► Gärten am Hang sind schwieriger zu bearbeiten als ebene Flächen; waagerechte Beete lassen sich jedoch nur durch hohen baulichen Aufwand herstellen.

► Zum Terrassieren des Grundstücks müssen Stützmauern angelegt werden, und dies verursacht Kosten in unterschiedlicher Höhe, je nachdem, welches Material Sie verwenden und ob Fundamente nötig sind.

► Achten Sie beim Hang und besonders beim Mauerbau auf eine gute Entwässerung.

Einfache Gehölzpflanzungen für steile Lagen

Dort, wo eine regelmäßige Pflege auf Schwierigkeiten stößt, müssen Lösungen gefunden werden, damit die Flächen weitgehend sich selbst überlassen werden können. Geeignet sind dazu beispielsweise Wacholder-Arten *(Juniperus)* und/oder Kriech-Kiefern *(Pinus mugo)*. Um keine Eintönigkeit aufkommen zu lassen, sollten Sie dazwischen großflächig sogenannte Bodendecker-Rosen setzen, zum Beispiel die flach ausgebreitet wachsende Rose 'Max Graf' (Blüten einfach, rosa) oder *Rosa rugosa* 'Repens Alba' (Blüten einfach, weiß). Beide Sorten werden 2-3 m breit. Die bekannte Rose 'The Fairy' mit kleinen, rosafarbenen gefüllten Blüten wächst kompakter und erreicht nur einen Durchmesser von maximal 1 m.

Gemischte Gehölzpflanzungen am Hang

Flachere Hangbereiche können Sie abwechslungsreicher mit Gehölzen gestalten. Eine Mischung aus mehreren kriechenden und sich rasch ausbreitenden Arten, in die etwas höhere Einzel- oder Gruppengehölze eingestreut werden, ergibt einen lebendigeren Anblick als Monokulturen aus Felsenmispel *(Cotoneaster)* oder Schneebeere *(Symphoricarpus)*.

Pflanzen Sie zum Beispiel in größeren Gruppen flachwachsende Arten wie Schneeheide *(Erica carnea)*, Felsenmispel *(Cotoneaster dammeri, C. microphyllus, C. adpressus)* oder Kriechspindeln *(Euonymus fortunei)* und in kleineren Gruppen dazwischen Polsterspieren *(Spiraea decumbens)* und andere Zwerg-Spieren.

Für sonnige, trockene Lagen eignen sich Heidekraut *(Erica)*, kriechender

TIP

Besonders dankbar und für größere Flächenbegrünung bewährt hat sich der Steinsame (Buglossoides purpurocaerulea). Er gedeiht sowohl auf sonnigen, trockenen Standorten als auch im lichten Schatten von Bäumen.

Wacholder *(Juniperus)* und Kiefern *(Pinus)*, Felsenmispeln *(Cotoneaster)*, Fingerkraut *(Potentilla)*, Rosen, Berberitzen *(Berberis)* und Zierquitten *(Choenomeles japonica)*.

Für schattigere und feuchtere Lagen kommen Kriechspindel *(Euonymus)*, Heckenkirsche *(Lonicera)* und Stechpalme *(Ilex)* sowie niedrige und breitwüchsige Japanische Azaleen *(Rhododendron)* in Frage.

Ergänzen Sie die Pflanzungen zur Auflockerung stets mit einigen höheren Ziersträuchern, die gleichzeitig auch als Sichtschutz dienen können.

Hangbegrünung mit Stauden und Halbsträuchern

Bei allen mosaikartigen Pflanzungen aus mehreren Arten und Sorten sollten Sie innerhalb der gleichen Pflanzengruppen bleiben und auf die Wüchsigkeit der Pflanzen achten. Werden Stauden und Gehölze miteinander kombiniert, dann gewinnen die Gehölze bald die Oberhand. In einem Staudenteppich sollten deshalb Bäume und Sträucher nur als Solitärpflanzen, nicht als Gruppenpflanzung, verwendet werden. Böschungen lassen sich gut mit bodendeckenden Stauden für sonnige (→ Seite 126, 216, 225) oder halbschattige Standorte (→ Seite 136) begrünen. Besonders günstig zur Befestigung des Bodens sind Rhizompflanzen, wie Maiglöckchen *(Convallaria majalis)*, Gräser und Farne, sowie polster- und mattenbildende Pflanzen. Verwenden Sie den niedrigen Halbstrauch Johanniskraut *(Hypericum calycium)*, der als idealer Hangbegrüner gehandelt wird, sehr vorsichtig. Er breitet sich äußerst aggressiv aus und läßt anderen Pflanzen kaum hochkommen.

Dieser Hang wurde durch Terrassierung gegliedert. Efeu überspielt alle Kanten und bildet eine einheitliche Bodendecke, die weißen Blüten der Kletterhortensie setzen Lichtpunkte.

Oben: Malerisch breitet die Tamariske ihre lockeren Zweige über zyklopenhaftes Gestein. Mit ihren hellen Blütenständen bildet sie einen schönen Blickfang.

Unten: Hier fängt eine verwitterte Ziegelmauer in elegantem Schwung den Hang ab. Die graulaubigen Stauden auf der Mauerkrone bringen Helligkeit in den schattigen Bereich.

Was Sie unbedingt beachten sollten

- Untergliedern Sie Hang oder Böschung mit einigen großen Blöcken. Kleineres Steinmaterial am besten gruppenweise setzen.
- Bauen Sie das Gestein lagerhaft ein, das heißt die breite und flache Seite nach unten, es soll seinen natürlichen Charakter behalten.
- Plattiges und kantiges Material soll schräg in den Hang eingebaut werden, damit Regenwasser im Boden versickern kann.
- Neben dem optisch ansprechenden Versetzen des Gesteins ist der fachgerechte Unterbau von größter Wichtigkeit. Er muß einerseits gut verdichtet sein, damit größere Felsbrocken nicht absacken, andererseits durchlässig genug für Pflanzenwurzeln.
- Gesteinsschotter und -splitt, passend zum groben Stein, dient zum Abdecken des Bodens zwischen den Blöcken oder als Lauffläche.

Mauern: →*Seite 74*
Bodendecker: →*Seite 126, 136*
Sitzplätze: →*Seite 152*
Steingarten: →*Seite 214*

PFLANZPLAN

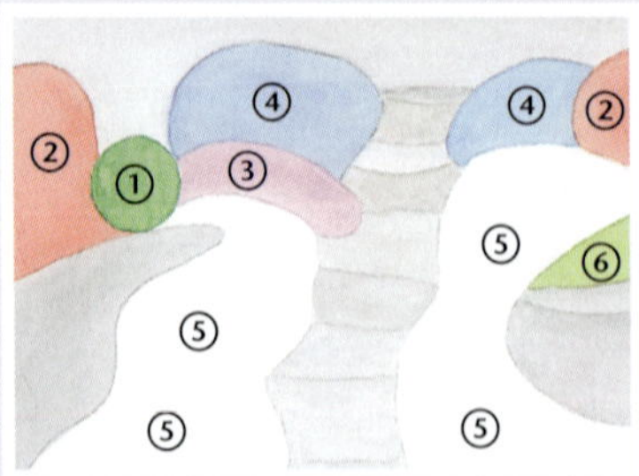

Beetgröße
1,5 x 2,5 m

Einkaufsliste

① 1 **Säulenwacholder** *(Juniperus communis)*
② 5-10 **Bartnelken** *(Dianthus barbatus)*
③ 3-5 **Grasnelken** *(Armeria maritima)*
④ 3-5 **Bergflockenblumen** *(Centaurea montana)*
⑤ 7-10 **Hornkraut** *(Cerastium tomentosum)*
⑥ 1 **Strauchwacholder** *(Juniperus chinensis)*

DER STEINGARTEN

So schön (siehe Foto) kann ein naturnah angelegter, großzügig gestalteter Steingarten sein. Die Treppenstufen fügen sich sehr natürlich ins Gelände ein und sind gleichzeitig Gestaltungselement. Es ist deutlich zu erkennen, daß bei der Anlage eines naturhaften Steingartens das Material und die Art der Steinsetzung ebenso wichtig sind wie die Bepflanzung.

Verschiedene Steingartenanlagen

Das Steingartenthema ist nicht nur für große Gärten in Hanglage geeignet, es läßt sich sogar oftmals wider Erwarten gut in einen kleinen Garten einordnen – ganz besonders dann, wenn das Gelände uneben und das Grundstück an bestimmten Stellen abgeböscht ist.
Jegliche Niveauunterschiede können mit einem Mäuerchen aufgefangen werden und damit sind bereits die Voraussetzungen für das Gedeihen von Steingartenpflanzen geschaffen. Dort wo ein Hang oder eine Böschung zur Verfügung stehen, kann ein richtiger Steingarten angelegt werden. In anderen Fällen müssen Trockenmauern den Steingarten ersetzen. Auch ein Steinwall als Raumteiler oder als Begrenzung angelegt, erfüllt diese Funktion. In formalen Gärten besteht die Möglichkeit, Bankbeete und Terrassen mit Steinen zu gestalten.

krone Platz finden und da fast meterlang an den Steinen herunterhängen. Für kleine Mauerstückchen sind diese Pflanzen nicht gut geeignet, da sie leicht alles andere überwuchern – und von den reizvollen Natursteinen soll ja auch noch etwas zu sehen sein. Der Frühlingsaspekt einer solchen Pflanzung ist ungeheuerlich, denn die roten, blauen, gelben und weißen Blütchen lassen kaum mehr etwas vom Blattgrün entdecken. Ab Juni jedoch verliert sich die Blütenpracht und eine Steinanlage in dieser Art wirkt dann unattraktiv. Es kommt nun darauf an, mit verschiedenen Glockenblumen *(Campanula)*, Thymian und Nelken-Arten *(Dianthus)*, mit Fetthenne *(Sedum)* und Hauswurz *(Sempervivum)* auch im Hochsommer Farbe zu erzeugen.

Steinwall

Im Gegensatz zur aufgeschichteten Mauer, die in der Regel aus behauenen Steinblöcken oder Plattenmaterial besteht, werden für Steinwälle größere und runde Einzelsteine verwendet. Ein solcher Wall, sich selbst überlassen, wird bald von einer Krautschicht aus der Umgebung besiedelt. Mit Hilfe von sonnenliebenden, trockenheitsverträglichen Stauden können Sie jedoch einen farbenprächtigen Blumengarten hervorzaubern. Solche Steinwälle eignen sich vor allem für naturnahe Gärten. Mit ihnen läßt sich der Gartenraum gliedern, aber auch ein kleiner Lärmschutzwall gegen die Straße errichten. Auf der Außenseite können Gehölze und Rosen wachsen (Substratstärke ca. 50 cm), auf der sonnigen, dem Garten zugewandten Innenseite wird der Wall dann zum Steingarten.

Trockenmauer

Gewachsene Felswände mit einer natürlichen Steinflora sind in einem Garten höchst selten anzutreffen. Mit einer trocken – also ohne Mörtel – aufgerichteten Natursteinmauer (→ Seite 76), deren Fugen mit einem Gemisch aus Gartenerde, Kompost und Sand, eventuell auch Lehm, verfüllt sind, wird sehr schnell der Charakter einer natürlich begrünten Wand erreicht, denn durch Samenanflug und das Verschleppen von Fruchtkörpern durch Insekten geht dies ohne menschliche Hilfe in relativ kurzer Zeit vonstatten. Sie können aber auch ganz gezielt Ballenpflanzen in die Fugen einbringen. Ein Anschluß an dahinterliegendes Erdreich ist für starkwachsende Polsterstauden wie Phlox, Gänsekresse und Felsen-Steinkraut sehr hilfreich. Auch die immergrünen *Aubrieta*-Sorten und die Schleifenblume *(Iberis)* können sehr gut auf bzw. hinter der Mauer-

Formale Steingärten

Auch aus einem formal gestalteten Beet läßt sich ein eindrucksvoller kleiner Steingarten entwickeln. Auf einer rechtwinkligen Grundform können Sie größere und kleinere Gesteinsbrocken – auch Tuffsteine – locker verteilen. Sie können das Steinmaterial flach einarbeiten oder die Fläche auch an ein bis zwei Stellen leicht anhügeln. Siedeln Sie dazwischen einzelne Zwerggehölze, alpine Stauden, kleine blaue oder graugrüne Gräser und verschiedene Zwiebel- und Knollengewächse an, so daß das Beet das ganze Jahr über interessante Aspekte zeigt.

Neben den typischen Steingartenstauden, wie sie bei der Trockenmauer (→ Seite 76, 215) aufgeführt sind, kommen für ein Steinbeet vor allem die niedrigen Bart-Iris *(Iris barbata)* in verschiedenen Sorten in Frage. Sie bilden herrliche Blickfänge, vor allem, wenn sie nach einigen Jahren dichte Horste gebildet haben. Reizvolle Partner finden sie in den unermüdlich blühenden Hornveilchen *(Viola cornuta)*, gelben und roten Fingerkräutern *(Potentilla)*, Moos-Steinbrech *(Saxifraga arendsii)*, Seifenkraut *(Saponaria ocymoides)* und Alpenaster *(Aster alpinus)*.

Für farbenfrohe Sommeraspekte sorgen dann Sonnenröschen *(Helianthemum)* in verschiedenen Farben, Silberwurz *(Dryas x suendermannii)*, Purpurglöckchen *(Heuchera x brizoides)*, Islandmohn *(Papaver nudicaule)* in verschiedenen Pastelltönen, Schleierkraut *(Gypsophila repens)*, zahllose Fetthennen-Sorten *(Sedum)* und wunderschöne Storchschnabel-Arten *(Geranium dalmaticum, G. subcaulescens, G. cinereum)*.

Blütenpflanzen für sonnige Steinanlagen

Deutscher Name	Botanischer Name	Blütenfarbe
Schafgarbe	*Achillea tomentosa*	gelb
Steintäschel	*Aethionema grandiflorum*	rosa
Felsen-Steinkraut	*Alyssum saxatile*	gelb
Mannsschild	*Androsace sarmentosa*	rosa
Katzenpfötchen	*Antennaria dioica*	silbrig-weiß
Gänsekresse	*Arabis caucasia*	weiß
Bergaster	*Aster amellus*	lila, violett,rosa
Silberdistel	*Carlina acaulis*	weiß

Oben: So verschwindet eine Stütz- und Lärmschutzwand aus Betonfertigteilen mit der Zeit unter üppiger Bepflanzung – vor allem im Frühling eine unübersehbare Blütenpracht.

Unten: Diese Natursteinwand aus gewachsenem Fels bietet den Pflanzen wenig Lebensraum, trotzdem blüht es hier üppig. Vieles siedelt sich auch ohne menschliches Zutun an.

Oben: Dieser Steingarten ist nur über wenige Trittplatten erschlossen, die durch ausgedehnte Fetthennen- und Thymianteppiche führen, deren Grüntöne bereits schon reizvoll wirken.

Unten: Die Steine in diesem Hanggarten sind von einer dichten Pflanzengesellschaft überwuchert. Zuckerhutfichte und Wacholder bilden dauerhafte Strukturen.

Steintröge

Sie können selbst noch auf allerkleinstem Raum Mini-Gärtchen in Steingefäßen anlegen. Hier lassen sich auch Raritäten kultivieren, und zwar getrennt entsprechend ihrer Naturstandorte und Ansprüche mit dem passenden Gestein, zum Beispiel auf Kalk, Urgestein oder Tuff. Solche Steingarten-Raritäten sind vor allem etwas für den Liebhaber der alpinen Flora aus aller Welt. Die Pflanzen sind in Spezialgärtnereien erhältlich.

Steingärten im Schatten

Wenn Sie keinen sonnigen Platz zur Verfügung haben, brauchen Sie trotzdem nicht ganz auf eine Steingartenanlage zu verzichten. Die Pflanzenauswahl ist im schattigen Bereich zwar nicht so groß wie im sonnigen, doch was hier wächst, hat auch seinen Reiz, beispielsweise verschiedene kleine Farne wie *Asplenium trichomanes, Ceterach officinarum, Adiantum pedatum* und *Phyllitis scolopendrium.* Auch die Zwergformen von Funkie *(Hosta)* und Astilbe *(Astilba chinensis pumila)* sowie Veilchen *(Viola)* finden hier ihren Platz. Im zeitigen Frühjahr bezaubern vor allem Christrosen *(Helleborus),* Leberblümchen *(Hepatica),* Lerchensporn *(Corydalis cava)* sowie eine Vielzahl kleiner Zwiebelgewächse und der giftige Seidelbast *(Daphne mezereum).*

Trockenhang

In einem sonnig trockenen Hanggelände können Sie mit einfachen Mitteln einen mediterran wirkenden, pflegeleichten Steingarten anlegen. Wenn Sie den Boden mit kantigem oder plattenhaftem Material und Schotter teilweise abdecken, bietet dies ideale Bedingungen für wärmeliebende Pflanzen wie Lavendel *(Lavandula),* Heiligenkraut *(Santolina),* rote und weiße Spornblumen *(Centranthus).* Auch zahlreiche Gräser und Zwiebelgewächse, zum Beispiel im Frühjahr Wildtulpen, im Frühsommer Zierlauch-Arten *(Allium)* und Steppenkerze *(Eremurus),* passen gut hierher. Weitere Pflanzen mit steppenhaftem Charakter (→ Seite 120) unterstreichen die Atmosphäre. Das Steinmaterial sollte hell- bis dunkelgrau sein.

DER KIESGARTEN

Wenn Sie ausgesprochene Steingärten nicht mögen oder größeres Steinmaterial nicht zu bekommen oder zu teuer ist, Sie einen relativ pflegeleichten Garten wollen und das Grundstück großenteils vollsonnig ist, dann bietet sich als gute Alternative ein Kiesgarten an. Er läßt sich sowohl formal streng als auch frei und mehr naturhaft gestalten – je nachdem wie Ihre Gartenanlage es erfordert.

Wie dichte graublaue Kissen sitzen die genügsamen Lavendelbüsche in der Kiesfläche.

Oberflächengestaltung

Runde Kieselsteine in unterschiedlicher Stärke, Grob- und Feinkies in verschiedenen Fraktionen, Splitt und Schotter aus gebrochenem Material können als Abdeckung für die zur Verfügung stehende Fläche genutzt werden. Das Niveau kann völlig eben oder leicht dünenartig modelliert sein. Große Findlinge, Steinblöcke oder Steinstelen haben die Aufgabe, besondere Stellen zu markieren und zusammen mit Gehölzen und Gräsern die Höhe zu betonen. Verwenden Sie Solitärpflanzen nur sparsam, um die Großzügigkeit der gesamten Anlage herauszuheben.

Kiesel und Wasser

Einen absolut pflegeleichten Garten können Sie mit Flußkieseln gestalten, wenn Sie in einer Flußlandschaft leben oder dort, wo eiszeitliches Geröll den Untergrund bildet. Wird die Kiesschüttung auf Folie aufgebracht und leicht modelliert, entstehen an manchen Stellen kleine Mulden, in denen sich das Wasser sammeln kann. An der tiefsten Stelle wird ein Teich angelegt, der sparsam und grafisch streng an den Rändern mit Binsen *(Juncus)*, Rohrkolben *(Typha)*, Iris und innerhalb der Wasserfläche mit wenigen Seerosen bepflanzt ist. An einigen Stellen in der Kiesfläche sitzen große Gräserhorste, zum Beispiel Lampenputzergras *(Pennisetum)*, in der Nähe des Hauses auch höhere Exemplare wie Chinaschilf *(Miscanthus)* und/oder Bambus *(Phyllostachys)*. In die Teichnähe passen einige niedrige Weiden wie *Salix rosmarinifolia* oder *S. purpurea*. Der Reiz des Gartens liegt in der zurückhaltenden Bepflanzung und der kargen Bodenstruktur. Ausgleich schaffen einige Großgehölze in der Umgebung. Eine dichte Abpflanzung zu den Nachbarn und eine engbegrenzte Lage passen jedoch nicht zu dieser Art von Gartenanlage.

Dieser ungewöhnliche Garten bietet in einer Gegend wie dem Alpenvorland oder einer Flußaue eine interessante und pflegeleichte Lösung.

Steingarten: → Seite 214
Innenhöfe: → Seite 228

Rosen am Haus, in Hausnähe und im Garten sind immer ein schönes Thema, das in vielen Variationen angewandt werden kann.

Haus- und Dachbegrünung

Nicht nur ein Garten, auch das Haus mit all seinen Nebengebäuden und den dazugehörigen Dächern sowie kleine Höfe können begrünt werden. Auf diese Weise können Sie aus kleinsten Grundstücken grüne Oasen machen. Vor allem für Häuser in der Stadt bieten sich diese Lösungen an, denn mit Hilfe von Pflanzen und viel grüner Laubmasse lassen sich die klimatischen Nachteile des städtischen Umfeldes wesentlich verbessern. Auch die ökologische Bedeutung der Fassaden-, Dach-und Hofbegrünung ist nicht zu unterschätzen.

Trotz der vielen positiven Beispiele und jahrzehntelanger Erfahrungen mit grünen Häusern werden immer wieder Bedenken gegen eine Hausbegrünung vorgebracht. Insbesondere die Verwendung von Selbstklimmern wie Efeu *(Hedera helix)* ist aus bautechnischer Sicht in der Diskussion und auch ernst zu nehmen, denn mit speziellen Haftorganen suchen die kletternden und klimmenden Pflanzen an der Unterlage einen Halt. Intaktes trockenes Mauerwerk und haltbarer Rauhputz sind deshalb die Voraussetzung für eine direkte Wandbegrünung. Ungeeignet sind Fachwerk, vorgehängte Wandverkleidungen, sehr glatte Oberflächen, kunststoffhaltige und wasserabweisende Anstriche und mit Holzschutz behandelte Flächen.

Doch nicht nur Selbstklimmer, auch starkwachsende Schlinger wie Glyzine *(Wisteria)*, Knöterich *(Fallopia)* und Baumwürger *(Celastrus)* sind zur Hausbegrünung ungeeignet, wenn die Bausubstanz nicht intakt ist. Ihre teilweise lichtfliehenden Triebe schieben sich in vorhandene Hohlräume und entwickeln mit den Jahren eine außerordentliche Sprengkraft.

FASSADEN-BEGRÜNUNG

Es gibt zwei wesentliche Gründe für die Begrünung von Gebäuden: zum einen geht es in erster Linie um das Kaschieren unschöner Fassaden, zum andern um die bewußte architektonische Gestaltung von Häusern und das Einbringen von mehr Grün.

In den häufigsten Fällen sollen kleine und große Schönheitsfehler unter einem grünen Kleid verborgen werden. So verschwinden zum Beispiel häßliche Brandmauern unter immergrünem Efeu oder herbstbuntem Wildem Wein. Ungünstige Gebäudeproportionen können mit Hilfe von Kletterpflanzen verschoben werden: ein begrünter Sockel läßt die Fassade weniger hoch erscheinen, links und rechts angebrachte Rankgitter verschmälern eine breite Fassade, niedrige Gebäude lassen sich durch einzelne schmale Rankelemente optisch strecken.

Häßliche Anbauten und unharmonische Materialien können mit Grünpflanzen kaschiert werden. Klettterpflanzen eignen sich wunderbar als Bindeglieder und schaffen dort Übergänge, wo es irgendwelche Reibungspunkte an der Architektur gibt.

Auch enge Hofsituationen können reizvoll gestaltet werden – wie hier zu sehen ist. Efeu sorgt für dauerhaftes Grün. Clematis, Topf- und Kübelpflanzen verbreiten sommerliche Atmosphäre.

Rankgerüste – nicht nur Kletterhilfen

Schling- und Rankgewächse benötigen grundsätzlich eine Kletterhilfe. Aber auch Selbstklimmer wie Kletterhortensie *(Hydrangea petiolaris)* und Trompetenblume *(Campsis radicans)* sind für eine Verankerung dankbar, da sie im Alter zu stattlicher Größe heranwachsen und ihre Haftwurzeln dann das Gewicht nicht mehr tragen können.

Zwei Möglichkeiten bieten sich an:

► Die Kletterhilfen an sich dienen schon als Gestaltungselemente, das heißt, sie sollten auch ohne Bewuchs attraktiv sein, denn oft dauert es Jahre bis sie von Pflanzen verdeckt sind. Schöne Holzelemente gliedern die Fassade, betonen die Form des Gebäudes, Eingänge, Vorsprünge und Fenster werden gerahmt und hervorgehoben. Beliebte Gestaltungsmittel sind auch Gittergerüste mit falscher Perspektive, die den Eindruck von räumlicher Weite erwecken (→ Foto Seite 31).

► Die Kletterhilfen ordnen sich ganz dem Zweck unter. Mit zurückhaltenden und flexiblen Formen (Draht, Metallstäbe, Gitter) können Sie ebenfalls spielerisch umgehen und die Pflanzen so ranken lassen, wie Sie es wünschen. Auch mit solch einer Kletterhilfe kann eine Wandbegrünung auf bestimmte Bereiche begrenzt, nur punktuell oder eher flächenhaft angelegt werden.

Mehrjährige Rankgewächse

Deutscher Name	Botanischer Name	Wuchshöhe in m
Scheinrebe	*Ampelopsis aconitifolia*	6-8
Waldreben	*Clematis*-Arten/-Sorten	2-10
Wilder Wein	*Parthenocissus*-Arten	8-12
Weinrebe	*Vitis vinifera*	10-15

Mehrjährige Schlinggewächse

Deutscher Name	Botanischer Name	Wuchshöhe in m
Strahlengriffel	*Actinidia arguta*	3-8
Pfeifenwinde	*Aristolochia macrophylla*	6-10
Baumwürger	*Celastrus orbiculatus*	8-12
Knöterich	*Fallopia aubertii*	8-12
Hopfen	*Humulus lupulus*	4-6
Geißblatt	*Lonicera*-Arten	3-6
Blauregen	*Wisteria sinensis*	6-15

Fassadengrün – nicht nur Dekoration

Neben den rein ästhetischen Gesichtspunkten und dem Grün als gestalterisches Mittel, zählen in besonderem Maße auch die ökologischen Vorzüge einer Wandbegrünung:

► Gewinn an Lebensraum für Insekten und Kleintiere; Nahrungsquelle, Nistgelegenheit und Unterschlupf für Vögel.

► Klimaverbesserung durch Luftaustausch und erhöhte Luftfeuchtigkeit.

► Luftverbesserung und Schalldämpfung durch die Filterwirkung des Laubes gegen Staub und Schmutz sowie Lärmschutz.

► Isolierung durch Luftpolster zwischen Gebäude und Pflanzen. Im Sommer Schutz vor Hitze, im Winter vor Kälte (Energieersparnis).

► Schutz des Mauerwerks vor Wind, Regen, Schnee, Hagel und Strahlung.

Pflanzenwahl

Bei der Pflanzenwahl müssen Sie darauf achten, daß Größe und Wuchsform auf die zu begrünende Fläche abgestimmt sind und der Standort den Pflanzen zusagt.

<u>Starkwachsende Pflanzen</u>, zum Beispiel Glyzine, Knöterich, Baumwürger und Pfeifenwinde eignen sich vorzüglich zum Begrünen großer Flächen.

Efeu wirkt oft Wunder – schon nach einigen Jahren sind die schmucklosen Betonmauern, die den Hang abfangen, von einer immergrünen Decke überzogen.

An größeren fensterlosen Wandflächen wirkt es gut, wenn mehrere Arten zusammengepflanzt werden. Hier können sommer- und wintergrüne mit blühenden Arten kombiniert werden. Verschiedene Blattstrukturen und -farben lassen die Wände lebhafter werden. Sehr schön

Oben: Stets farbenfroh eingehüllt – im Frühling blühen Berg-Waldrebe, im Sommer Rosen, im Herbst sorgt das rote Laub des Weins für Farbe.

Unten: Einheitlicher wirkt eine Begrünung mit Wein, der von Efeu unterbrochen wird, so daß auch im Winter grüne Strukturen erhalten werden.

ist zum Beispiel eine Kombination aus dunkelgrünem Efeu, hellgrüner Kletterhortensie, deren Blüten im Sommer wie weiße Spitze wirken, und Wildem Wein, der im Herbst durch sein rotes Laub bezaubert.

Schwachwachsende Arten, zum Beispiel Geißblatt, einige Waldreben und Rosen wirken an großen Wänden verloren. Sie sollten besser an Eingängen, Toren oder Hausecken gepflanzt werden.

Vertikal wachsendes Spalierobst wird sehr gerne zur Gestaltung von sonnigen Hausfassaden verwendet, besonders wenn es sich über mehrere Etagen zieht. Diese Art der Fassadenbegrünung ist allerdings wegen des Schnitts sehr pflegeintensiv.

Für die Ostseite des Hauses eignen sich vor allem Waldrebe, Geißblatt, Knöterich und Wilder Wein.

Für Süd- und Westlagen wählen Sie Glyzine, Akebie, Wein, Strahlengriffel, Trompetenblume und Rosen.

Schattenverträglich sind neben Efeu, Pfeifenwinde und Kletterhortensie auch die selbstklimmende immergrüne Kletterspindel *(Euonymus fortunei* 'Vegetus'*)* und die immergrüne Geißschlinge *(Lonicera henryi)*.

Kletterpflanzen: → Seite 78
Kleinarchitekturen: → Seite 82
Spalierobst: → Seite 142

BEGRÜNTE DÄCHER

Begrünte Dächer sind nicht nur öffentlichen Gebäuden und großen Häusern in Ballungsgebieten oder Industrieanlagen vorbehalten, es gibt auch im Bereich des eigenen Hauses und Gartens genügend Möglichkeiten einer zusätzlichen Flächenbegrünung über der Erde – Hausdach, Fertiggaragen, leichte Holzbauten wie Unterstellplätze für Auto und Fahrrad, Garten- und Spielhäuser, Schuppen und Vordächer, als kleinste Einheit sogar die Müllbox in Augenhöhe. Besonders im städtischen Raum bieten solche Lösungen einen kleinen Ausgleich für die vielen versiegelten Flächen.

Was Sie unbedingt beachten sollten

- Der vorhandene Dachaufbau muß grundsätzlich durch eine wurzelfeste Abdichtung und ein zusätzliches Vlies geschützt werden. Darüber liegt eine Dränageschicht aus Filtervlies. Darauf werden das Substrat (Vegetationsschicht) in gewünschter Höhe und dann die Bepflanzung aufgebracht.
- Bei ebenen Flächen zur Entwässerung ein Gefälle anlegen.
- Verwenden Sie zum Pflanzen spezielle Dachgartensubstrate.
- Lassen Sie größere Baumaßnahmen von einer Fachfirma ausführen. Diese übernimmt dann auch die Gewährleistung.
- Am günstigsten ist es, gleich beim Neubau eines Hauses oder einer Garage, die Dachbegrünung von Anfang an zu berücksichtigen.

Vorteile der Dachbegrünung

- Klima- und Luftverbesserung im Umfeld. Wobei die Wirkung abhängig ist von der Menge und Zusammensetzung der Bepflanzung.
- Regulierung des Wasserhaushaltes. Je mehr begrünte Fläche, um so weniger Niederschlag geht verloren.
- Isolierung und Wärmedämmung. Ein- und Abstrahlung werden reduziert, das Wohnraumklima verbessert.
- Schutzfunktion für das Dach selbst.
- Vergrößerung des Lebensraumes für Pflanzen und Tiere.
- Die ästhetische Komponente von lebendigen Dachflächen ist auch nicht zu vernachlässigen.

Intensive und extensive Dachbegrünung

Die Unterschiede zwischen intensiver und extensiver Dachbegrünung ergeben sich aus der Tragfähigkeit der Dachkonstruktion.

Für Extensivbegrünung gilt:
Schneelast = 75 kg/m^2 + 50 kg.

Für Intensivbegrünung gilt:
Schneelast = 75 kg/m^2 + bis zu 1000 kg.

Die Schichtdicke des Substrates entscheidet über die Art der Bepflanzung. Mit der Stärke wächst auch die Zahl der verwendbaren Pflanzenarten.

- Dünnschichtsubstrate von 2 bis 6 cm Höhe wirken wie eine zweite Dachhaut.

Bis ein solch eingewachsener Garten und eine derartig von Kletterpflanzen eingenommene Fassade entsteht, dauert es viele Jahre.

Von einer einzigen Pflanze herrlich eingehüllt: In Jahrzehnten hat diese Kletterhortensie es geschafft – ähnlich wie Spalierobst – die Hauswand zu erobern und zu verschönern.

► Substratstärken ab 6 cm bis über 1 m kommen für begehbare Dachgärten und Dachterrassen in Frage.

Extensive Begrünung mit Mauerpfeffer

Mauerpfeffer-Arten und -Sorten *(Sedum)* begrünen Dachflächen relativ leicht und schnell. Sie sollten stets mehrere verschiedene Arten verwenden. Monokulturen sind anfälliger und neigen zum Verkahlen. Neben dem bekannten Scharfen Mauerpfeffer *(S. acre)* hat sich *S. sexangulare* als äußerst robust erwiesen. Besonders schön sind *S. album* 'Coral Carpet', dessen Blätter sich im Winter rot verfärben und *S. spathulifolium* var. *purpureum* mit silbrig bereiftem Laub. Neuerdings mischt man den *Sedum*-Sprossen gerne noch verschiedene Zierlauch-Arten *(Allium)* wie Goldlauch *(A. moly)* und Hängelauch *(A. carinatum)* oder Schnittlauch *(A. schoenoprasum)* bei. Als hübsche Ergänzung stehen neben Steinbrech-Arten *(Saxifraga)* die Dachwurzen *(Sempervivum)* zur Verfügung, zum Beispiel die reizende rosablühende Spinnwebhauswurz (*S. arachnoideum* 'Roseum') und die bekannte Donnerwurz *(S. tectorum)*. Daneben gibt es eine Fülle von teilweise auch rotlaubigen Hybriden. Von den Gräsern kommen vor allem *Festuca*-Arten in Frage (→ Seite 128).

Extensive Begrünung mit Gras-Kräuter-Mischungen

Gras-Kräuter-Mischungen bieten eine andere Möglichkeit der extensiven Begrünung. Solche Rasen wandeln sich allerdings im Laufe der Zeit durch Ausfälle, Selbstaussaat und Samenanflug immer wieder um. In warmen Sommern kann die Fläche ganz austrocknen, erholt sich allerdings später wieder.

Extensiv behandelte Grünflächen unterliegen starken Schwankungen im Wasserhaushalt, deshalb kommen hier anspruchsvollere Pflanzen kaum in Frage.

Intensive Begrünung mit Rollrasen

Rollrasen eignet sich hervorragend zur intensiven Dachbegrünung und ist leicht aufzubringen. Er bleibt jedoch nur dann ansehnlich, wenn er regelmäßig gut bewässert wird.

Es gibt ganz verschiedene Arten von Rollrasen, für jeden Standort und jeden Geldbeutel und in ganz verschiedenen Größen und Formen.

► Erkundigen Sie sich genau im Fachhandel, welche Art für Ihren Standort am ehesten in Frage kommt.

► Prüfen Sie den Rasen vor dem Kauf ganz genau auf die Durchlässigkeit der verwendeten Substratschicht, Unkräuter, übermäßigen Filz oder Schädlinge.

► Verlegen Sie den Rasen möglichst noch am Tag des Kaufes.

Häufig eignet sich das Garagendach zur Begrünung. Unschöne Fertiggaragen aus Beton können innerhalb von 3-4 Jahren unter einem dichten grünen Kleid verschwinden.

Intensive Begrünung mit Stauden und Gehölzen

Stauden und Gehölze können ebenfalls zur intensiven Dachbegrünung herangezogen werden. Je nach Substratstärke und klimatischer Lage des Daches müssen Sie für Sonne oder Schatten geeignete, robuste und polsterbildende Pflanzen auswählen (→ Seite 126, 136).

DACHGÄRTEN

Ein Dachgarten ist der Traum eines jeden Stadtmenschen mit Hang zu grüner Umgebung. In solch einem kleinen Paradies in luftiger Höhe herrschen jedoch häufig harte klimatische Bedingungen. Dachgärten sind weitaus stärker und ungeschützter der Witterung ausgesetzt als normale erdverbundene Gärten – vor allem Wind, Zugluft und hoher Sonneneinstrahlung. Aus diesem Grund kommen für Dachgärten nur robuste Gewächse in Frage. Geeignet sind Zwerggehölze und niedrige Stauden, sonnenhungrige, graulaubige Pflanzen, wie sie auf trocken-warmen Standorten vorkommen, zum Beispiel Lavendel *(Lavandula)*, Berberitzen *(Berberis)*, Wacholder *(Juniperus)*, Bartblume *(Caryopteris)*, Fingerstrauch *(Potentilla)* und Gräser.

► Größe und Belastbarkeit eines Flachdaches entscheiden darüber, ob Sie große Substratmengen (erst ab 30 cm Substrathöhe wird eine üppige Bepflanzung möglich) flächig auf den Boden auftragen oder nur ausgedehnte Trogbeete und andere Gefäße bepflanzen können.

► Holen Sie sich auf jeden Fall vor dem Anlegen eines Dachgartens den fachkundigen Rat eines Architekten oder Statikers ein.

► Fragen Sie sicherheitshalber auch bei der zuständigen Behörde (→ Seite 10) nach, ob Sie für die Einrichtung eines Dachgartens eine Baugenehmigung benötigen.

► Denken Sie auch daran, wenn Sie den Dachgarten mit Kübelpflanzen bestücken, wo Sie diese im Winter unterbringen können.

► Beobachten Sie einige Zeit die Windverhältnisse auf dem Dach, um dann ganz gezielt Pflanzungen vornehmen und Windschutzvorrichtungen anlegen zu können.

Bepflanzungsmöglichkeiten

Gibt es keine Einschränkungen technischer Art, dann läßt sich ein Dachgarten wie ein richtiger Garten modellieren und gestalten, lediglich auf tiefwurzelnde und sehr großwerdende Gehölze müssen Sie verzichten. Mittelgroße Gehölze und ausladende Stauden sollten Sie am besten in Kübeln unterbringen, da hier den Pflanzen doch mehr Wurzelraum zur Verfügung steht als in dem Substrat, das direkt auf dem Dach ausgebracht wurde.

Gut geeignet sind immergrüne Laubgehölze wie Buchsbaum *(Buxus)*, Stechpalme *(Ilex)*, Mahonie *(Mahonia)* und Feuerdorn *(Pyracantha)*.

Unter den Nadelgehölzen haben sich Wacholder *(Juniperus communis)*, Kiefer *(Pinus mugo)* und Eibe (*Taxus baccata* 'Repandens') gut bewährt.

Die sommerliche Trockenheit führt bei diesem begrünten Garagendach zu einem ähnlichen Aspekt wie ihn das reetgedeckte Wohnhaus zeigt.

Für eine Dauerbegrünung eignen sich robuste einheimische Sträucher wie Schneeball *(Viburnum lantana)*, Schneebeere *(Symphoricarpus)*, Sanddorn *(Hippophae)*, Liguster *(Ligustrum)* und Kornelkirsche *(Cornus mas)*. Je nach Geschmack überwiegen Kübel- und Balkonpflanzen, die eine südländische Atmosphäre verbreiten, den Winter über jedoch eine geeignete Unterkunft benötigen. Oder Sie wählen eine dauerhafte Bepflanzung und ergänzen in den Sommermonaten nur mit einigen Exoten und einjährigen Blütenpflanzen.

Als Kriterium bei der Pflanzenwahl gilt ganz allgemein ihr Standortanspruch, Windfestigkeit und kompakter Wuchs.

- Vieltriebige Wuchsformen sind geeigneter als Hochstämme.
- Großkronige Gehölze lassen sich kaum verankern.
- Pflanzen mit kleinen, harten Blättern und kleinen Blüten sind robuster als Pflanzen mit großen weichen Blättern und großen Blüten.
- Buntlaubige Gehölze leiden stärker unter der intensiven Sonneneinstrahlung als grün- oder gar graulaubige.

Materialkosten für eine einfache Dachbegrünung

Material	Kosten pro m²
Trenn-/Schutzvlies 250g/m²	4.- bis 7.- DM
Wurzelschutzfolie 1 mm	15.- bis 32.- DM
Drainagematte 1-2 cm	12.- bis 18.- DM
Substrat 8-10 cm dick	12.- bis 18.- DM
Sedum-Sprossen 50g/m²	8.- bis 13.- DM

INNENHÖFE

Innenhöfe sind meist nicht sehr groß und sollten daher in der Hauptsache durch ihren Belag wirken. Dieser wird daher in der Regel etwas wertvoller sein als der Belag von Terrassen und Sitzplätzen und/ oder Gartenwegen. Lassen Sie nur wenige Aussparungen frei, in denen Sie dann ausgesucht schöne Solitärpflanzen zur Wirkung bringen.

Vor weißgekalktem Mauerwerk heben sich beispielsweise filigraner Bambus und bizarr wachsende Gehölze, wie Stachelaralie *(Aralia manshuria)*, Essigbaum *(Rhus typhina)*, aber auch Zierkirsche *(Prunus)*, Zierapfel *(Malus)* oder die Zaubernuß *(Hamamelis)*, besonders gut ab. Auch immergrüne Gehölze wie Stechpalme *(Ilex)*, Eibe *(Taxus)* oder Kiefer *(Pinus)* sollten nicht fehlen, damit auch im Winterhalbjahr genügend Grün vorhanden ist.

Als Unterpflanzung eignen sich immer- oder sommergrüne Bodendecker, Gräser und Farne. Die Vegetation sollte allerdings den Boden nicht völlig überwuchern, da sonst die Schönheit des Belages untergeht.

Sträucher/kleine Bäume für Kübelbepflanzung

Feuerahorn	*Acer ginnala*
Kupferfelsenbirne	*Amelanchier lamarckii*
Stachelaralie	*Aralia manshurica*
Erbsenstrauch	*Caragana arborescens*
Blasenstrauch	*Colutea arborescens*
Perückenstrauch	*Cotinus coggygria*
Apfeldorn	*Crataegus* 'Cavallei'
Blutpflaume	*Prunus cerasifera* 'Nigra'
Feuerdorn	*Pyracantha coccinea*
Tamariske	*Tamarix*-Arten

TIP

Wenn Sie kein wertvolles Belagmaterial verwenden wollen, können Sie auch einen grünen Pflanzenteppich anlegen. Zur Akzentuierung eignen sich neben Gehölzen auch Stauden und horstbildende Gräser.

Rasen im Innenhof?

In einem größeren, gut belichteten Innenhof können Sie auch einen Rasen anlegen. Er verleiht dem Ganzen etwas Großzügigkeit und optische Weite und hat gegenüber dem Rasenersatz aus Bodendeckern den Vorteil, betretbar zu sein. Wenn Sie einen Rasen aus robusten Gräsern und Wildkräutern anlegen (→ Seite 94), brauchen Sie weniger oft zu mähen, die Grasnarbe ist besonders trittfest und obendrein je nach Jahreszeit noch farbenprächtig.

Kiesbeete

Ein heller Innenhof kann auch hervorragend als Kiesgarten (→ Seite 218) angelegt werden. Bepflanzen Sie Schotterflächen, die von unterschiedlich großen Kieselsteinen überzogen sind oder wie trockene Bachbette wirken, sparsam mit sonnen- und trockenheitsliebenden Stauden und Gehölzen. Auch Zwiebelgewächse, Polsterstauden und Zwerggehölze finden in solch einem Umfeld ideale Bedingungen. Wenn Sie die Flächen nicht ganz eben gestalten, sondern etwas modellieren, wirkt es noch hübscher. Vielleicht finden Sie auch noch Platz, einen kleinen Teich anzulegen. Ist der Innenhof leicht beschattet, empfiehlt sich ein Kiesgarten im fernöstlichen Stil mit Azaleen, Bambus und Kiefern.

Selbst der kleinste Innenhof läßt sich zu einer grünen Oase umgestalten – wie dieses Beispiel zeigt. Die helle Kiesfläche bildet einen guten Kontrast zu den vielen immergrünen Pflanzen.

Belebendes Wasser

Plätscherndes Wasser in einem Innenhof gehört wohl zu den reizvollsten Dingen überhaupt, seien es ein einfacher Sprudelstein, ein Springbrunnen, ein Seerosen- oder Goldfischteich oder ein Brunnen. Als Begleitung eignen sich einige wenige schattenliebende Blattschmuckstauden (→ Seite 130).

Dieser schmale Hof bietet nur wenig Gelegenheit zum Bepflanzen, ist aber allein schon durch das Muster im Belag und ein Wasserbecken untergliedert und aufgelockert.

Kein Platz für große Bäume

Große Gehölze haben in einem kleinen Atriumgarten meist keinen Platz. Ein großer Strauch oder Kleinbaum, wie ein Zierapfel *(Malus)*, Goldregen *(Laburnum)*, Felsenbirne *(Amelanchier)* oder die kleineren Ahorn-Arten *(Acer)*, ersetzen den Hausbaum. Vor allem sind es aber wieder Kletterpflanzen, die hier die Aufgabe von Bäumen übernehmen und vertikale Strukturen schaffen. Sie begrünen Wände und Pergolen, können aber auch an freistehenden Gerüsten und Stützen baumähnlich gezogen werden.

Kübelpflanzen – ein Muß

Kein Innenhof ist im Sommer ohne blühende Kübelpflanzen denkbar. Sie bringen Farbe, Wohlgeruch und südliches Flair in den kleinen Garten. Der Innenhof eignet sich vor allem deshalb so gut für mediterrane Pflanzen, weil er vor Winden und Kaltluft geschützt ist.

In schattigen Lagen allerdings kommen diese Kübelpflanzen nicht in Frage. Sie können hier jedoch durch winterharte, teils immergrüne Gehölze sowie Blüten- und Blattschmuckstauden in Gefäßen ersetzt werden.

Beläge: →Seite 68
Bodendecker: →Seite 126, 136
Wasserspiele: →Seite 196
Kletterpflanzen: →Seite 222

LICHT IM GARTEN

Nicht nur ein beleuchtetes Haus wirkt am Abend einladend und freundlich, auch ein erleuchteter Garten ist stimmungsvoll, verzaubert die Pflanzenwelt und vergrößert das Grundstück. Sie selbst haben es in der Hand, Bäume, Sträucher, Farne und Gräser gekonnt in Szene zu setzen.

Leuchtkugeln, die zwischen Seerosenblättern und Fallaub schwimmen, bieten am Abend einen zauberhaften Anblick.

Licht kann so viel bieten: Farbe, Formen und Strukturen der angestrahlten Pflanzen treten deutlicher hervor, das Licht- und Schattenspiel von Zweigen, Blattwerk und Blüten macht den Garten attraktiver. Licht zeichnet aber auch die Konturen von Lauben, Wasserbecken, Beeten und Kunstobjekten nach, setzt Akzente, verändert die Stimmung und macht manche Dinge sogar erst sichtbar.

Praktische Beleuchtungstips

- Die Beleuchtungskörper sollen zweckmäßig und dekorativ sein.
- Schlichte moderne Leuchten passen sich überall gut ein.
- Das Licht darf nicht blenden, es soll aber auch Sicherheit und Schutz gewähren.
- Schneiden Sie die Lampen regelmäßig frei, damit sie funktionsfähig bleiben.
- Leuchten Sie Wege so aus, daß keine unübersehbaren Dunkelzonen entstehen. Oft genügen schon niedrige Lampen in Fußhöhe.
- Strahler senden einen gerichteten Lichtstrahl aus. Sie heben bestimmte Gartenausschnitte hervor. Ihr scharfer Strahl bildet das Objekt ab, der Hintergrund bleibt dagegen im Dunkeln.
- Stufen von der Seite her beleuchten, damit sie frühzeitig zu erkennen sind und keine Schatten auf die Trittflächen fallen.
- Warmtonleuchten und weißes, kaltes Licht können reizvolle Gegensätze bilden, wenn sie in unterschiedlicher Entfernung angebracht werden.
- Verwenden Sie keine bunten Lampen, sondern nur verschiedene Weißtöne. Farbe und Formen der Vegetation geben genug Kontraste.
- Durch die Staffelung von Lichtquellen in der Tiefe des Gartens erreichen Sie eine räumliche Wirkung.
- Bei festen Installationen unbedingt einen Elektriker zu Rate ziehen, vor allem wenn Wasser mit im Spiel ist.
- Vergessen Sie bei der Neuanlage Ihres Gartens nicht, genügend Leerrohre zu verlegen, damit Ihnen an allen Ecken des Gartens Strom zur Verfügung steht – auch für andere Verwendungszwecke.

Laternen und andere Beleuchtungskörper tauchen Haus und Garten bei Dunkelheit in warmes Licht. Durch geschickt angebrachte Beleuchtung erhält der Garten eine ganz neue Dimension.

GLOSSAR

Allgemeine, botanische, pflanzlich-gärtnerische und technische Fachausdrücke und ihre Bedeutung

Ableger: bewurzelte Jungpflanzen aus in die Erde gelegten Seitentrieben einer Mutterpflanze → ungeschlechtliche Vermehrung

alpine Pflanzen: Pflanzen, die sich für den Steingarten eignen und in der Natur oberhalb der Waldgrenze im Gebirge vorkommen

Art: Grundeinheit in der systematischen Einteilung der Pflanzen → Pflanzennamen

Ausläufer: ober- oder unterirdische Seitensprosse, die sich bewurzeln und neue Pflanzen bilden

ballenlose Pflanzen: Pflanzen, die ohne Erde an den Wurzeln verkauft werden

Bastarde (Hybriden): gehen aus gezielten oder spontanen Kreuzungen unterschiedlicher Arten oder Gattungen hervor. Hybriden werden als solche benannt, oder es steht zwischen Gattungs- und Artname ein x (z.B. *Rosa* x *rugotida*)

Baum: hohe Gehölzpflanze, die in der Regel einen aufrechten Stamm entwickelt, der sich gar nicht oder erst in gewisser Höhe verzweigt

Bodendecker: meist niedrige, krautige oder holzige Pflanzen, die entweder in die Breite wachsen oder Ausläufer bilden und sich dazu eignen, den Boden teppichartig zu überziehen

Bodenqualität: Die Fruchtbarkeit eines Bodens wird beurteilt nach seinem Aufbau und seinen physikalischen, chemischen und biologische Fähigkeiten, den Kulturpflanzen optimale Lebensbedingungen als Standort und Nährstofflieferant zu geben

Charakterarten: Pflanzenarten, die fast stets oder ausschließlich an einen bestimmten Standort oder eine bestimmte Pflanzengemeinschaft gebunden sind

Cultivar: Begriff für eine bestimmte gezüchtete Pflanzensorte, z.B. Flieder 'Montblanc' (Abkürzung cv.)

einhäusige Pflanzen: Pflanzen, auf denen sowohl weibliche als auch männliche Blüten wachsen

Einjährige: Pflanzen, deren Lebenszyklus sich von der Samenkeimung über Blüte und Frucht bis zum Absterben innerhalb einer Wachstumsperiode vollzieht

Fischteich: Ein Teich, in dem Fische gehalten werden, muß eine etwa 1 m^2 große Zone mit 80-100 cm Tiefe besitzen, wenn die Fische darin überwintern sollen. Eine Stelle sollte zusätzlich eisfrei bleiben

Formschnitt: die Kunst, Bäume und Sträucher durch entsprechenden Schnitt geometrische oder künstlerische Formen zu geben

Fundament: Beim Bau fester Elemente (Stützmauer, Zaun, Klettergerüst, zum Teil auch Bodenbeläge) ist eine frostsichere Gründung – ein Unterbau aus Beton – notwendig. Meist handelt es sich um Punktfundamente, bei Gartenhäusern oft um Streifenfundamente

Schmückendes Beiwerk gehört von jeher zur Kunst der Gartengestaltung und unterstreicht in seiner Art den Stil einer gärtnerischen Anlage.

Gattung: Gruppe von verwandten Arten, die durch gemeinsame Merkmale verbunden sind → Pflanzennamen

Gehölzpflanzen: Pflanzen, die in ihren ausdauernden, oberirdischen Teilen Holzgewebe erzeugen. Sie werden unterteilt in Bäume und Sträucher

geschlechtliche Vermehrung: Bei dieser Vermehrungsart muß eine Befruchtung stattfinden, d.h. Pollen muß auf die Narbe gelangen – entweder durch den Wind oder pollenübertragende Insekten. Fremdbestäubung, d.h. Pollen einer Blüte gelangt auf die Narbe einer anderen, garantiert grundsätzlich besseren Ertrag als Selbstbestäubung. Besonders wichtig bei Obst

Gründüngung: Anbau bestimmter Pflanzen mit dem Zweck, sie später als Düngung unterzugraben, z.B. Lupine, Senf, Raps

Halbimmergrüne: Pflanzen, die einen Teil ihrer Blätter oder Nadeln länger als eine Wachstumsperiode halten → Immergrüne

Halbstamm: Baum mit kurzem Stamm, dessen Äste erst in 60-80 cm Höhe anfangen

Halbsträucher: teilweise verholzende Pflanzen mit weichen Trieben, die regelmäßig zurückfrieren und dann im Frühjahr abgeschnitten werden

Heidekrautgewächse: kalkfliehende Pflanzen, die einen sauren Boden mit einem pH-Wert von 6,5 und weniger benötigen (Ausnahme: *Erica herbacea*)

heimische Pflanzen: in der Natur vorkommende, meist an bestimmte Standorte gebundene Pflanzen. Wichtig für Natur- und naturnahe Gärten. Sie stehen in Konkurrenz zu den gärtnerischen Zierpflanzen aus aller Welt.

Hochstamm: Baum, bei dem in 2 m Höhe erst die Äste anfangen

Humus: zersetzte organische Substanz

Immergrüne: Pflanzen, die ihr Laub oder ihre Nadeln mehr als eine Wachstumsperiode halten

Kletterpflanzen: Einjährige oder ausdauernde, krautige oder verholzende Pflanzen mit langen, biegsamen Trieben, die für vertikalen Wuchs eine Stütze benötigen, freiwachsend überhängen oder den Boden bedecken

Koniferen: Nadelgehölze, mit nadel- oder schuppenförmigem Laub, Samen nicht von einem Fruchtknoten umgeben (Nacktsamer), meistens immergrün (Ausnahmen: Lärche, Sumpfzypresse, Metasequoia)

Kübelpflanzen: Pflanzen in einem Behälter, die die Wintermonate meist nicht im Freien verbringen können, sondern frostsicher untergebracht werden müssen

Laubgehölze: Pflanzen, die jährlich – meist im Spätherbst oder im Frühjahr mit dem Neutrieb – ihre Blätter abwerfen, im Gegensatz zu → Immergrünen und → Koniferen

Mikroklima: Kleinklima, das sich vom Klima in der Umgebung unterscheidet. Je nach Standort und Lage geschützt und mild oder aber problematisch durch offene, exponierte Lage.

Gartenschmuck darf auch witzig und verspielt sein – wichtig ist nur der passende Platz.

Gelb- und weißblühende Garten-Azaleen bieten einen wunderschönen Frühlingsaspekt. Verstärkt wird die Wirkung noch durch die Rottöne im Umfeld.

Mischkultur: Nebeneinandersetzen von Pflanzen, die eine günstige Wirkung aufeinander haben, z. B. Schädlinge und Krankheiten abhalten, das Wachstum verbessern

Mörtel: Mischung aus 4 Teilen Sand und 1 Teil Zement. Kann selbst hergestellt werden, ist aber auch als Fertigmischung im Baustoffhandel zu erhalten

Mulchen: Abdecken des Bodens mit organischen Materialien, wie Laub, Kompost, Stroh, Gras (Rinde nur unter Gehölzen benutzen), schützt vor Frost und Austrocknen, hält die Feuchtigkeit im Boden

Nährstoffe: Die meisten Pflanzen benötigen Nährstoffe in unterschiedlicher Menge. Nutzpflanzen, die reichlich Ertrag bringen sollen, Rasen, der regelmäßig geschnitten wird, und reich- und dauerhaft blühende Gewächse erhalten mehr als Ziergehölze und Stauden mit Wildcharakter. Meist genügt die Bodenverbesserung mit Kompost. Bei Neuanlagen und im Nutzgarten ist auch eine Gründüngung wichtig

neutraler Boden: Boden, der weder sauer noch alkalisch reagiert und einen pH-Wert von 7 besitzt

panaschiert: Bezeichnung für gestreifte oder gefleckte Blätter, denen stellenweise Blattgrün fehlt, sehr wirkungsvoll z. B. bei Blattschmuckstauden oder Gehölzen

Pflanzengruppen: Entsprechend ihrer Erscheinungsformen teilt man die Pflanzen in Gehölze (Bäume, Sträucher, Halbsträucher) und krautige Pflanzen (Stauden, Ein- und Zweijährige) ein.

Pflanzennamen: Neben der Bezeichnung in der jeweiligen Landessprache (oft gibt es mehrere, regional verschiedene), hat jede Pflanze einen botanischen Namen. Dieser setzt sich zusammen aus Gattung (z. B. *Rosa*) und Art (z. B. *moyesii*), eventuell noch Sorte (z. B. 'Geranium').

Pflanzenvermehrung: Pflanzen können geschlechtlich (generativ) durch Samen oder ungeschlechtlich (vegetativ) durch Stecklinge, Ableger, Ausläufer etc. vermehrt werden.

pH-Wert: Gehalt an Säuren oder Basen im Boden. Die Skala reicht von 1 bis 14. pH 7 ist neutral, über 7 ist basisch (alkalisch), unter 7 sauer.

Rabatte: meist ein Randbeet, mit Gehölzen, Stauden und/oder Sommerblumen besetzt

Rambler: Gruppe starkwüchsiger Kletterrosen mit weich überhängenden Spitzentrieben besonders schön in alten Bäumen

Ruhezeit: Der Winter bedeutet für laubabwerfende oder einziehende Pflanzen eine Ruheperiode. Viele Zwiebelgewächse und manche Stauden ruhen dagegen schon bald nach der Blütezeit, besonders Zwiebelblumen dürfen dann nicht zu feucht stehen.

Solitärpflanzen: einzelstehende, attraktive, oft wertvolle Pflanzen, die sich im freien Stand optimal entwickeln können, im Gegensatz zur Gruppenpflanzung

Sorten: Die Sorten unterscheiden sich von der Art durch ein oder mehrere Merkmale. Ein breites Sortenspektrum bereichert die Gärten. Sorten werden mit Phantasienamen belegt, die groß geschrieben und am Anfang und am Ende mit Apostroph versehen werden → Pflanzennamen

Spaliere: bestehen aus allen möglichen Materialien, dienen zur Unterteilung, Abtrennung oder als Sichtschutz, stützen Kletterpflanzen oder wirken an sich als Dekoration

Spalierpflanze: Pflanze meist Obstbaum mit vertikalem Hauptstamm und Seitenzweigen, die auf beiden Seiten des Stammes in einer Ebene stehen

Stauden: krautige, mindestens zweijährige, nicht verholzende Pflanzen, deren oberirdische Teile meist im Winter absterben, die aber im Frühjahr wieder neu austreiben

Sträucher: Gehölze, an deren Basis mehrere gleichwertige Stämme oder Äste austreiben

Stützmauer: Eine Stützmauer muß ziemlich dick sein und ein stabiles Fundament haben. Das verwendete Material muß frostsicher sein. Wasser, das sich hinter der Mauer staut, muß abgeleitet werden

Teichfolie: Der Bedarf für eine Teichfolie errechnet sich aus maximaler Länge mal Breite des Teiches– jeweils die doppelte Tiefe und 1 m für den Rand zugeben. Am billigsten ist PE-Folie, schwarze Teichfolie aus Polyäthylen. Sie bekommt allerdings leicht Löcher und wird in der Sonne spröde. Besser, aber auch teurer ist PVC-Folie, die auf der einen Seite grün, auf der anderen grau-braun gefärbt ist

Trockenmauer: Mauer, die nur aus Steinen – ohne Mörtel – aufgebaut ist. Sie verdankt ihre Stabilität der geschickten Anordnung der verwendeten Steine – große Fundamentsteine, mittelgroße Steine zum Aufbau der Mauer, kleine Füllsteine. Die Dicke der Mauer beträgt an der Basis etwa 90 cm, an der Krone etwa 40 cm. Soll sie bepflanzt werden, Lehm als Fugenfüllung verwenden

ungeschlechtliche Vermehrung: Vermehrung ohne Befruchtung, durch Ableger, Ausläufer, Stecklinge etc. Durch Züchtung oder Auslese entstandene Sorten müssen ungeschlechtlich vermehrt werden, damit sich das Erbgut erhält

Unterbau: Bei Wegen, Plätzen und Treppen kommt es entscheidend auf die Qualität des Unterbaues an. Die Wahl des Materials und die Art des Schichtaufbaues ist abhängig vom Klima und der Bodenbeschaffenheit. In frostgefährdeten Lagen und bei wasserbindenden (lehmigen) Böden kann der Unterbau je nach Belastung zwischen 60-80 cm stark sein. Normale Gartenwege werden 30 cm tief ausgekoffert, mit 20 cm Grobschotter, 5 cm Splitt oder Kies und 5 cm Sand verfüllt – jede Schicht lagenweise verdichtet – und dann der Bodenbelag aufgebracht. Kann das Wasser nicht versickern oder abfließen, gibt es Frostschäden

Unterpflanzung: niedrigwüchsige Pflanzen werden unter hochwüchsige zur Bodenabdeckung und Verschönerung gepflanzt

winterharte Pflanzen: Pflanzen, die ohne besondere Schutzmaßnahme schadlos auch die Frostperiode überstehen

zweihäusige Pflanzen: Pflanzen, bei denen männliche und weibliche Fortpflanzungsorgane auf verschiedenen Pflanzen sitzen; um Früchte zu erhalten, müssen Sie also mindestens eine männliche und eine weibliche Pflanze anbauen, z.B. Sanddorn

zweijährige Pflanzen: Pflanzen, die in ihrer zweiten Wachstumsperiode nach der Samenreife absterben; entwickeln im ersten Jahr meist nur Laub (Rosettenpflanzen)

Zwergstrauch: niedrigwüchsige Gehölzpflanze, z. B. Heidelbeere, Heidekrautgewächse

Die gelbe Sumpfiris zeichnet sich durch ihre lineare, grafische Struktur aus.

ANHANG

Informationen, Anregungen, Adressenmaterial zu allen gärtnerischen Themen bieten Zeitschriften, Bücher, Organisationen und Verbände.

Zeitschriften

- Gartenzeitschriften bieten breitgefächertes Wissen zu Gartengestaltung, Pflanzen und Gartenpraxis mit jeweils unterschiedlichen Schwerpunkten.
- Zeitschriften und Magazine mit der Thematik Haus, Architektur und Wohnen, Do it yourself enthalten auch Gartenteile.
- Organe der Pflanzenliebhaber-Gesellschaften gehen in Ihren Vereinsnachrichten auf die jeweiligen speziellen Themen ausführlich ein und bieten den neuesten Wissensstand.
- In den Zeitschriften und Magazinen finden Sie in gesonderten Rubriken oder im Anhang Markt- und Trend-Tips, oftmals auch eine Pflanzenbörse. Anhand der Anzeigen können Sie Informationsmaterial zu allen Bereichen der Gartengestaltung und -verschönerung anfordern.

architektur & wohnen,
Jahreszeiten-Verlag GmbH,
Poßmoorweg 5, 22301 Hamburg
Bauidee,
Heinrich Bauer Verlag KG,
20079 Hamburg
FLORA,
Gruner + Jahr AG & Co.,
Postfach 110011, 20444 Hamburg
Gardens Illustrated,
John Brown Publishing Ltd.,
The Boathouse, Crabtree Lane,
GB – London SW 66LU

Gartenmotiv nach traditionellen Mustern. Die kleine Putte hat einen idealen Stand vor der Hecke.

Gartenmagazin,
Zeitschrift der Österreichischen Gartenbaugesellschaft,
Parkring 12, A – 1010 Wien
GARTENPRAXIS,
Eugen Ulmer Verlag,
Postfach 70 05 61, 70574 Stuttgart
Garten Zeitung,
Deutscher Bauernverlag GmbH,
Brunnenstraße 128, 13355 Berlin
Hausbau,
Fachschriften-Verlag GmbH,
Höhenstraße 17, 70736 Fellbach
Hausgärten,
Fachschriften-Verlag GmbH,
Höhenstraße 17 , 70736 Fellbach
Kraut & Rüben,
BLV Verlagsgesellschaft mbH,
Lothstraße 29, 80797 München
mein schöner Garten,
Burda Senator Verlag GmbH,
Postfach 1520, 77605 Offenburg
Schweizer Garten,
Zeitschrift der deutsch-schweizerischen Gartenbauvereine,
CH – 3110 Münsingen
selbst ist der Mann,
Heinrich Bauer Verlag,
20079 Hamburg

Organisationen und Verbände

- beantworten Ihre Spezialfragen,
- geben Ihnen Auskunft über Pflanzenliebhaber-Gesellschaften, Baumschulen, Staudengärtnereien, Gartencenter, Landschaftsarchitekten, Lieferadressen für Gartenkunst etc. in Ihrer näheren Umgebung.
- Auch Gartenbauämter, Pflanzenschutzämter und Naturschutzverbände geben Ihnen gerne Auskunft auf spezielle Fragen. Deren Adressen erfahren Sie aus Ihrem Telefonbuch.

Legen Sie bei schriftlichen Anfragen stets einen frankierten Rückumschlag mit Ihrer Adresse bei.

Arbeitsgemeinschaft Deutscher Pflanzenliebhaber-Gesellschaften,
Godesberger Allee 142-148,
53175 Bonn
Bundesverband Garten-, Landschafts- und Sportplatzbau e.V.,
Alexander v. Humboldt-Straße 4,
53604 Bad Honnef
Bund Deutscher Baumschulen e.V.
Bismarckstraße 49,
25421 Pinneberg
Bund Deutscher Landschaftsarchitekten e.V., Köpenicker Straße 48/49,
10179 Berlin
Bund Deutscher Staudengärtner,
Gießener Straße 47,
35305 Grünberg
Deutsche Gartenbaugesellschaft 1822 e.V., Webersteig 3, 78462 Konstanz
Deutsche Gesellschaft für Gartenkunst und Landschaftskultur e.V.
Wartburgstraße 42, 10823 Berlin
Industrievereinigung Gartenbedarf
Gothaer Straße 27,
40880 Ratingen
Österreichische Gartenbau-Gesellschaft, Parkring 12,
A – 1010 Wien

Royal Horticultural Society,
80, Vincent Square,
GB – London SW1P2PE
Verband Deutscher Gartencenter
Borsigallee 10, 53125 Bonn
Verband Deutscher Landwirtschaftlicher Untersuchungs- und Forschungsanstalten, Bismarckstraße 41 A, 64293 Darmstadt

Weiterführende Literatur

(Auswahl spezieller Literatur zur allgemeinen Gartengestaltung und zu bestimmten Pflanzengruppen)

Spezielle Literatur zum Thema Gartengestaltung liefert der Callwey Verlag, München, auf Pflanzenthemen spezialisiert ist der Eugen Ulmer Verlag, Stuttgart

Bäume und Sträucher für den Garten (Dirr, Ulmer Verlag, Stuttgart)
Balkon- und Kübelpflanzen (Heitz, Gräfe und Unzer Verlag, München)
Der Biogarten (Kreuter, BLV Verlagsgesellschaft, München)
Duftpflanzen (Stiglmayr, Ulmer Verlag, Stuttgart)
Dumont's Große Gartenenzyklopädie (DuMont Buchverlag, Köln)
Gartenblumen (Hertle/Kiermeier, Gräfe und Unzer Verlag, München)
Gartengehölze (Bärtels, Ulmer Verlag, Stuttgart)
Gartengestaltung (Markmann, Hörnemann Verlag, Bielefeld)
Gartenteich (Stadelmann, Gräfe und Unzer Verlag, München)
Gartenvergnügen (Simon, Gräfe und Unzer Verlag, München)
Hausgärten im ländlichen Stil (Brookes, Bechtermünz Verlag GmbH, Eltville)
Heimwerken für den Garten (Verlagsunion Erich Pabel-Arthur Moewig, Rastatt)
Das Kleingewächshaus (Schumann/ Milcka, Ulmer Verlag, Stuttgart)
Das Kletterpflanzenbuch (Menzel, Ulmer Verlag, Stuttgart)
Kunstwerke in Grün (Blancke, Ulmer Verlag, Stuttgart)
Obstsorten (Silbereisen/Götz/Hartmann, Eugen Ulmer Verlag, Stuttgart)
Räume gestalten im Garten (DuMont Buchverlag, Köln)
Rosen (Bünemann, Gräfe und Unzer Verlag, München)
Stauden und ihre Lebensbereiche (Hansen/Stahl, Ulmer Verlag, Stuttgart)
Steingarten (Fuchs, Ulmer Verlag, Stuttgart)
Strauch- und Kletterrosen (Taylor, Ulmer Verlag, Stuttgart)
Terrassen und Sitzplätze (Graeber/ Betz-Schiel, Ulmer Verlag, Stuttgart)
Wasser- und Uferpflanzen (Krausch, Ulmer Verlag, Stuttgart)
Wildpflanzen für jeden Garten (Witt, BLV Verlagsgesellschaft, München)
Ziergehölze (Bärtels, Ulmer Verlag, Stuttgart)

Üppigkeit, Farbenpracht und rustikale Elemente kennzeichnen den bäuerlichen Charakter dieses Gartens.

SACHREGISTER

Ein Garten in sanften Graustufungen wirkt edel und vornehm. Weidenblättrige Birne, Lavendel und Wollziest vermitteln mediterrane Stimmung.

Garten, in dem viele Farbtöne miteinander korrespondieren – eingebettet in viel Grün.

DIE AUTORIN

Herta Simon, Diplomgärtnerin mit Gartenbau-Studium an der Technischen Universität Weihenstephan. Langjährige Tätigkeit bei Internationalen und Bundes-Gartenschauen. Erfolgreiche Autorin bei Rundfunk, Fernsehen und Verlagen. Schwerpunkte ihrer Arbeit: Pflanzen- und Gartenthemen.

DANKSAGUNG

Die Autorin dankt Redaktion und Lektorat für die gute Zusammenarbeit: Ganz besonders Sonnhild Bischoff für vielfältige Anregungen und Unterstützung bei der Textgestaltung und Dr. Michael Eppinger, der Konzeption und Layout entscheidend mitgestaltete sowie das Projekt so umsichtig betreute.
Dank auch an Verena Römer und Barbara Glück, ohne die dieser Titel nicht rechtzeitig erschienen wäre.
Dank gebührt auch den Landschaftsarchitekten Arnold und Christina Tallavania, Oberschleißheim, für ihre Beratung beim Kapitel Planung und Gestaltung und die Erstellung der Planskizzen.

BILDNACHWEIS

Die Fotografen
Amend: Seite 218 li., 218/219;
Becker: Seite 16, 17, 30, 31, 34/35, 36 li., 47, 54, 58/59, 61 re., 62, 64/65, 68 u., 70/71, 73, 77 re.o., 78/79, 84/85, 97, 100, 108 o., 112/113, 119, 121 re., 122/123, 125 o., 128/129, 131, 134 u., 136/137, 140, 141, 146 u., 148/149, 152, 154/155, 155 re.o., 166 li., 170/171, 177, 179, 180/181, 181 re.u., 182 o., 188 li., 188/189, 190, 192 li., 199 re., 206 u.re., 209, 213 re.o., 223 re.o., 228/229, 230/231, 232 re., 236, U4 li.o., li.u.;
Beckmann: Seite 171 re.u.;
Borkowski: Seite 98 u.;
Borstell: Seite U1 o., 2/3, 7 re., 8, 10/11, 13 re.o., 14 li., 18/19, 19 re.u., 23 re.u., 26/27, 27 re.o., 33, 36/37, 38/39, 39 re.u., 40, 41, 42 o., u., 43 o., 44, 50/51, 51 re., 56/57, 58 li., 65 re.o.,re.u., 74, 82, 94/95, 95 re.o., re.u., 98 o., 99 li., re.o., re.u., 102/103, 104/105, 106 o., u., 107 u., 108 u., 109 o., u., 110/111, 112 li., 116 o., u., 117 o., 124 o., u., 130, 132/ 133, 134 o., 135 o., 137 re.u., 139 u., 146 o., 151 re., 159 o., 161re., 168, 169, 175 re., 178, 182 u., 186 o., u., 187 u., 197 re.o., 200, 205 re.u., 206 o., 208, 213 re.u., 223 re.u., 227, 230 li., 232 li., 233 li., mi., 234, 235, 238, 239, 240;
Dalsgaard: Seite 183 o.;
Gehler: Seite 225;
Kögel: Seite 156, 158 o., u., 166/167;
Lehmann: Seite 191;
mein schöner Garten – Gross: Seite 86 li.; Jarosch: Seite 211 re.; Kögel: Seite 11 re, 171 re.o.; Stork: Seite 48/49;
Nickig: Seite U1 u., 1, 4 o., mi., u., 6/7, 9, 12/13, 13 re.u., 19 re. o., 22/23, 23 re.o., 24/25, 28 u.re., 29 o., 35 re., 39 re.o., 43 u., 45, 53, 60/61, 71 re., 79re.o., 80 o., 85 re.o., 90/91, 91 re., 92, 101, 103 re., 107 o., 111 re., 114/115, 117 u.,120/121, 126/127, 127 re., 135 u., 142/143, 143 re., 144/ 145, 147 u., 160/161, 170 u.li., 187 o., 194/195, 196/197, 197 re.u., 204/ 205, 205 re.o., 207 o., u., 212/213, 216 o., 217 u., 220, 232 mi., 233re.;
Picture Press/Schöner Wohnen/Willig: 14/15;
Redeleit: Seite 32, 75, 79 re.u., 81 o., 86/87;
Reinhard: Seite 49 re., 147 o., 216 u.;
Schlaback-Becker: Seite 192/193, 221;
Schneiders, U.: Seite 5 o., 27 re.u., 28 u.li., 29 u., 68 o., 72, 80 mi., 138 o., u., 139 o., 150/151, 184/185, 206 u.li., 214/ 215, 217 o., 237;
Stehling: Seite 5 mi., 66/67, 69 o.li., o.re., 96, 125 u., 128 li., 148 li., 155 re.u., 174/175, 176, 222/223;
Strauß: Seite 5 u., 20/21, 25 re., 28 o., 76/77, 77 re.u., 80 u. li., 81 u., 85 re.u., 88, 89, 118, 137 re.o., 159 u., 162/163, 164 o., u., 165 o., u., 181 re.o., 195 re., 198/199, 203, 210/211;
Strauß/Perder: Seite 67 re.;
Thomas: Seite 153, 209, 229 re., U4 re.mi.;
Tschakert: Seite 21 re., 63, 83, 93, 172/173, 173 re.o., re.u., 183 u., 201, 224, U4 li.mi., re.o., re. u.

IMPRESSUM

Redaktion: Dr. Michael Eppinger
Lektorat: Sonnhild Bischoff
Grafische Gestaltung:
Hubert K. Hepfinger, Barbara Glück
Planskizzen: Arnold Tallavania
Satz: Barbara Glück
Herstellung: Verena Römer
Reproduktion: Fotolito Longo
Druck und Bindung:
Neue Stalling, Oldenburg

ISBN 3-7742-1584-7

Auflage 4 3
Jahr 2000 1999

Moderne Kunst und klassische Accessoires verbinden sich in idealer Weise mit diesem naturnahen Garten.

Pflanzenparadies in Haus und Garten

Ob Sie für Ihren Garten Gestaltungsideen suchen, ob Sie einen Teich oder eine Hecke anlegen wollen oder ob Sie sich die Blütenpracht auf den Balkon und ins Haus holen wollen:

Das **Gartenvergnügen wie noch nie** und die **Großen GU Pflanzen-Ratgeber**

von Gräfe und Unzer helfen Ihnen mit Expertenrat und hilfreichen Tips, mit praktischen Zeichnungen und zauberhaften Farbfotos. Damit Haus und Garten zum Paradies werden - für Sie und Ihre Familie.

3-7742-2662-8

3-7742-1796-3

3-7742-4067-1

3-7742-1067-5

Mehr draus machen GU